이탈리아어 알파벳

A [a] 아

ape 아뻬 꿀벌

B [bi] 비

bicicletta 비치클레따 자전거

C [ci] 취

cane 까네 개

D [di] 디

dado 다도 주사위

E [e] 에

erba 에르바 풀

F [effe] 에뻬

festa 페스타 축제

G [gi] 쥐

gatto 가또 고양이

H [acca] 아까

hotel 오뗄 호텔

I [i] 이

inverno 인베르노 겨울

L [elle] 엘레

libro 리브로 책

M [emme] 엠메

mano 마노 손

N [enne] 엔네

nave 나베 배

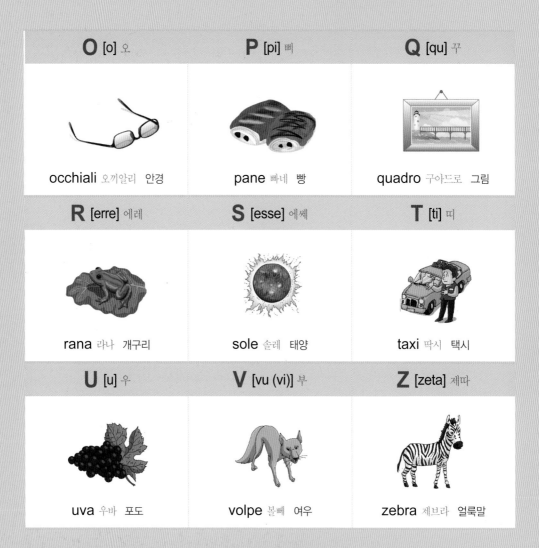

O [o] 오	**P** [pi] 삐	**Q** [qu] 꾸
occhiali 오끼알리 안경	pane 빠네 빵	quadro 구아드로 그림
R [erre] 에레	**S** [esse] 에쎄	**T** [ti] 띠
rana 라나 개구리	sole 솔레 태양	taxi 딱시 택시
U [u] 우	**V** [vu (vi)] 부	**Z** [zeta] 제따
uva 우바 포도	volpe 볼뻬 여우	zebra 제브라 얼룩말

이탈리아어 알파벳은 j, k, w, x, y가 빠진 21자로 이루어져 있다.
j, k, w, x, y는 외래어 및 고유명사를 표기할 때만 사용된다.

이탈리아어 발음부터 단어★기본 문법★회화까지

이것이 독학
이탈리아어 첫걸음이다!

이탈리아어 발음부터 단어★기본 문법★회화까지

이것이 독학 올컬러

이탈리아어 첫걸음이다!

황정은 지음 · Vincenzo Fraterrigo 감수

Vitamin Book
비타민북

머리말

이탈리아는 서방선진 G7(미국, 영국, 프랑스, 독일, 이탈리아, 캐나다, 일본)의 일원으로서 경제적, 외교적 영향력뿐만 아니라 국가브랜드 면에서도 문화유산 분야 세계 1위, 관광 분야 세계 2위에 오를 정도로 역사적인 전통과 아름다운 관광자원을 자랑하는 국가입니다.

유럽 내에서 이탈리아어를 사용하는 곳은 이탈리아와 산마리노, 바티칸 시국, 스위스 그리고 크로아티아와 슬로베니아의 이스트라 반도 지역입니다. 사용 지역은 많지 않지만 이탈리아어를 안다는 것은 유럽 역사에서 가장 기본이 되는 문학과 예술, 음악, 오페라에 쉽게 다가가 누릴 수 있다는 것을 의미합니다. 뿐만 아니라 우리는 각종 브랜드, 거리의 상호, 음식명 등 매일 이탈리아 문화와 이탈리아어를 접하고 있습니다. 이처럼 생소한 언어가 아닌 친근한 언어인 이탈리아어를 처음부터 차근차근 배워보도록 하겠습니다.

1. 알파벳부터 실용회화까지

이 책은 이탈리아어를 혼자 학습하려는 독자들을 위해 알파벳 표기부터 기초적인 회화, 문법으로 구성되어 있습니다. 그림과 함께 다양한 주제와 기본 문법, 관련 어휘를 지루하지 않게 학습할 수 있습니다.

2. 다양하고 새로운 어휘

단어는 문장을 이해하기 위한 기본 자료입니다. 실생활에 자주 쓰이는 기본 단어를 암기하고 문법을 이해하고 활용한다면 이탈리아어를 쉽게 마스터할 수 있습니다.

3. 예문을 통한 문법 공부

문법은 말을 하는 방법입니다. 단순히 문법만 공부한다고 해서 실제 상황에서 사용하기는 쉽지 않습니다. 문법 규칙을 이해하고 이러한 문법이 적용된 예문을 암기하여 자연스럽게 언어를 습득하도록 구성하였습니다.

4. 원어민 녹음 파일로 듣기 공부

원어민의 음성 파일을 통해 정확한 발음을 연습하고 자연스러운 회화의 톤을 익힐 수 있습니다.

5. 언어와 함께 배우는 문화

다양한 유적지와 문화를 소개하여 이탈리아어를 좀 더 깊이 이해할 수 있습니다.

이 책의 구성

이탈리아어 발음부터 기본 문법, 단어, 회화까지 한 번에!

30˚ giorno로 나누고, 각 giorno마다 기본회화와 응용회화, 문법을 수록했습니다.
간단하면서도 꼭 필요한 표현들을 익혀 보세요~

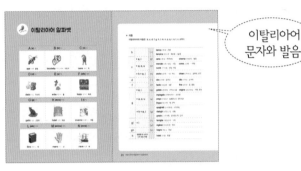

이탈리아어
문자와 발음

이탈리아어의 기본인 알파벳과 자음, 모음의 개념, 발음법까지 정확하게 익혀 보세요.

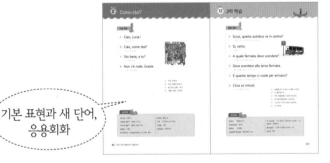

기본 표현과 새 단어,
응용회화

가장 기본적인 표현을 꼼꼼히 익히고 모르는 단어는 새 단어에서 바로바로 찾아서 익힐 수 있습니다. 응용회화에서는 실생활에서 많이 쓰는 표현들을 배워봅니다.

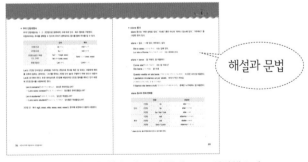

해설과 문법

문법의 핵심 포인트를 한 눈에 보기 좋게 표로 설명했으며,
예문과 함께 알기 쉽고 친절하게 설명했습니다.

주제별 그림 단어

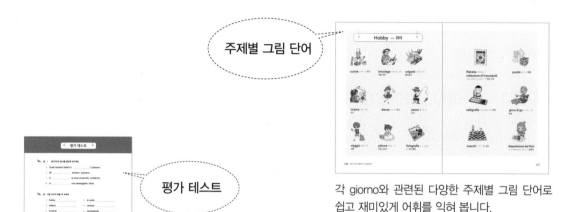

각 giorno와 관련된 다양한 주제별 그림 단어로 쉽고 재미있게 어휘를 익혀 봅니다.

평가 테스트

그날 배운 내용을 얼마나 이해했는지 점검, 복습하고 작문 연습도 해 봅니다.

부록

이탈리아어 주요 문법과 동사변형표를 수록하였습니다.

원어민 성우의 정확한 발음을 웹하드에서 다운받거나 QR코드를 통해 휴대폰으로 들을 수 있습니다.
알파벳, 기본 표현, 응용회화, 단어, 주제별 그림 단어까지 원어민 성우의 정확한 발음을 반복해서 들어 보세요.

휴대폰으로 QR코드를 찍어 바로 학습하세요.

차 례

학습 내용

Giorno	내용	어휘 및 문법
1	인사말 / 헤어질 때 인사 다양한 인사말	명사의 성, 수 / 형용사의 성, 수 일치 형용사의 명사 수식의 위치
2	안부 묻고 답하기 이름 묻고 답하기	의문문 / 주어인칭대명사 / stare 동사 chiamarsi 동사의 현재 변화형 / 부정문
3	국적 표현 출신지 묻고 답하기	essere 동사 / parlare 동사 venire 동사의 현재 변화형
4	직업 묻고 답하기	직업명사 / conoscerLa / fare 동사 / studiare, lavorare (1군 동사)
5	가족 관계 거주지 묻기	의문대명사 chi / 소유형용사 / abitare 동사(1군 동사) 소유대명사 / 지시대명사 / scrivere (2군 동사)
6	나이 묻고 답하기 가족수 묻고 답하기 / 숫자	avere 동사-avere 동사를 활용하는 표현들
7	감정 표현	직접목적대명사 / 정관사의 용법 / 간접 목적어 / 부정관사의 용법 accompagnare, conoscere, usare 동사의 현재 변화형
8	요일 묻고 답하기 서수 / 요일 / 월(月)	Ne 용법 / stare bene preferire 동사
9	시간 묻고 답하기	시간 표현 / 공식적인 시간 표현
10	좋아하는 것 표현하기	piacere 동사 / 부정문 의문대명사 quale / 시간을 나타내는 부사
11	계획 표현	조동사(volere, potere, dovere) / pensare 동사 조동사 기능을 하는 관용적 표현 / 의문대명사 che 초대에 응할 때, 거절할 때 표현 / andare와 venire 동사
12	교통편 묻기	scusi / 전치사 a / passare 동사 전치사 in / 장소부사의 역할을 하는 ci(arrivarci)
13	날씨 묻고 답하기 온도 묻고 답하기 / 계절	날씨를 나타내는 다양한 표현 / 부정형용사 tutto 자동사 venire, andare / sentire 동사(3군동사) / 시간부사
14	비교 표현	상대적 최상급 / 전치사 da 우등 비교, 영등비교, 동등비교 / 절대적 최상급
15	권유 표현 치수(사이즈) 묻고 답하기	comprare 동사 / convincere 동사 / 성질 형용사 bello troppo / 의문형용사 che / 형용사+issimo

PART

1

이탈리아어 알파벳
모음과 자음

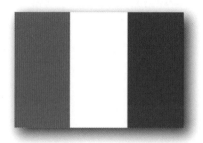

국명	이탈리아 공화국 (Repubblica Italiana, Italian Republic)
기후	지중해성 기후 (연평균 15.6℃)
면적	302,072 ㎢ (한반도의 1.5배)
인구	59,221,210 명(2019년 현재)
언어	이탈리아어
수도	로마
종교	가톨릭(인구의 약 98%)
국가원수	대통령(Sergio Mattarella, 2018년 1월 취임)
정부형태	내각책임제: 총리(Giuseppe Conte, 2016년 12월 취임)
의회	양원제
통화	유로 € (과거에는 '리라' 사용)
주요도시	밀라노, 토리노, 제노바, 볼로냐, 피렌체, 베네치아, 나폴리, 팔레르모
시간대	그리니치 표준 시보다 한 시간 빠름 (GMT +1)

토리

스위스

오스트리아

헝가리

밀라노

베네치아

슬로베니아

베로나

크로아티아

볼로냐

보스니아

친꿰떼레

산마리노

헤르체코비나

피렌체

피사

토스카나 주(州) 산 지미냐노

시에나

아씨시

로마

바티칸시티

나폴리

바리

아말피

르데냐섬

시칠리아섬

ITALY

밀라노에서 아말피까지

Roma 로마

콜로세움과 로마제국 시대에 만들어진 원형 경기장 판테온(Pantheon), 로마 신들에게 바치는 신전이자 로마에 현존하는 가장 큰 분수인 트레비 분수 등 고대의 유물·유적이 많다.

Vatican 바티칸

가톨릭 교회를 대표하는 상징적인 나라로 성 베드로 대성당, 시스티나 성당에는 보티첼리·미켈란젤로·레오나르도 다빈치의 작품이 소장되어 있고 바티칸 박물관 역시 수많은 예술품과 전시품들이 있다.

Assisi 아씨시

성 프란치스코와 성녀 키아라(영어명 클라라)가 태어난 곳이며 가톨릭 성지로 유명하다. 성 프란치스코 성당에는 조토(Giotto di Bondone)의 프레스코화와 성 프란치스코 유해가 안치되어 있다.

Siena 시에나

중세시대의 예술과 건축이 잘 보존되어 있는 캄포 광장에서는 7~8월에 팔리오(Palio) 축제가 열린다.

Firenze 피렌체

르네상스 미술의 요람인 우피치 미술관은 레오나르도 다빈치·미켈란젤로·보티첼리 등의 작품이 소장되어 있다. 세계에서 네 번째로 큰 성당인 피렌체 대성당도 있다.

Venezia 베네치아

리알토 다리(Ponte di Rialto)는 베네치아 도심을 가르는 대운하에 위치한 다리 중 가장 오래된 다리이다. 이탈리아 북동부 베네치아 본섬 북동쪽 마라니 운하를 따라 위치한 무라노 섬은 유리공예로 유명하다. 산마르코 광장은 베네치아에서 가장 유명한 광장이며 베네치아의 정치적·종교적 중심 역할을 하였다.

로마	콜로세움, 판테온, 트레비 분수
바티칸	성 베드로 대성당, 시스티나 성당, 바티칸 박물관
아씨시	성 프란치스코 성당
시에나	캄포 광장
피렌체	우피치 미술관, 피렌체 대성당
피사	피사의 사탑
베네치아	리알토 다리, 무라노 섬, 산마르코 광장
나폴리	폼페이
밀라노	밀라노 대성당
베로나	원형극장 아레나
아말피	포지타노, 소렌토와 살레르노까지 이어지는 도로
토스카나	산 지미냐뇨

Pisa 피사

높이 55미터, 297계단, 약 5.5도 기울어져 있는 피사의 사탑은 세계 7대 불가사의 중 하나이다.

Napoli 나폴리

로마의 고대도시인 폼페이는 베수비오 화산 폭발로 파괴되었다.

Cinque terre 친꿰떼레

리비에라에 있는 절벽과 바위로 이루어진 해안으로 유네스코 세계문화 유산으로 지정되어 있다.

Milano 밀라노

밀라노 대성당은 밀라노 대교구의 대성당으로 고딕양식으로 지어졌다.

Verona 베로나

로미오와 줄리엣의 도시로 매년 여름 원형극장 아레나(Arena)에서 오페라 축제가 열린다.

Amalfi 아말피

포지타노(Positano)는 아말피 중부의 항구 도시로 소렌토와 살레르노까지 이어지는 도로는 세계에서 가장 아름다운 해안선 중 하나이다.

Bari 바리

'트룰리'라 불리는 알베로벨로(Alber bello)는 석회암 지붕을 얹은 거주 공간이 있는 독특한 마을로 유네스코에 등재되어 있다.

Toscana 토스카나

산 지미냐뇨는 유네스코에 등재된 중세시대 건축물이 잘 보존된 도시이다.

이탈리아어 문법

◆ **알파벳 alfabeto**

이탈리아어의 알파벳은 영어와 달리 5자(j, k, w, x, y)가 빠진 21자이며, 5개의 모음 a, e, i,
o, u와 16개의 자음으로 이루어져 있다.
알파벳을 읽을 경우(2음절 이상일 때) 끝에서 두 번째 음절에 강세를 넣어 발음한다.

문자	발음	
A a	[a]	아
B b	[bi]	비
C c	[ci]	취
D d	[di]	디
E e	[e]	에
F f	[effe]	에뻬
G g	[gi]	쥐
H h	[acca]	아까
I i	[i]	이
L l	[elle]	엘레
M m	[emme]	엠메

문자	발음	
N n	[enne]	엔네
O o	[o]	오
P p	[pi]	삐
Q q	[qu]	꾸
R r	[erre]	에레
S s	[esse]	에쎄
T t	[ti]	띠
U u	[u]	우
V v	[vu]	부
Z z	[zeta]	제따

위의 21자 외에 이탈리아어의 알파벳에 없는 문자로 외래어 및 고유명사를 표기할 때 다음 5
자를 사용한다.

문자	발음	
J j	[i lunga]	이룽가
K k	[cappa]	깝빠
W w	[doppia vu]	돕삐오 부
X x	[ics]	익스
Y y	[ipsilon / i greca]	입실론 / 이그렉까

◆ 모음(vocale)

이탈리아어의 모음은 a, e, i, o, u (아, 에, 이, 오, 우)이다.

a	[아]	amicizia [아미치지아] 우정
e	[에]	estate [에스따떼] 여름
i	[이]	indirizzo [인디리쬬] 주소
o	[오]	ora [오라] 시간
u	[우]	uccello [우첼로] 새

◆ 자음

이탈리아어의 자음은 b, c, d, f, g, h, l, m, n, p, q, r, s, t, v, z이다.

b		[ㅂ]	banca [방까] 은행 benzina [벤지나] 휘발유, 가솔린
c	+ e, i	[ʧ]	cena [체나] 저녁식사 cinema [치네마] 영화
	+ a, o, u	[k]	mercato [메르까또] 시장 come [꼬메] ~처럼 cuore [꾸오레] 심장, 마음
	+ h + e, i	[k]	anche [안께] ~도, 역시 chiaro [끼아로] 명확한, 밝은
d		[ㄷ]	dire [디레] 말하다 dito [디또] 손가락
f		[f]	facile [파칠레] 쉬운 fine [피네] 끝, 결말
g	+ e, i	[ʤ]	gelato [젤라또] 아이스크림 origine [오리지네] 기원, 원인
	+ a, o, u	[g]	impiegato [임삐에가또] 사무원 prego [프레고] 실례합니다, 천만에요 lingua [린구아] 혀, 언어
	+ h + e, i	[g]	spaghetti [스파게티] 스파게티 dialoghi [디알로기] 대화 grazie [그라지에] 감사합니다, 감사
gl	+ i	[λ]	famiglia [파밀리아] 가족
		[gl]	inglese [인글레제] 영어
gn		[ɲ]	bagno [바뇨] 욕실
h	발음할 때 소리가 나지 않는 무음		hotel [오뗄] 호텔

l		[ㄹ]	ladro [라드로] 도둑		lei [레이] 그녀	
m		[ㅁ]	medio [메디오] 중간의		mila [밀라] 수천의	
n		[ㄴ]	nave [나베] 배		notte [놋떼] 밤	
p		[ㅃ]	padre [빠드레] 아버지		pizza [삣자] 피자	
q		[ㄲ]	quando [꽌도] 언제		qua [꾸아] 여기에	
qu		[kw]	acqua [아쿠아] 물			
r		[ㄹ]				
sc	+ e, i	[ʃ]	pesce [뻬쉐] 생선		sciare [쉬아레] 스키 타다	
	+ a, o, u	[sk]	scambio [스깜비오] 교환 scusi [스쿠지] 미안합니다 tedesco [떼데스코] 독일어, 독일인			
	+ h + e, i	[sk]	schema [스케마] 도식, 계획	tedeschi [떼데스끼] 독일인들		
t		[ㄸ]	taxi [딱시] 택시		teatro [떼아뜨로] 극장	
v		[v]				
z	'ㅉ'는 'ㅉ'와 'ㅊ'의 중간음에 가깝다.	[ㅉ] 또는 [w]	Venezia [베네찌아] 베네치아 grazie [그라찌에] 감사			

이탈리아어에서 h는 묵음이다. 그러나 자음 c, g 모음 i, e와 함께 쓰일 경우, 즉 che[ke], chi[ki], ghe[ge], ghi[gi]로 발음된다.

PART

2

1°giorno

~

30°giorno

기본 회화

Buon giorno.
부온 조르노

Buon pomeriggio.
부온 뽀메리죠

Buona sera.
부오나 세라

Buona notte.
부오나 놋떼

Ciao.
챠오

Salve.
살베

Arrivederci.
아리베데르치

안녕. / 안녕하세요. (아침 인사)

안녕. / 안녕하세요. (점심 인사)

안녕. / 안녕하세요. (저녁 인사)

잘 자.

안녕.

안녕.

또 보자.

새 단어

buon(o)/a 좋은, 즐거운	Buon giorno 아침 인사, 일반적인 인사
giorno ⓜ 날	Buon pomeriggio 오후 인사
pomeriggio ⓜ 오후	Buona sera 오후, 저녁 인사
sera ⓕ 저녁	Buona notte 밤 인사
notte ⓕ 밤	

해 설

◆ 인사말

Buon giorno는 '좋은 날들'이란 뜻으로 주로 오전에 하는 인사말이다. 오후 인사인 Buon pomeriggio는 일상에서보다 방송에서 오후 프로그램을 시작할 때 많이 쓰인다. 최근에는 Buon과 giorno를 붙여서 Buongiorno라고도 한다.

Ciao는 '나는 당신의 노예입니다(Sono vostro schiavo.[소노 보스뜨로 스끼아보])'라는 로마식 인사에서 유래한 것으로 친밀한 관계에서 격식 없이 쓰는 인사말이다. 상대방이 Ciao라고 인사하면 똑같이 Ciao라고 응대하면 된다.

Arrivederci는 헤어질 때 인사로 친한 사이에는 Ciao를 쓰지만, 격식을 갖추어야 하는 상대나 상점에서 손님을 응대할 때는 Arrivederci를 사용한다. 좀 더 예의를 갖출 때는 ArrivederLa[아리베데를라]라고 한다.

◆ 명사의 성과 수

이탈리아어에서 모든 명사는 성과 수를 가지고 있으며, 명사의 어미를 통해 쉽게 알 수 있다.

  n. m. : 남성 명사를 뜻하는 것으로 nome maschile의 약자
  n. f. : 여성 명사를 뜻하는 것으로 nome femminile의 약자
  ※ 이 책에서는 🅜, 🅕로 표기함

① 명사의 어미가 −o나 −a인 경우
일반적으로 명사의 마지막 모음이 −o로 끝나는 경우 대부분 남성 단수 명사(🅜)이고, −a로 끝나는 경우 여성 단수 명사(🅕)이다. 복수일 경우는 각각 −i와 −e로 끝난다.

	단수	복수
남성 🅜	−o	−i
여성 🅕	−a	−e

25

libro[리브로] ⓜ 책	→	libri[리브리] 책들
ragazzo[라가쪼] ⓜ 소년	→	ragazzi[라가찌] 소년들
ragazza[라가짜] ⓕ 소녀	→	ragazze[라가쩨] 소녀들
penna[뻰나] ⓕ 펜	→	penne[뻰네] 펜들

② 명사의 어미가 –e 경우

모든 단수명사가 –o나 –a로만 끝나는 것은 아니다. –e로 끝나는 경우도 있는데 이때는 남성 단수일 수도 있고 여성 단수일 수도 있다. –e로 끝나는 남성·여성 단수 명사의 복수형은 성에 관계없이 –i로 바뀐다.

	단수	복수
남성 ⓜ	–e	–i
여성 ⓕ		

생물학적으로 성이 정해진 경우에는 본래의 자연성을 따른다.

padre[빠드레] ⓜ 아버지	→	padri[빠드리] 아버지들
madre[마드레] ⓕ 어머니	→	madri[마드리] 어머니들

무생물일 경우 특정한 기준이 없으므로 암기해야 한다.

fiore[피오레] ⓜ 꽃	→	fiori[피오리] 꽃들
lezione[레지오네] ⓕ 수업	→	lezioni[레지오니] 수업들

③ 그 밖의 경우

–a로 끝나지만 고대 그리스어에서 파생된 남성 명사의 경우 다음과 같이 어미가 변화한다.

problema[프로블레마] ⓜ 문제	→	problemi[프로블레미] 문제들
cinema[치네마] ⓜ 영화	→	cinema[치네마] 영화들

일반적으로 외래어인 경우에는 남성명사로, 복수형일 경우 어미의 변화가 없다.

autobus[아우토부스] ⓜ 버스 → autobus 버스들
computer[꼼뿌떼르] ⓜ 컴퓨터 → computer 컴퓨터들

-ttà, tù로 끝나는 경우 여성 명사로 어미의 변화가 없다.

città[치따] ⓕ 도시 → città 도시들
gioventù[조벤뚜] ⓕ 청년, 젊은이 → gioventù 청년들, 젊은이들

줄임말인 경우 어미의 변화가 없다.

moto(cicletta)[모토(치끌레따)] ⓕ 오토바이 → moto(ciclette)[모토(치끌레떼)] 오토바이들
foto(grafia)[포토(그라피아)] ⓕ 사진 → foto(grafie)[포토(그라피에)] 사진들

-si로 끝나는 여성 명사의 경우 어미의 변화가 없다.

crisi[크리지] ⓕ 위기 → crisi 위기들
analisi[아날리지] ⓕ 분석 → analisi 분석들

-io로 끝나는 명사의 경우 -i로 바뀐다.

orologio[오롤로지오] ⓜ 시계 → orologi[오롤로지] 시계들
operaio[오페라이오] ⓜ 노동자 → operai[오페라이] 노동자들

-co / -go로 끝나는 일부 남성 명사의 경우 -chi / -ghi로 바뀐다.

tedesco[떼데스꼬] ⓜ 독일인 → tedeschi[떼데스끼] 독일인들
albergo[알베르고] ⓜ 호텔 → alberghi[알베르기] 호텔들

-co / -go로 끝나는 일부 남성 명사의 경우 -ci / -gi로 바뀐다.

amico[아미코] ⓜ 친구 → amici[아미치] 친구들
psicologo[피지꼴로고] ⓜ 심리학자 → psicologi[피지꼴로기] 심리학자들

-ca / -ga로 끝나는 일부 여성 명사의 경우 -che / -ghe로 바뀐다.

amica[아미까] ⓕ 친구 → amiche[아미께] 친구들

collega[꼴레가] ⓕ 동료 → colleghe[꼴레게] 동료들

-cia / -gia로 끝나는 경우 여성 명사 형태만 존재하며 자음 + cia, gia는 ce / ge로 바뀌고 모음 + cia, gia는 cie / gie로 바뀐다.

arancia[아란치아] ⓕ 오렌지 → arance[아란체] 오렌지들

camicia[까미치아] ⓕ 셔츠 → camicie[까미치에] 셔츠들

복수형으로 바뀌면서 완전히 형태가 변하는 경우

uomo[우오모] ⓜ 남자 → uomini[우오미니] 남자들

Dio[디오] ⓜ 신 → Dei[데이] 신들

복수일 때 남성 명사에서 여성 명사로 바뀌는 경우

uovo[우오보] ⓜ 달걀 → uova[우오바] ⓕ 달걀들

mano[마노] ⓕ 손 → mani[마니] ⓕ 손들

braccio[브라쵸] ⓜ 팔 → braccia[브라챠] ⓕ 팔들

ginocchio[지노끼오] ⓜ 무릎 → ginocchia[지노끼아] ⓕ 무릎들

dito[디또] ⓜ 손가락 → dita[디따] ⓕ 손가락들

labbro[라브로] ⓜ 입술 → labbra[라브라] ⓕ 입술들

* 신체의 일부분을 나타내는 남성 명사의 경우 복수일 때 여성형으로 바뀐다. 단, 손은 예외이다.

직업을 나타내는 명사

farmacista[파르마치스따] ⓜⓕ 약사

farmacisti[파르마치스띠] ⓜ / farmaciste[파르마치스떼] ⓕ 약사들

artista[아르띠스따] ⓜⓕ 예술가

artisti[아르띠스띠] ⓜ / artiste[아르띠스떼] ⓕ 예술가들

Buon giorno, signore.
부온 조르노 시뇨레

Buon giorno, piacere.
부온 조르노 삐아체레

Piacere.
삐아체레

A presto.
아 프레스토

A domani.
아 도마니

Alla prossima volta.
알라 프로씨마 볼타

Ci vediamo domani.
치 베디아모 도마니

Ci vediamo il prossimo sabato.
치 베디아모 일 프로씨모 사바토

안녕하세요, 선생님.
안녕하세요, 처음 뵙겠습니다.
처음 뵙겠습니다.
곧 만나자.
내일 보자.
다음에 보자.
내일 보자.
다음 토요일에 보자.

새 단어

signore m ~씨, 선생님	volta f 번, 회(回)
여성일 경우 signora f	domani m 내일
piacere 즐거움, 기쁨, (인사일 때는) 반갑습니다	vediamo vedere 동사의 1인칭 복수형/ noi
presto 곧	sabato m 토요일
prossimo 가까운, 최근의	alla (전치사 a + 관사 la) ~에

해설

◆ 첫인사

piacere는 처음 만났을 때 하는 인사로 '만나서 반갑습니다', '처음 뵙겠습니다'라는 의미다.

헤어질 때 다음 만날 시점을 말하는 경우

A + 만날 시점 : ~에 만나요

> A domani. [아 도마니]   내일 만나요.
> A sabato. [아 사바토]   토요일에 만나요.
> A presto. [아 프레스토]   곧 만나요.

Ci vediamo + 만날 시점 : ci vediamo는 '우리 서로 만나자'라는 뜻으로 **vedere**(보다)는 '서로를', '서로에게'라는 상호의 개념을 갖는 상호적 재귀동사로 쓰였다.

> Ci vediamo domani. [치 베디아모 도마니]   내일 만나요.
> Ci vediamo più tardi. [치 베디아모 삐우 따르디]   나중에 만나요.
> Ci vediamo presto. [치 베디아모 프레스토]   곧 만나요.

◆ 형용사의 성과 수 일치

이탈리아어의 형용사는 수식하는 명사의 성·수에 일치해야 한다. 따라서 앞에서 살펴본 바와 같이 이탈리아어의 명사는 4가지 형태, 즉 남성 단수·여성 단수·남성 복수·여성 복수로 이루어져 있고 이를 수식하는 형용사는 다음과 같이 변형되어야 한다.

	남성	여성
단수	buono / buon	buona
복수	buoni	buone

Buon의 인사말

Buon giorno. [부온 조르노]   안녕하세요. (아침 인사, 일반적인 인사)
Buon pomeriggio. [부온 뽀메리죠]   안녕하세요. (오후 인사)
Buona sera. [부오나 세라]   안녕하세요. (오후, 저녁 인사)

Buona notte. [부오나 놋떼]   잘 자.
Buon Anno. [부온 안노]   새해 복 많이 받으세요. (새해 인사)
Buona fortuna. [부오나 포르뚜나]   행운이 있기를.
Buona giornata. [부오나 조르나따]   즐거운 하루 되세요.
Buona domenica. [부오나 도메니까]   즐거운 일요일 되세요.
Buon viaggio. [부온 비아조]   좋은 여행 되세요.
Buone vacanze. [부오네 바깐쩨]   즐거운 휴가 되세요.

◆ 형용사의 명사 수식의 위치

형용사의 위치는 명사 앞/뒤 모두 가능하지만 위치에 따라 의미가 조금씩 달라진다.

명사 + 형용사 : 형용사가 명사 뒤에서 수식하는 경우 제한적이고 고유의 의미를 갖는다.

un amico vecchio [운 아미코 베끼오]   나이든 친구
una ragazza povera [우나 라가짜 뽀베라]   가난한 여인
un uomo grande [운 우오모 그란데]   키가 큰 사람
una certa notizia [우나 체르따 노띠찌아]   어떤 소식

형용사 + 명사 : 형용사가 명사 앞에서 수식하는 경우는 묘사적, 심리적 의미를 갖는다.

un vecchio amico[운 베끼오 아미꼬]   오래된 친구

una povera ragazza[우나 뽀베라 라가짜]   가여운 여인

un grand'uomo[운 그란두오모]   위대한 사람

una notizia certa[우나 노띠찌아 체르따]   확실한 소식

 *Ciao Italy*

이탈리아의 유네스코문화유산

- 발카모니카 암각화(Rock Drawings in Valcamonica) (1979)
- 로마 역사지구(Historic Centre of Rome, the Properties of the Holy See in that City Enjoying Extraterritorial Rights and San Paolo Fuori le Mura) (1980)
- 산타마리아의 교회와 도미니카 수도원 및 레오나르도 다 빈치의 "최후의 만찬"(Church and Dominican Convent of Santa Maria delle Grazie with "The Last Supper" by Leonardo da Vinci) (1980)
- 피렌체 역사 지구(Historic Centre of Florence) (1982)
- 베네치아와 석호(Venice and its Lagoon (1987)
- 피사의 두오모 광장(Piazza del Duomo, Pisa) (1987)
- 산지미냐노 역사지구(Historic Centre of San Gimignano) (1990)
- 마테라의 동굴 거주지와 암석교회 (The Sassi and the Park of the Rupestrian Churches of Matera (1993)
- 비첸차 시와 베네토 주의 팔라디안 건축물(City of Vicenza and the Palladian Villas of the Veneto) (1994, 1996)
- 크레스피 다다(Crespi d'Adda) (1995)
  ......

평가 테스트

1 다음 이탈리아어 단어를 우리말로 해석하세요.

1. giorno _____

2. pomeriggio _____

3. notte _____

4. buono _____

5. ciao _____

2 두 단어를 연결하여 인사말을 만들어 보세요.

- Buon   - giorno
                - notte
- Buona   - domani
                - presto
                - pomeriggio
- A   - sera

Corpo 코르포 몸, 신체

viso 비조 ⓜ / faccia 팟챠 ⓕ 얼굴

testa 떼스타 ⓕ /
capo 까포 ⓜ 머리

mano 마노 ⓕ 손

collo 꼴로 ⓜ 목

dito 디토 ⓜ 손가락

spalla 스팔라 ⓕ 어깨

braccio 브라쵸 ⓜ 팔

petto 페또 ⓜ 가슴

gomito 고미또 ⓜ 팔꿈치

vita 비따 ⓕ 허리

dorso 도르소 ⓜ 등

gamba 감바 ⓕ 다리

ginocchio 지노끼오 ⓜ 무릎

piede 삐에데 ⓜ 발

Viso 비조 / Faccia 팟챠 얼굴

capello 까뻴로 ⓜ 머리카락

fronte 프론떼 ⓕ 이마

sopracciglio 소프라칠리오 ⓜ 눈썹

occhio 오끼오 ⓜ 눈

naso 나조 ⓜ 코

narice 나리체 ⓕ 콧구멍

guancia 구안차 ⓕ 볼, 뺨

bocca 보까 ⓕ 입

orecchio 오렉끼오 ⓜ 귀

mento 멘토 ⓜ 턱

labbra 라브라 ⓕ 입술

lingua 린구아 ⓕ 혀

기본 회화

A Ciao, Lucia!

챠오 루치아

B Ciao, come stai?

챠오 꼬메 스따이?

A Sto bene, e tu?

스토 베네 에 뚜?

B Non c'è male. Grazie.

논 체 말레 그라찌에

A : 안녕, 루치아!

B : 안녕, 어떻게 지내니?

A : 잘 지내고 있어. 너는?

B : 나쁘진 않아. 고마워!

새 단어

come 어떻게	bene 좋은, 잘
come stai? 어떻게 지내니?	c'è ~이 있다(ci è의 축약형)
come sta? 어떻게 지내십니까?	male 나쁜
stare 지내다	grazie 감사합니다
sto bene > stare bene : sto bene(stare bene) 잘 지내다, 좋다	

해 설

◆ **안부 묻고 답하기 Come stai?**

stare 동사는 '지내다'라는 의미로 Come stai?는 '어떻게 지내니?'라는 표현이다. 안부를
물을 때 가장 기본적이고 널리 쓰이는 의문문이다.

이에 대한 대답으로는   Sto bene. [스토 베네]   잘 지내.

　　　　　　　　　　Non c'è male. [논 체 말레]   나쁘진 않아.

　　　　　　　　　　Così così. [꼬지 꼬지]   그럭저럭.

Grazie는 감사 인사로 보통 Prego. [쁘레고] '천만에요', 혹은 Di niente, Nulla. [디 니엔떼
눌라] '아닙니다'라고 답한다.

◆ **의문문**

의문사가 없는 의문문의 경우에는 〈동사 + 주어 + 목적어?〉의 형태가 된다.

평서문 : Lui è studente. [루이 에 스투덴떼]   그는 학생입니다.

의문문 : È studente? [에 스투덴떼]   그는 학생입니까?

※ 평서문의 끝만 올려도 의문문이 된다.

　　Lui è studente? ↗ [루이 에 스투덴떼?]   그는 학생입니까?

의문사가 있는 의문문은 〈의문사 + 동사 + 주어?〉의 형태가 된다.

　　Come stai? [꼬메 스따이]   어떻게 지내니?

　　Come va? [꼬메 바]   어떻게 지내니? / 잘 되어 가니?

* stare 동사 대신 andare 동사(가다)를 이용하여 안부를 묻는 표현은 하고 있는 일이나 상황 등을 물을 때 사
용된다. (va는 andare 동사의 3인칭 단수)

◆ 주어 인칭대명사

주격 인칭대명사는 1 · 2 · 3인칭으로 분류되며, 수에 따라 단수 · 복수 형태로 구분된다.
이탈리아어는 주어를 생략할 수 있으며 주어가 생략되어도 동사를 통해 주어를 알 수 있다.

	단수	복수
1인칭 (나)	io [이오]	noi [노이]
2인칭 (너)	tu [뚜]	voi [보이]
3인칭 남성 / 여성 (그, 그녀)	lui [루이](egli, esso) / lei [레이](ella, essa)	loro [로로] (essi, esse)
존칭 (당신)	Lei [레이]	Loro [로로]

Lei는 2인칭 단수(당신) 상대방을 가리키는 존칭으로 윗사람 혹은 잘 모르는 사람에게 예의를 갖추어 말하는 경어이다. '그녀'를 뜻하는 3인칭 단수 lei와 구별하기 위해 반드시 대문자 Lei로 표기해야 한다. 또한 의미상으론 2인칭에 해당되지만 3인칭 형태를 취하고 있기 때문에 3인칭 동사를 사용해야만 한다.

Lei è coreano? [레이 에 꼬레아노]　당신은 한국인입니까?
→ Loro sono coreani? [로로 소노 꼬레아니]　당신들은 한국인들입니까?

Lei è studente? [레이 에 스투덴떼]　당신은 학생입니까?
→ Loro sono studenti? [로로 소노 스투덴띠]　당신들은 학생들입니까?

3인칭 단 · 복수 egli, esso, ella, essa, essi, esse는 문어체 표현에서 드물게 사용된다.

◆ **stare 동사**

stare 동사는 '어떤 상태로 있다', '지내다' 뿐만 아니라 '위치나 장소에 있다', '거주하다' 등 다양한 뜻이 있다.

stare + 장소 : ~에 있다, 머무르다, 살다

Sto a casa. [스토 아 까자]   나는 집에 있다.
Lui sta a Roma. [루이 스타 아 로마]   그는 로마에 산다.

stare + bene : 잘 지내다, 잘 어울리다

Come stai? [꼬메 스타이]   너는 잘 지내니?
Sto bene. [스토 베네]   잘 지내.

Questo vestito mi sta bene. [꾸에스토 베스띠또 미 스타 베네]   이 옷은 내게 잘 어울린다.
I pantaloni mi stanno un po' stretti.   바지가 약간 끼어요.
[이 빤딸로니 미 스탄노 운 뽀 스트레띠]
Il bianco sta bene a tutti. [일 비안코 스타 베네 아 뚜띠]   흰색은 누구에게나 잘 어울린다.

stare 동사의 현재 변화형

	인칭		stare
단수	1인칭	io	sto [스토]
	2인칭	tu	stai [스타이]
	3인칭	lui / lei / Lei	sta [스타]
복수	1인칭	noi	stiamo [스티아모]
	2인칭	voi	state [스따떼]
	3인칭	loro / Loro	stanno [스딴노]

* stare 동사는 불규칙형이므로 반드시 암기해야 한다.

응용 회화

A Salve, mi chiamo Marco. E tu?

살베 미 끼아모 마르코 에 뚜

B Ciao, sono Giulio. Non sei italiano?

챠오 소노 줄리오 논 세이 이탈리아노

A Sono spagnolo, e tu?

소노 스파뇰로 에 뚜?

B Sono americano.

소노 아메리카노

A : 안녕. 나는 마르코야. 너는?

B : 안녕. 나는 줄리오야. 너 이탈리아 사람이 아니지?

A : 나는 스페인 사람이야. 너는?

B : 나는 미국 사람이야.

새 단어

mi 내 자신을

chiamo ~을 부르다(chiamare 동사의 1인칭 단수 현재형)

e 그리고

italiano ⓜ 이탈리아 사람, 이탈리아어

spagnolo ⓜ 스페인 사람, 스페인어

americano ⓜ 미국인, 미국의

해 설

◆ 이름 묻고 답하기

chiamarsi 동사 + 이름

'나의 이름은 ~입니다'라고 표현할 때 mi chiamo~라고 할 수 있는데 mi chiamo는
chiamarsi[끼아마르시] 동사의 재귀적 용법으로, 직역하면 '내가 나를 ~라고 부르다'이다.

chiamarsi 동사의 현재 변화형

	인칭	chiamarsi
단수	io	mi chiamo [미 끼아모]
	tu	ti chiami [띠 끼아미]
	lui / lei / Lei	si chiama [시 끼아마]
복수	noi	ci chiamiamo [치 끼아미아모]
	voi	vi chiamate [비 끼아마떼]
	loro / Loro	si chiamano [시 끼아마노]

재귀동사를 변화시킬 때 주의해야 할 점은 동사 앞에 위치한 재귀대명사 mi, ti, si, ci, vi, si
도 함께 변화시켜야 한다.

자신의 이름을 말할 때 사용하는 또 다른 표현으로는 〈essere + 이름〉 '나는 ~입니다', 또
는 Il mio nome~ '내 이름은 ~입니다'가 있다.

Io sono Alessia.[이오 소노 알레시아] 나는 알레시아입니다.
Il mio nome è Luca.[일 미오 노메 에 루까] 내 이름은 루카입니다.

상대방의 이름을 물어볼 때

    Come ti chiami? [꼬메 띠 끼아미]　네 이름은 뭐니?

    Come si chiama? [꼬메 시 끼아마]　당신의 이름은 무엇입니까?

    Qual è il tuo nome? [꽐레 일 뚜오 노메]　네 이름은 뭐니?

    Qual è il tuo cognome? [꽐레 일 뚜오 꼰노메]　네 성은 뭐니?

◆ 부정문

non + 동사 + 목적어/보어

평서문의 동사 앞에 non을 놓으면 부정문이 된다.

    Io non sono americano. [이오 논 소노 아메리카노]　나는 미국인이 아니다.

    Io non sono studente. [이오 논 소노 스투덴떼]　나는 학생이 아니다.

    Lui non è Marco. [루이 논 에 마르코]　그는 마르코가 아니다.

의문사가 없는 부정의문문의 경우 부정문에서 끝만 올리면 된다.

    Non sei americano? ↗ [논 세이 아메리카노]　너는 미국인이 아니지?

    Non sei studente? ↗ [논 세이 스투덴떼]　너는 학생이 아니지?

    Non è Marco? ↗ [논 에 마르코]　너는 마르코가 아니지?

평가 테스트

1 ( )에 주어진 동사를 현재형으로 바꾸세요.

1. Tu _____ studente? (essere)

2. Lui _____ Coreano. (essere)

3. Io _____ bene. (stare)

2 다음 단어의 뜻을 써 보세요.

1. bene _____   2. grazie _____

3. studente _____   4. americano _____

5. come _____

3 다음 문장을 부정문으로 만드세요.

1. Sono Maria. _____

2. Lei è studente. _____

4 다음 문장을 의문문으로 만드세요.

1. Loro sono coreani. _____

2. Sei americano. _____

Famiglia 파밀리아 **가족**

nonno 논노 ⓜ 할아버지, 조부
nonna 논나 ⓕ 할머니, 조모

papà 파파 ⓜ 아빠
padre 빠드레 ⓜ 아버지
* 악센트 없이 첫 글자가 대문자(Papa
[빠-빠])라면 '교황'을 의미.

mamma 맘마 ⓕ 엄마
madre 마드레 ⓕ 어머니

suocero 수오체로 ⓜ 시아버지, 장인
suocera 수오체라 ⓕ 시어머니, 장모

figlio 필리오 ⓜ 아들
figlia 필리아 ⓕ 딸

fratello minore 프라텔로 미노레 ⓜ 남동생
sorella minore 소렐라 미노레 ⓕ 여동생

marito 마리또 ⓜ 남편
moglie 몰리에 ⓕ 아내, 부인

genero 제네로 ⓜ 사위
nuora 누오라 ⓕ 며느리

기본 회화

A Ciao, sono Marco. E tu?

챠오 소노 마르코 에 뚜?

B Ciao, sono Alex.

챠오 소노 알렉스

A Tu parli italiano?

뚜 빠를리 이탈리아노?

B Si, io parlo un po' italiano.

씨 이오 빠를로 운 뽀 이탈리아노

A Parlate italiano?

빠를라떼 이탈리아노?

B Si, parliamo italiano ma poco.

씨 빠를리아모 이탈리아노 마 뽀꼬

A : 안녕, 나는 마르코야. 너는?

B : 안녕, 나는 알렉스야.

A : 이탈리아어 할 줄 아니?

B : 응, 이탈리아어 조금 해.

A : 너희들 이탈리아어 할 줄 아니?

B : 응, 우리는 이탈리아어를 할 줄 알지만 조금 할 수 있어.

sono ～이다 (essere 동사의 io 변화형)

parli 말하다 (parlare 동사의 tu 변화형)

parlo 말하다 (parlare 동사의 io 변화형)

parliamo 말하다 (parlare 동사의 noi 변화형)

parla 말하다 (parlare 동사의 lui / lei 변화형)

un po' 조금, 약간

ma 그러나

poco 조금, 적은

해 설

◆ essere 동사

이탈리아어에서 가장 기본적인 동사인 essere는 주어의 상태를 나타내며 문맥에 따라 '～이다', '～가 있다(존재하다)'라는 의미로 쓰인다. 주로 주어의 국적, 직업, 감정, 신분이나 장소 등에 사용된다.

essere 동사의 현재 변화형

	인칭	essere
단수	io	sono [소노]
	tu	sei [세이]
	lui / lei / Lei	è [에]
복수	noi	siamo [시아모]
	voi	siete [시에떼]
	loro / Loro	sono [소노]

주어의 성·수와 주어 뒤에 오는 명사(또는 형용사)의 성·수는 반드시 일치시켜야 한다.

Io sono italiano. [이오 소노 이탈리아노]　나는 이탈리아인입니다. (남성)
Io sono italiana. [이오 소노 이탈리아나]　나는 이탈리아인입니다. (여성)

Io sono studente. [이오 소노 스투덴떼]　나는 학생입니다. (남성)
Io sono studentessa. [이오 소노 스투덴떼싸]　나는 학생입니다. (여성)

◆ parlare 동사

'말하다'라는 뜻의 1군 동사로 〈parlare + 국적 형용사〉 형태로 쓰이면 '～어를 할 줄 알다'라는 뜻이 된다.

	인칭	parlare
단수	io	parlo [빠를로]
	tu	parli [빠를리]
	lui / lei / Lei	parla [빠를라]
복수	noi	parliamo [빠를리아모]
	voi	parlate [빠를라떼]
	loro / Loro	parlano [빠를라노]

이탈리아어 동사는 −are로 끝나는 1군 동사, −ere로 끝나는 2군 동사, −ire로 끝나는 3군 동사와 불규칙형 동사가 있다. 이 모든 동사는 인칭에 따라 변화한다.
불규칙 동사는 일상생활에도 자주 사용되기 때문에 반드시 암기해야 한다.

◆ 국적 표현

essere 동사 + 국가 형용사 : ～나라 사람입니다

Sono coreano. [소노 꼬레아노]　나는 한국인입니다. (남성)
Sono coreana. [소노 꼬레아나]　나는 한국인입니다. (여성)

Lui è italiano? [루이 에 이딸리아노]   당신은 이탈리아인입니까? (남성)

Lei è italiana? [레이 에 이딸리아나]   당신은 이탈리아인입니까? (여성)

◆ 국적 묻기

Di che nazionalità + essere 동사?

Di che nazionalità sei? [디 께 나지오날리따 세이]   너는 어느 나라 사람이니?

Di che nazionalità è Lei? [디 께 나지오날리따 에 레이]   당신은 어느 나라 사람입니까?

Di che nazionalità è Anna? [디 께 나지오날리따 에 안나]   안나는 어느 나라 사람이지?

국가명과 국적 형용사

	국가명	국적 형용사
한국	Corea [꼬레아]	coreano [꼬레아노]
이탈리아	Italia [이탈리아]	italiano [이딸리아노]
미국	America [아메리카], USA	americano [아메리카노]
프랑스	Francia [프란챠]	francese [프란체제]
스페인	Spagna [스파냐]	spagnolo [스파뇰로]
독일	Germania [제르마니아]	tedesco [떼데스코]
중국	Cina [치나]	cinese [치네제]
일본	Giappone [자뽀네]	giapponese [자뽀네제]

* 국가명은 대문자, 국적은 소문자로 표기한다.

응용 회화

A Piacere. Di dove sei?

삐아체레 디 도베 세이

B Io sono francese. E tu?

이오 소노 프란체제 에 뚜?

A Io sono spagnola.

이오 소노 스파뇰라

A Da dove venite?

다 도베 베니떼?

B Veniamo dall'Italia

베니아모 달리탈리아

A : 만나서 반가워. 너는 어디 출신이니?

B : 나는 프랑스 사람이야. 너는?

A : 나는 스페인 사람이야.

A : 너희들은 어디서 왔니?

B : 우리는 이탈리아에서 왔어.

새 단어

dove 어디	veniamo 오다 (venire 동사의 noi 변화형)
venite 오다 (venire 동사의 voi 변화형)	da ～에서

◆ **출신지 묻고 답하기**

국적이나 고향 등 출신지를 물을 때는 출신이나 소속의 전치사 〈di + 장소를 나타내는 의문
사 dove + essere 동사〉의 형태로 묻는다.

Di dove sei? [디 도베 세이] / Di dove è? [디 도베 에] 너는 어디 출신이니?

대답으로는 〈essere + 국가명〉 또는 〈essere + di + 도시 이름〉으로 말한다.

Di dove sei? [디 도베 세이] 너는 어디 출신이니?
Sono di Milano. [소노 디 밀라노] 나는 밀라노 사람이야.

Di dove è Lei? [디 도베 에 레이] 당신은 어디 출신입니까?
Sono coreano, di Seoul. [소노 꼬레아노 디 세울] 나는 서울 출신의 한국인입니다.

또 다른 표현으로는 〈da + 장소를 나타내는 의문사 dove + venire 동사〉를 사용하여 '어
디서 왔니?'로 물을 수 있다.

Da dove vieni? [다 도베 비에니] 어디서 왔니?
Vengo da Seoul. [벵고 다 세울] 서울에서 왔어.

Da dove viene? [다 도베 비에네] 어디서 오셨습니까?
Io vengo dall'Italia e parlo italiano. 이탈리아에서 왔고 이탈리아어를 말합니다.
[이오 벵고 달리딸리아 에 빠를로 이탈리아노]

venire 동사는 '오다'라는 의미이지만 '가다'로 해석하는 경우도 있다. 이는 상대방과 함께
어떤 장소를 갈 때 혹은 상대가 있는 곳으로 가는 경우에 해당된다.

venire 동사의 현재 변화형

	인칭	venire
단수	io	vengo [벤고]
	tu	vieni [비에니]
	lui / lei / Lei	viene [비에네]
복수	noi	veniamo [베니아모]
	voi	venite [베니떼]
	loro / Loro	vengono [벤고노]

Vengo da te. [벤고 다 떼]   너에게 갈게.

Vieni da me? [비에니 다 메]   나에게 올래?

Venite qua. [베니떼 꾸아]   이리로 오세요.

Domenica vengono i nostri amici dalla Francia.

[도메니까 벤고노 이 노스트리 아미치 달라 프란챠]   일요일에 프랑스에서 우리 친구들이 온다.

로물루스·레무스 쌍둥이 형제의 고대 로마 창건

기원전 753년 로물루스와 레무스 쌍둥이 형제에 의해 고대 로마가 시작되었다는 신화가 있다. 신화에 따르면 테베레강에 버려진 형제가 늑대의 도움을 받아 구조되었고, 티베레강 근처 필라티네 언덕에 로마를 세웠다고 한다. 이후 로마는 왕정, 공화정, 제정을 거치며 흥망성쇠를 반복한다.

인근 도시국가를 합병한 초기 로마왕정의 왕은 로물루스를 포함한 7명이었고, 기원전 6세기 경 로마인들은 에트루리아인들을 몰아내고 귀족과 평민들이 정치권력을 나누어 갖는 공화정을 세웠다.

평가 테스트

1 다음의 이탈리아어 단어를 우리말로 해석하세요.

1. parlare _____
2. dove _____
3. un po _____
4. venire _____
5. piacere _____

2 주어진 단어로 문장을 만들어 보세요.

1. dove / di / sei _____
2. normalmente / che / parlate / lingua _____
3. di / sei / che / nazionalità _____

3 parlare 동사를 인칭에 맞게 바꿔 보세요.

1. io _____
2. tu _____
3. lui / lei _____
4. noi _____
5. voi _____
6. loro _____

1 말하다 / 어디 / 조금 / 오다 / 만나서 반가워

2 Di dove sei? / Che lingua parlate normalmente. / Di che nazionalità sei.

3 parlo / parli / parla / parliamo / parlate / parlano

Casa 까자 집

tetto 뗏또 Ⓜ 지붕

finestra 피네스뜨라 Ⓕ 창문

giardino 좌르디노 Ⓜ 정원

casella postale 까셀라 뽀스탈레 Ⓕ 우편함

piano interrato 삐아노 인떼랏또 Ⓜ 지하실

parcheggio 빠르껫쬬 Ⓜ 차고

campanello 깜빠넬로 Ⓜ 초인종

anticamera 안띠까메라 Ⓕ 현관

camera 까메라 Ⓕ 방

soggiorno 소조르노 거실

camera da letto 까메라 다 렛또 침실

bagno 바뇨 욕실

cucina 꾸치나 Ⓕ 부엌

porta 뽀르따 Ⓕ 문

scala 스칼라 Ⓕ 계단

muro 무로 Ⓜ 벽

기본 회화

A Sono giornalista. Lei che lavoro fa?

소노 조르날리스타 레이 께 라보로 파

B Sono dentista.

소노 덴티스타

A Dentista, un bel lavoro.

덴티스타 운 벨 라보로

Sono contento di conoscerLa.

소노 꼰뗀또 디 꼬노쉐를라

B Anch'io sono molto contento.

안끼오 소노 몰또 꼰뗀또

A : 나는 기자입니다. 당신은 무슨 일을 합니까?

B : 치과 의사입니다.

A : 치과 의사, 좋은 직업이군요.

당신을 알게 돼서 기쁩니다.

B : 나 역시 매우 기쁩니다.

새 단어

giornalista ⓜ ⓕ 기자	bel 좋은
che 무슨, 어떤	contento 기쁜
lavoro ⓜ 일	conoscere 알다 (conoscere + La)
fa 〜하다 (fare 동사의 io 변화형)	anch'io 나 역시 (anche + io)
dentista ⓜ ⓕ 치과 의사	

해설

◆ **직업 묻고 답하기**

직업을 물을 때는 **Che lavoro + fare 동사?**

> Che lavoro fai? [께 라보로 파이]　너는 무슨 일을 하니?
> Che lavoro fa? [께 라보로 파]　당신은 무슨 일을 하십니까?

다른 표현으로 '~에 종사하다', '관계하다'란 뜻의 〈Di che cosa + occuparsi?〉가 있다.

> Di che cosa ti occupi? [디 께 꼬자 띠 오꾸삐]　너는 무슨 일을 하니?
> Mi occupo di moda. [미 오꾸뽀 디 모다]　나는 패션 일에 종사해.

자신의 직업을 말할 때는 〈essere 동사 + 직업명〉을 주로 사용한다. 뿐만 아니라 〈fare 동사 + 직업명〉, 〈occuparsi + 직업명〉, 〈lavorare come + 직업명〉으로도 말할 수 있다.

> Tu sei studente? [뚜 세이 스투덴떼]　너는 학생이니?
> No, sono infermiera. [노 소노 인페르미에라]　아니, 나는 간호사야.
> Faccio l'avvocato. [파쵸 라보까토]　나는 변호사입니다.
> Lavoro come insegnate. [라보로 꼬메 인세냐떼]　나는 교사로 일합니다.

직업명	남성형	여성형
교사	insegnante [인세냔떼]	insegnante [인세냔떼]
학생	studente [스투덴떼]	studentessa [스투덴떼싸]
회사원	impiegato [임삐에가또]	impiegata [임삐에가따]
점원, 판매원	commesso [꼼메쏘]	commessa [꼼메싸]
엔지니어	ingegnere [인제녜레]	ingegnere [인제녜레]
의사 ·	dottore [도또레]	dottoressa [도또레싸]
배우	attore [아또레]	attrice [아뜨리체]
요리사	cuoco [꾸오꼬]	cuoca [꾸오까]

◆ 직업 명사

직업이나 신분을 나타내는 명사들은 남성형을 여성형으로 바꾸어 사용하는 경우도 있지만 동일하게 사용하는 경우도 있다.

−sta로 끝나는 직업 명사의 경우 단수일 때는 남성형과 여성형이 동일하지만 복수일 때는 남성형은 −i, 여성형은 −e로 변화한다.

기자	giornalista [조르날리스따]	→	giornalisti [조르날리스띠] (남성)
			giornaliste [조르날리스떼] (여성)
예술가	artista [아르띠스따]	→	artisti [아르띠스띠] (남성)
			artiste [아르띠스떼] (여성)

◆ conoscerLa

'만나서 반갑다'는 뜻으로 piacere di conoscerti 또는 essere + contento/a di conoscerti라고 한다. conoscerti는 '알다' 혹은 '만나다'라는 뜻의 conoscere의 변형으로 conoscere 동사 뒤의 ti는 '너를'이라는 뜻의 직접목적대명사이다. 더 형식적인 형태로 바꾸려면 conoscerLa를 사용하면 된다.

essere + contento/a di conoscerti의 경우 화자에 따라 직접목적대명사가 달라지는 것에 유의한다.

화자가 남성일 경우

Sono contento di conoscerti. [소노 꼰뗀또 디 꼬노쉐르띠]   너를 만나서 반가워.
Sono contento di conoscerLa. [소노 꼰뗀또 디 꼬노쉐를라]   당신을 만나서 반갑습니다.

화자가 여성일 경우

Sono contenta di conoscerti. [소노 꼰뗀따 디 꼬노쉐르띠]   너를 만나서 반가워.
Sono contenta di conoscerLa. [소노 꼰뗀따 디 꼬노쉐를라]   당신을 만나서 반갑습니다.

응용 회화

A Da quanto tempo sei in Italia?

다 꽌또 뗌포 세이 인 이딸리아?

B Sono da 1 anno.

소노 다 운 안노

A Che cosa fai in Italia?

께 꼬자 파이 인 이딸리아?

B Studio arte e letteratura all'università.

스투디오 아르떼 에 레떼라뚜라 알루니베르시따

A Sei contenta di essere qua?

세이 꼰뗀따 디 에쎄레 꾸아?

B Si, sono molto contenta.

씨 소노 몰토 꼰뗀따

A Tu sei studente?

뚜 세이 스투덴떼?

B No, faccio la commessa in un negozio di abbigliamento.

노 파쵸 라 꼼메싸 인 운 네고지오 디 아빌리아멘또

A Dove lavori?

도베 라보리?

B Lavoro in centro.

라보로 인 첸트로

A : 이탈리아에 얼마나 있었니?

B : 1년이야.

A : 이탈리아에서 무얼 하니?

B : 나는 대학에서 문학 예술을 공부해.

A : 너는 여기 있는 게 행복하니?

B : 응, 매우 행복해.

A : 너는 학생이니?

B : 아니, 나는 옷가게에서 점원으로 일해.

A : 어디서 일해?

B : 나는 중심지에서 일해.

새 단어

da ~부터	studente ⓜ 학생
quanto 얼마나	dove 어디에
anno ⓜ 해, 년	commessa ⓕ 점원
studio 공부하다 (studiare 동사의 io 변화형)	in ~에서
arte ⓕ 예술	negozio ⓜ 상점
letteratura ⓕ 문학	abbigliamento ⓜ 의복
università ⓕ 대학	negozio di abbigliamento ⓜ 옷가게
all(al) ~에서 (a + il)	lavoro ⓜ 일, 노동
contento 기쁜, 만족하는	centro ⓜ 시내, 중심가

해설

◆ Da quanto tempo + 현재시제 동사

Da quanto tempo는 '얼마의 시간부터' 즉, '얼마나 오랫동안', '언제부터'라는 뜻으로 어떤 것이 얼마나 오랜 시간 동안 진행되었는지 기간을 물어볼 때 사용하는 표현이다.

Da quanto tempo sei in Corea? [다 꽌또 뗌뽀 세이 인 꼬레아] 한국에 얼마나 있었니?

Da quanto tempo stai qui? [다 꽌또 뗌뽀 스타이 뀌] 여기 있은 지 얼마나 되지?

Da quanto tempo lavori? [다 꽌또 뗌뽀 라보리]   너는 언제부터 일했니?

Da quanto tempo non ci vediamo. [다 꽌또 뗌뽀 논 치 베디아모]   오랜만이야. (직역
하면 '우리가 서로 못 본 지 얼마나 되지'라는 뜻으로 오랜만에 만난 상황일 때 사용한다.)

이에 대한 대답으로 〈현재시제 동사 + da + 시간의 길이〉를 사용한다.

Abito qui da dieci anni. [아비또 뀌 다 디에치 안니]   나는 여기 십 년 살았어.

Sono a Roma da tre giorni. [소노 아 로마 다 뜨레 조르니]   나는 로마에 3일 있었어.

〈essere contento/a di + 동사〉는 '~하는 것이 행복하다', '만족한다'라는 표현으로 화자
가 남성이면 contento, 여성이면 contenta로 바뀐다.

Sono contento di tornare a casa.   나는 집에 돌아와서 행복하다.
[소노 꼰뗀또 디 또르나레 아 까자]

Sono contenta di stare qui con te.   나는 여기에 너와 함께 있어서 행복해.
[소노 꼰뗀따 디 스타레 뀌 꼰 떼]

◆ **fare 동사**

'~하다'라는 뜻을 가진 불규칙 동사로 다양하게 사용되기 때문에 반드시 외워야 할 기본 동
사 중 하나이다.

fare 동사의 현재 변화형

	인칭	fare
단수	io	faccio [파쵸]
	tu	fai [파이]
	lui / lei / Lei	fa [파]
복수	noi	facciamo [파치아모]
	voi	fate [파떼]
	loro / Loro	fanno [판노]

Faccio un viaggio. [파쵸 운 비아쬬] 나는 여행을 한다.

Fai una domanda. [파이 우나 도만다] 너는 질문을 한다.

Fa la spesa. [파 라 스페자] 그는 시장을 본다.

Facciamo tardi. [파치아모 따르디] 우리는 늦는다.

Non fate colazione. [논 파떼 꼴라지오네] 너희들은 아침을 먹지 않는다.

Fanno il turno di notte. [판노 일 뚜르노 디 놋떼] 그들은 야간 근무를 한다.

날씨 표현이나 계산 표현 등에도 사용된다.

Che tempo fa? [께 뗌뽀 파] 오늘 날씨 어때?

Fa bel tempo. [파 벨 뗌뽀] 날씨가 좋아.

Fa brutto tempo. [파 부르또 뗌뽀] 날씨가 나빠.

Fa caldo. [파 깔도] 날씨가 더워.

Fa freddo. [파 프레도] 날씨가 추워.

Due più quattro fa sei. [두에 삐우 꽈트로 파 세이] 2 더하기 4는 6이다.

Dieci meno due fa otto. [디에치 메노 두에 파 오또] 10 빼기 2는 8이다.

◆ **studiare와 lavorare**

두 단어 모두 -are로 끝나는 1군 동사로 동사 변형은 다음과 같다.

	인칭	studiare 공부하다	lavorare 일하다
단수	io	studio [스투디오]	lavoro [라보로]
	tu	studi [스투디]	lavori [라보리]
	lui / lei / Lei	studia [스투디아]	lavora [라보라]
복수	noi	studiamo [스투디아모]	lavoriamo [라보리아모]
	voi	studiate [스투디아떼]	lavorate [라보라떼]
	loro / Loro	studiano [스투디아노]	lavorano [라보라노]

평가 테스트

1 ( )에 주어진 동사를 현재형으로 바꾸세요.

1. Tu _ _ _ _ _ _ _ _ _ _ _ _ _ in centro. (lavorare)

2. Loro _ _ _ _ _ _ _ _ _ _ _ _ letteratura all'università. (studiare)

3. Lei che _ _ _ _ _ _ _ _ _ _ _ _ _? (fare)

2 다음 단어의 뜻을 써 보세요.

1. commessa _ _ _ _ _ _ _ _ _ _ _ _ _ _ _ _ 　　2. negozio _ _ _ _ _ _ _ _ _ _ _ _ _ _ _ _

3. quanto _ _ _ _ _ _ _ _ _ _ _ _ _ _ _ 　　4. giornalista _ _ _ _ _ _ _ _ _ _ _ _ _ _ _

5. dentista _ _ _ _ _ _ _ _ _ _ _ _ _ _ 　　6. università _ _ _ _ _ _ _ _ _ _ _ _ _ _ _

3 주어를 남성으로 가정하여 문장을 남성형으로 바꾸세요.

1. Sono molto contenta. _

2. Sono contenta di stare qui con te. _

4 주어진 단어로 문장을 만들어 보세요.

1. cosa / occupi / di / che / ti / ? _

2. di / mi / moda / occupo _

정답

1 lavori / studiano / fa 　　**2** 점원 / 상점 / 얼마나 / 기자 / 치과 의사 / 대학

3 Sono molto contento. / Sono contento di stare qui con te.

4 Di che cosa ti occupi? / Mi occupo di moda.

Occupazione 오꾸빠찌오네 **직업**

impiegato/a 임삐에가또/따 샐러리맨, 회사원

casalinga 까사링가 ⓕ 가정주부

pubblico ufficiale 뿌불리코 우삐치알레 ⓜ
impiegato/a statale 임삐에가또/따 스타딸레 공무원

lavoratore 라보라또레 ⓜⓕ
operaio/a 오뻬라이오/아
impiegato/a 임삐에가또/따 **노동자**

commesso/a 꼼메쏘/ 싸
venditore 벤디또레 ⓜⓕ 판매원

insegnante 인세냔떼 ⓜⓕ 교사
professore 쁘로페소레 ⓜ /
professoressa 쁘로페소레사 ⓕ 교수

ricercatore 리체르까또레 ⓜⓕ 연구원
studioso/a 스투디오조/자 **학자**

cuoco/a 꾸오꼬/까 요리사

pittore 핏또레 ⓜⓕ 화가

musicista 무지치스타 ⓜⓕ 음악가

attore 아또레 / **attrice** 아뜨리체 배우
intrattenitore 인뜨라떼니또레 ⓜⓕ 연예인

regista 레지스따 ⓜⓕ 영화감독

cantante 깐딴떼 ⓜⓕ 가수

atleta 아뜰레따 ⓜⓕ 운동선수

giardiniere/a 좌르디니에레/라 ⓜ
원예사

guida turistica 구이다 투리스띠까
ⓜⓕ 여행 안내자

기본 회화

A Chi è lui?

끼 에 루이?

B Lui è mio fratello. Lui abita a Milano.

루이 에 미오 프라텔로 루이 아비따 아 밀라노

A Tu dove abiti?

뚜 도베 아비띠?

B Io e la mia famiglia abitiamo a Roma.

이오 에 라 미아 파밀리아 아비띠아모 아 로마

A Chi è Lucia?

끼 에 루치아?

B Lucia è mia sorella. Io abito con lei.

루치아 에 미아 소렐라 이오 아비또 꼰 레이

A Allora, dove abitano i tuoi genitori?

알로라 도베 아비타노 이 뚜오이 제니또리?

B Loro abitano in periferia, lontano dal centro.

로로 아비타노 인 페리페리아 론타노 달 첸트로

A : 그는 누구니?

B : 그는 나의 오빠야. 밀라노에 살아.

A : 너는 어디에 살아?

B : 나와 내 가족은 로마에 살아.

A : 루치아가 누구니?

B : 루치아는 내 여동생이야. 나는 그녀와 함께 살아.

A : 그럼 너의 부모님은 어디 사니?

B : 그들은 시내에서 멀리, 교외에 살아.

새 단어

chi 누구

fratello ⓜ 남자 형제

sorella ⓕ 여자 형제

abita ～에 거주하다, 살다 (abitare 동사의 lui/lei 변화형)

mia 나의

famiglia ⓕ 가족

genitori ⓜ 부모님

tuoi 너의

con ～와 함께

periferia ⓕ 교외

해 설

◆ **의문대명사 chi**

'누구를', '누군가'라는 뜻으로 항상 사람에게만 사용되며 대상이 단수든 복수든 형태는 변하지 않는다.

Chi è questo ragazzo? [끼 에 꾸에스토 라가쪼] 이 소년은 누구입니까?

Chi sono questi ragazzi? [끼 소노 꾸에스띠 라가찌] 이 소년들은 누구입니까?

전치사와 함께 사용하여 의미를 추가할 수 있다.

A chi parli? [아 끼 빠를리] 너는 누구에게 말하는 거야?

Di chi è questo libro? [디 끼 에 꾸에스토 리브로] 이 책은 누구 거야?

Con chi parlo? [꼰 끼 빠를로] (전화 통화할 때) 누구세요?

Per chi sono questi fiori? [뻬르 끼 소노 꾸에스띠 피오리] 이 꽃들은 누구를 위한 거죠?

◆ 소유 형용사

	단수		복수	
	남성형	여성형	남성형	여성형
io	mio [미오]	mia [미아]	miei [미에이]	mie [미에]
tu	tuo [뚜오]	tua [뚜아]	tuoi [뚜오이]	tue [뚜에]
lui / lei	suo [수오]	sua [수아]	suoi [수오이]	sue [수에]
Lei	Suo [수오]	Sua [수아]	Suoi [수오이]	Sue [수에]
noi	nostro [노스트로]	nostra [노스트라]	nostri [노스트리]	nostre [노스트레]
voi	vostro [보스트로]	vostra [보스트라]	vostri [보스트리]	vostre [보스트레]
loro	loro [로로]	loro [로로]	loro [로로]	loro [로로]

소유 형용사는 소유자가 아닌 소유물을 수식하는 것으로 소유되는 사물, 사람, 동물 명사의
성과 수가 일치해야 한다.

Il mio nome è Luca. [일 미오 노메 에 루까]   나의 이름은 루카입니다.

Paolo e Francesca sono i miei genitori.   파올로와 프란체스카는 나의 부모님입니다.
[빠올로 에 프란체스까 소노 이 미에이 제니또리]

Le tue sorelle ancora studiano?   너의 여자 형제들은 아직도 공부하니?
[레 뚜에 소렐레 안꼬라 스투디아노]

Questo è il quaderno di Laura?   이것은 라우라의 공책입니까?
[꾸에스또 에 일 꾸아데르노 디 라우라]

La Sua casa è lontano da qui?   당신의 집은 여기서 멉니까?
[라 수아 까자 에 론따노 다 뀌]

가족이나 혈연관계를 나타내는 단수 명사일 경우 소유형용사 앞에 관사를 생략해야 한다.

Mio padre e mia madre sono in viaggio.   내 아버지와 어머니는 여행 중이다.
[미오 빠드레 에 미아 마드레 소노 인 비아조]

Come sta tuo padre? [꼬메 스타 뚜오 빠드레]　너의 아버지는 잘 지내시니?

Andiamo con mia sorella. [안디아모 꼰 미아 소렐라]　내 여동생과 함께 가자.

예외 loro + 가족, 혈연 단수명사는 항상 관사를 사용해야 한다.

Il loro figlio abita a Roma. [일 로로 필리오 아비따 아 로마]　그들의 아들은 로마에서 산다.

La loro figlia lavora anche il sabato.　그들의 딸은 토요일에도 일한다.
[라 로로 필리아 라보라 안께 일 사바또]

◆ abitare 동사

'~에 거주하다'라는 뜻의 1군 동사이다.

	인칭	abitare
단수	io	abito [아비또]
	tu	abiti [아비띠]
	lui / lei / Lei	abita [아비따]
복수	noi	abitiamo [아비띠아모]
	voi	abitate [아비따떼]
	loro / Loro	abitano [아비따노]

abitare　a/in　장소 : ~에 살다

abitare ＋　a + 도시명 : Abito a Milano. [아비또 아 밀라노]　나는 밀라노에서 산다.

abitare ＋　in + 국가명 : Abito in Germania. [아비또 인 제르마니아]　나는 독일에서 산다.

abitare in città [아비따레 인 치따]　도시에서 살다

　　　　 in periferia [아비따레 인 페리페리아]　교외에서 살다

　　　　 in appartamento [아비따레 인 아빠르따멘또]　아파트에서 살다

'～와 함께 살다'라는 표현으로는 〈abitare con + 사람〉 혹은 〈vivere + con + 사람〉

　　Io abito con la mia famiglia.[이오 아비또 꼰 라 미아 파밀리아]　나는 내 가족과 함께 산다.
　　Tu vivi con Luca?[뚜 비비 꼰 루까]　너는 루카랑 같이 사니?

'혼자 살다'라는 표현은 abitare da solo/sola라고 하면 된다.

　　Abito da solo.[아비또 다 솔로]　나는 혼자 살아. (남성)
　　Abito da sola.[아비또 다 솔라]　나는 혼자 살아. (여성)
　　Viva da solo.[비바 다 솔로]　그는 혼자 산다.
　　Viva da sola.[비바 다 솔라]　그녀는 혼자 산다.

Ciao Italy

현대 이탈리아 문화의 중심지, 로마

테베레강 하구에 위치한 이탈리아의 수도 로마에는 바티칸 시국이 있으며 고대로부터 현대에 이르기까지 역대 건축과 미술이 현존하고 있는 도시이다.

현재 로마는 그 발상지인 테베레강 왼쪽 연안에 있는 7개의 언덕을 중심으로 만들어진 구시가와 아우렐리우스 황제 시대에 만들어진 시벽 바깥쪽의 신시가지로 되어 있다. 로마는 현대 이탈리아 문화의 중심지이며, 고대부터 바로크 시대까지의 많은 문화유산이 있는데 콜로세움, 성베드로 성당, 판테온, 산타 마리아 리조레 교회, 포로 로마노, 나보나 광장, 트레비 분수, 포폴로 광장 등 다양한 볼거리가 있다. 또한 로마 국립 박물관, 보르게세 미술관 등으로 가득한 문화 예술의 보고이다.

로마는 관광업이 주요 산업이고, 정치적·행정적 기능이 집중되어 있으며, 경제적 기능은 북이탈리아에 집중되어 있다.

5° 2차 학습

giorno

응용 회화

A Di chi è questo libro?

디 끼 에 꾸에스토 리브로?

B È mio.

에 미오

A Questa macchina è tua?

꾸에스타 마끼나 에 뚜아?

B No, non è mia. Io non ho la macchina.

노 논 에 미아 이오 논 오 라 마끼나

A La mia penna non scrive, mi puoi prestare la tua?

라 미아 뺀나 논 스크리베 미 뿌오이 프레스따레 라 뚜아?

B Volentieri.

볼렌띠에리

A : 이 책은 누구 건가요?
B : 내 것입니다.

A : 이 차는 네 것이니?
B : 아니. 내 것이 아니야. 나는 차가 없어.

A : 내 펜이 안 나오는데 네 것을 빌려줄 수 있어?
B : 기꺼이.

libro ⓜ 책

macchina ⓕ 자동차

penna ⓕ 펜

scrive 쓰다 (scrivere 동사의 lui/lei 변화형)

puoi 할 수 있다 (potere 동사의 tu 변화형. 조동사이므로 뒤따라오는 동사는 원형으로 써야 한다.)

prestare 빌리다

volentieri 기꺼이

해설

◆ 소유 대명사

소유 대명사는 '나의 ~', '너의 ~', '그의 ~', '그녀의 ~', '우리의 ~', '너희의 ~', '그들의 ~' 같이 어떤 것의 소유를 나타낸다. 따라서 항상 〈정관사 + 소유대명사 + 명사〉의 형태로 앞에서 언급한 피소유명사의 반복을 피하기 위해서도 사용된다.

	단수		복수	
	남성형	여성형	남성형	여성형
io	il mio [일 미오]	la mia [라 미아]	i miei [이 미에이]	le mie [레 미에]
tu	il tuo [일 뚜오]	la tua [라 뚜아]	i tuoi [이 뚜오이]	le tue [레 뚜에]
lui / lei	il suo [일 수오]	la sua [라 수아]	i suoi [이 수오이]	le sue [레 수에]
Lei	il Suo [일 수오]	la Sua [라 수아]	i Suoi [이 수오이]	le Sue [레 수에]
noi	il nostro [일 노스트로]	la nostra [라 노스트라]	i nostri [이 노스트리]	le nostre [레 노스트레]
voi	il vostro [일 보스트로]	la vostra [라 보스트라]	i vostri [이 보스트리]	le vostre [레 보스트레]
loro	il loro [일 로로]	la loro [라 로로]	i loro [이 로로]	le loro [레 로로]

La mia università è più lontana della tua.   나의 대학은 너의 대학보다 더 멀리 있다.
[라 미아 우니베르시따 에 삐우 론따나 델라 뚜아]

Casa tua è più grande della sua.   너의 집은 그녀의 집보다 더 크다.
[까자 뚜아 에 삐우 그란데 델라 수아]

Il mio divano è più nuovo del loro.   내 소파는 그들의 것보다 더 새 것이다.
[일 미오 디바노 에 삐우 누오보 델 로로]

소유 대명사의 정관사 생략

essere 동사와 함께 서술어로 사용될 때 관사를 생략할 수 있다.

Di chi è questa cravatta? [디 끼 에 꾸에스타 크라바따?]   이 넥타이는 누구 건가요?
È mia. [에 미아]   나의 것입니다.

È tua questa borsa? [에 뚜아 꾸에스타 보르사?]   이 가방은 너의 것이니?
No, non è mia. [노 논 에 미아]   아니, 내 것이 아니야.

◆ 지시대명사

어떠한 명사를 '이것', '저것'이라는 대명사로 표현할 경우 명사와 마찬가지로 성·수에 따라
형태가 바뀐다.

단수		복수	
남성형	여성형	남성형	여성형
questo [꾸에스토]	questa [꾸에스타]	questi [꾸에스티]	queste [꾸에스테]
quello [꿸로]	quella [꿸라]	quelli [꿸리]	quelle [꿸레]

questo는 말하는 사람에게 가까운 것을 가리킬 때, 즉 '이것', '이 사람'이라는 의미이고
quello는 말하는 사람과 듣는 사람 모두에게 먼 것을 가리킬 때, 즉 '저것', '저 사람'이라는
의미이다.

Questo è il mio dizionario. [꾸에스토 에 일 미오 디지오나리오]   이것은 내 사전입니다.

Questa è mia moglie. [꾸에스타 에 미아 모리에]   이 사람은 내 아내입니다.

Questi sono i loro libri. [꾸에스티 소노 이 로로 리브리]   이것들은 그들의 책입니다.

Queste sono le chiavi del giardino.   이것들은 정원의 열쇠들입니다.
[꾸에스테 소노 레 끼아비 델 자르디노]

Quello è mio marito. [꿸로 에 미오 마리또]   저 사람이 내 남편입니다.

Quella è la mia casa. [꿸라 에 라 미아 까자]   저것이 내 집입니다.

Quelli sono i vostri vestiti. [꿸리 소노 이 보스트리 베스띠띠]   저것들이 너희들의 옷이다.

Quelle sono le mie foto. [꿸레 소노 레 미에 포토]   저것들이 내 사진들이다.

◆ scrivere 동사

'~쓰다'라는 뜻의 2군 동사이다.

	인칭	scrivere
단수	io	scrivo [스크리보]
	tu	scrivi [스크리비]
	lui / lei / Lei	scriva [스크리바]
복수	noi	scriviamo [스크리비아모]
	voi	scrivete [스크리베떼]
	loro / Loro	scrivono [스크리보노]

평가 테스트

1 다음 단어의 뜻을 써 보세요.

1. fratello _ _ _ _ _ _ _ _ _ _ _   2. sorella _ _ _ _ _ _ _ _ _ _ _ _

3. famiglia _ _ _ _ _ _ _ _ _ _   4. macchina _ _ _ _ _ _ _ _ _ _

5. penna _ _ _ _ _ _ _ _ _ _ _   6. volentieri _ _ _ _ _ _ _ _ _ _

2 ( )에 주어진 동사를 현재형으로 바꾸세요.

1. Lui _ _ _ _ _ _ _ _ a Milano. (abitare)

2. La mia penna non _ _ _ _ _ _ _ _. (scrivere)

3. Io _ _ _ _ _ _ _ _ un lettera. (scrivere)

4. Loro _ _ _ _ _ _ _ _ in periferia. (abitare)

3 주어진 단어로 문장을 만들어 보세요.

1. è / di / questo / chi / libro / ? _

2. ho / macchina / non / la _

3. con / lei / Io / abito _

정답

1 남자 형제 / 여자 형제 / 가족 / 자동차 / 펜 / 기꺼이

2 abita / scrive / scrivo / abitano

3 Di chi è questo libro? / Non ho la macchina. / Io abito con lei.

73

Bagno 바뇨 **욕실**

water 와떼르 Ⓜ 변기

carta igienica
까르따 이지에니까 Ⓕ 화장지

doccia 도치아 Ⓕ 샤워기

accappatoio
아깝빠또이오 Ⓜ 목욕 가운

vasca da bagno
바스카 다 바뇨 Ⓕ 욕조

shampoo 샴푸 Ⓜ 샴푸

specchio 스뻭끼오 ⓜ 거울

lavandino 라반디노 ⓜ 세면대

spazzolino da denti
스파쫄리노 다 덴띠 ⓜ 칫솔

dentifricio 덴띠프리쵸 ⓜ 치약

sapone 사뽀네 ⓕ 비누

sapone di bellezza
사뽀네 디 벨렛짜 ⓕ 미용비누

asciugamano
아슈가마노 ⓜ 수건, 타월

asciugacapelli 아슈가까뺄리
ⓜ 헤어드라이어

6° giorno

Quanti anni ha?

 기본 회화

A Quanti anni ha?

꽌띠 안니 아?

B Ho quarantadue anni.

오 꽈란따두에 안니

A È sposata?

에 스포자따?

B Si, da dieci anni.

씨 다 디에치 안니

A Ha figli?

아 필리?

B Si, ho un figlio.

씨 오 운 필리오

A Hai fratelli o sorelle?

아이 프라텔리 오 소렐레?

B No, sono figlia unica.

노 소노 필리아 우니까

A : 당신은 몇 살인가요?

B : 마흔두 살입니다.

A : 결혼하셨나요?

B : 네, 10년 전에요.

A : 자녀가 있으신가요?

B : 네, 아들 한 명이 있습니다.

A : 남자 형제나 여자 형제가 있니?

B : 아니, 나는 외동딸이야.

anni ⓜ 해, 년 (anno의 복수형)

quanti 얼마나 많은, 얼마만큼 (quanto의 복수형)

quarantadue ⓜ 42

sposato/a 결혼한

dieci ⓜ 10

un(uno) ⓜ 1

figlio ⓜ 아들

figli ⓜ 자녀

fratello ⓜ 남자 형제

sorelle ⓕ 여자 형제 (sorella의 복수형)

figlia unica ⓕ 외동딸

해설

◆ 나이 묻고 답하기

나이 묻기 ❶ − Quanti anni + avere 동사?

Quanti anni ha? 당신은 얼만큼 나이를 가지고 있는가? 즉, '몇 살입니까?'이다.

이에 대한 대답은 〈avere + 숫자(나이) + anni〉로 하면 된다.

Quanti anni hai?   너는 몇 살이니?
              ha?   당신은 몇 살입니까?
              avete?   너희들은 몇 살이니?
              hanno?   그들은 몇 살이니?

Quanti anni ha la sorella di Marco?   마르코의 여동생은 몇 살이니?
[꽌띠 안니 아 라 소렐라 디 마르코?]

La sorella di Marco ha dodici anni.   마르코의 여동생은 12살이야.
[라 소렐라 디 마르코 아 도디치 안니]

나이 묻기 ❷ − Quando + essere + nato/a?

나이를 물어보는 또 다른 표현으로는 언제 태어났는지를 묻는 Quando è nato/nata?가 있다. '태어난'이라는 뜻의 형용사 nato는 성·수에 따라 바뀐다.

Quando sei nato? [꽌도 세이 나또]   너는 언제 태어났니? (대답하는 사람이 남성일 경우)

Sono nato il 16 aprile 2010 (duemiladieci).   난 2010년 4월 16일에 태어났어.
[소노 나또 일 디치아세이 아프릴레 두에밀라디에이치]

Quando è nata? [꽌도 에 나따]   당신은 언제 태어났습니까? (대답하는 사람이 여성일 경우)

Sono nata il 10 gennaio 1980 (millenovecentonovantaotto).
[소노 나따 일 디에이치 제나이오 밀레노베첸토노반따오또]

나는 1980년 1월 10일에 태어났습니다.

태어난 연도만 말할 때는 anno(~년도에)를 생략하고 정관사 il 과 전치사 in 이 합쳐진 nel 을 사용한다.

Sono nato nel 2000(duemila). [소노 나또 넬 두에밀라]   나는 2000년에 태어났다.

그 밖의 표현

In che anno sei nato/a? [인 께 안노 세이 나또/따]   몇 년도에 태어났니?

In che mese sei nato/a? [인 께 메제 세이 나또/따]   몇 월 달에 태어났니?

◆ avere 동사

문맥에 따라 '~가지다', '~소유하다'라는 의미의 기본 동사이다.

	인칭	avere
단수	io	ho [오]
	tu	hai [아이]
	lui / lei / Lei	ha [아]
복수	noi	abbiamo [압비아모]
	voi	avete [아베떼]
	loro / Loro	hanno [안노]

Ho una macchina. [오 우나 마끼나]　나는 자동차를 가지고 있다.

Non ho una macchina. [논 오 우나 마끼나]　나는 자동차를 가지고 있지 않다.

Marco ha una bicicletta nuova.　마르코는 새 자전거를 가지고 있다.
[마르코 아 우나 비치끌렛따 누오바]

Venerdì ho lezione di danza.　나는 금요일에 댄스 수업이 있다.
[베네르디 오 레지오네 디 단자]

avere 동사를 활용하는 표현들

'배고프다', '졸리다', '춥다' 등의 상태를 나타낼 때는 avere 동사를 사용한다.

avere fame [아베레 파메]　배고프다

Andiamo a mangiare una pizza? Ho fame.　피자 먹으러 갈래. 나 배고파.
[안디아모 아 만쟈레 우나 피짜? 오 파메]

avere sonno [아베레 손노]　졸리다

Perché ho sonno ma non riesco a dormire?　졸린데 왜 잠을 못 자는 건가요?
[뻬르게 오 손노 마 논 리에스코 아 도르미레]

avere freddo [아베레 프레도]　춥다

Non hai freddo? Fuori è sotto zero.　춥지 않니? 밖은 영하야.
[논 아이 프레도? 푸오리 에 소또 제로]

avere caldo [아베레 깔도]　덥다

Hai caldo? Vuoi qualcosa da bere?　더우니? 마실 거 줄까?
[아이 깔도? 부오이 꽐꼬자 다 베레?]

avere paura [아베레 빠우라]　두렵다

Non ho paura! [논 오 빠우라]　난 무섭지 않아!

avere fretta [아베레 프렛따]　서두르다

Non avere fretta, Calma. [논 아베레 프렛따 깔마]　서두르지 마, 진정해.

응용 회화

A Quanti siete nella tua famiglia?

꽌띠 시에떼 넬라 뚜아 파밀리아?

B Noi siamo in 4.

노이 시아모 인 꽈트로

Il papà, la mamma, mio fratello maggiore e io.

일 빠빠 라 맘마 미오 프라텔로 마조레 에 이오

A Quanti fratelli hai?

꽌띠 프라텔리 아이?

B Ho un fratello gemello e abbiamo 33 anni.

오 운 프라뗄로 게멜로 에 아비아모 뜨렌따 뜨레 안니

A Quanti anni ha tuo marito?

꽌띠 안니 아 뚜오 마리또?

B Lui ha 33 anni, abbiamo la stessa età.

루이 아 뜨렌따 뜨레 안니 아비아모 라 스뗏사 에따

A : 너의 가족은 몇 명이니?

B : 우리는 4명이야. 아빠, 엄마, 오빠 그리고 나야.

A : 너는 남자 형제가 몇 명이니?

B : 나는 쌍둥이 형제가 있고 우리는 33살이야.

A : 남편은 몇 살이야?

B : 그는 33살이야. 우리는 동갑이야.

fratello maggiore ⓜ 맏형, 장자   stessa 같은 (stesso의 여성형)

gemello ⓜ 쌍둥이   età ⓕ 나이

marito ⓜ 남편

해설

◆ 가족 묻기

Quanti siete nella tua famiglia?

'너의 가족은 몇 명이니?'라는 질문에 '~ 몇 명입니다'라고 대답할 때 essere 동사의 1인칭
복수형인 〈Siamo in + 가족 수〉로 표현한다.

A : Quanti siete nella tua famiglia? [꽌띠 시에떼 넬라 뚜아 파밀리아]   가족이 몇 명이니?

B : Siamo in 5 persone. ci sono anche i miei genitori e un bambino.
[시아모 인 친꿰 뻬르소네 치 소노 안께 이 미에이 제니토리 에 운 밤비노]
우리는 5명이야, 부모님과 어린아이도 있어.

Da quante persone è composta la tua famiglia?

'가족은 몇 명으로 이루어져 있습니까?'라는 뜻으로 가족이 몇 명인지 물어볼 때 사용한다.
이에 대한 대답으로 〈È composta + 가족 수〉로 대답하면 된다.

A : Da quante persone è composta la tua famiglia?   너의 가족은 몇 명이니?
[다 꽌떼 뻬르소네 에 꼼뽀스따 라 뚜아 파밀리아?]

B : È composta 4. [에 꼼뽀스따 꽈트로]   4명입니다.

◆ 숫자

1	uno [우노]		60	sessanta [세싼따]
2	due [두에]		70	settanta [세딴따]
3	tre [뜨레]		80	ottanta [오딴따]
4	quattro [꽈트로]		90	novanta [노반따]
5	cinque [친꿰]		100	cento [첸또]
6	sei [세이]		200	duecento [두에첸토]
7	sette [셋떼]		300	trecento [뜨레첸또]
8	otto [옷또]		400	quattrocento [꽈뜨로첸토]
9	nove [노베]		500	cinquecento [친꿰첸토]
10	dieci [디에치]		600	seicento [세이첸토]
11	undici [운디치]		700	settecento [셋떼첸토]
12	dodici [도디치]		800	ottocento [오또첸토]
13	tredici [뜨레디치]		900	novecento [노베첸토]
14	quattordici [꽈또르디치]		1,000	mille [밀레]
15	quindici [꿘디치]		2,000	duemila [두에밀라]
16	sedici [세디치]		3,000	tremila [뜨레밀라]
17	diciassette [디치아쎗떼]		4,000	quattromila [꽈트로밀라]
18	diciotto [디치옷또]		5,000	cinquemila [친꿰밀라]
19	dicianove [디치아노베]		10,000	diecimila [디에치밀라]
20	venti [벤띠]		100,000	centomila [첸토밀라]
30	trenta [뜨렌따]		1,000,000	un milione [운 밀리오네]
40	quaranta [꽈란따]		2,000,000	due milioni [두에 밀리오니]
50	cinquanta [친꽌따]			

22부터 99까지는 20 + 2, 20 + 3처럼 결합 형태로 이루어져 있지만 21, 28처럼 1과 8이 결합되는 경우에는 모음이 중복되므로 마지막 모음을 탈락시킨다.

21: venti + uno → ventuno [벤뚜노]
28: venti + otto → ventotto [벤또또]
31: trenta + uno → trentuno [뜨렌뚜노]
38: trenta + otto → trentotto [뜨렌또또]

uno, ventuno, trentuno… 뒤에 명사가 올 경우 s + 자음, z, x, y, pn, ps, gn을 제외한 명사 앞에서는 어미를 삭제할 수 있다.

31살: trentuno anni [뜨렌뚜노 안니] → trentun anni [뜨렌뚠 안니]
51일: cinquantuno giorni [친꽌뚜노 조르니] → cinquantun giorni [친꽌뚠 조르니]

1백, 1천이라고 표현할 때는 un cento, un mile라고 하지 않고 cento, mile라고 한다. 그러나 1백만, 1십억에는 반드시 un을 사용하여 un milione, un miliardo라고 해야 한다. 또한 기수는 숫자 사이를 띄우지 않고 붙여서 써야 한다.

1996: millenovecentonovantasei [밀레노베첸또노반따세이]
158: centocinquantotto [첸토친꽌또또]

2백, 3백처럼 cento와 결합하는 경우 cento의 형태는 변하지 않는다.

100: cento [첸토]
200: due cento [두에 첸토]
300: tre cento [뜨레 첸토]

100은 복수형이 없지만 1000(mile)의 복수는 mila, 1000000(milione)의 복수는 milione이다.

1,000: mile [밀레]
2,000: duemila [두에밀라]

3,000: tremila [뜨레밀라]

1,000,000: milione [밀리오네]

2,000,000: due milioni [두에 밀리오니]

◆ 숫자 읽기

숫자는 세 자리마다 끊어서 읽으면 된다.

243,658,791,221

duecento quarantatre miliardi seicento cinquantotto milioni settecento
novantuno mila duecento ventuno

[두에첸토 꽈란따뜨레 밀리아르디 세이첸토 친꽌또또 밀리오니 셋떼첸토 노반뚜노 밀라 두에첸토 벤뚜노]

판테온

대부분의 로마시대 건축물은 게르만족과 기독교인에 의해 파괴되었지만 2세기 하드리아누스
황제가 지은 판테온만 로마시대의 원형 그대로 보존되어 있다. 판테온은 '모든'을 뜻하는 판
(pan)과 '신들'을 의미하는 테온(theon)이 합쳐진 말로 '모든 신들', '가장 성스러운 곳'이라는 의
미를 가지고 있다. 판테온 신전이 오늘날까지 잘 보존된 이유는 밀라노 칙령에 의한 기독교 공
인 이후 교회로 사용되었기 때문이다. 판테온 신전 아래에는 이탈리아를 통일한 빅토리오 임마
누엘레 2세와 그의 아들 움베르토 1세 그리고 왕비 마르게리타가 묻혀 있다. 또한 르네상스 시
대를 대표하는 화가 라파엘로가 묻혀 있기도 하다.

1 ( )에 주어진 동사를 현재형으로 바꾸세요.

1. _ _ _ _ _ _ _ _ _ _ un fratello gemello. (avere)

2. Quanti anni _ _ _ _ _ _ _ _ _ tuo marito? (avere)

3. Noi _ _ _ _ _ _ _ _ _ in 4. (essere)

2 다음 단어의 뜻을 써 보세요.

1. marito _ _ _ _ _ _ _ _ _ _ _ _ _ _ 2. età _

3. figlio _ _ _ _ _ _ _ _ _ _ _ _ _ _ 4. quarantadue _ _ _ _ _ _ _ _ _ _ _ _ _ _

5. quattro _ _ _ _ _ _ _ _ _ _ _ _ _ _ 6. sedici _ _ _ _ _ _ _ _ _ _ _ _ _ _ _ _ _ _

3 주어진 단어로 문장을 만들어 보세요.

1. famiglia / siete / nella / tua / quanti / ? _

2. ha / anni / quanti / ? _

3. fratelli / quanti / hai / ? _

4. è / quando / nata / ? _

정답

1 Ho / ha / siamo   **2** 남편 / 나이 / 아들 / 42 / 4 / 16

3 Quanti siete nella tua famiglia? / Quanti anni ha? / Quanti fratelli hai? / Quando è nata?

Numero 누메로 **숫자**

1 uno [우노]	2 due [두에]	3 tre [뜨레]	4 quattro [꽈트로]	5 cinque [친꿰]
11 undici [운디치]	12 dodici [도디치]	13 tredici [뜨레디치]	14 quattordici [꽈또르디치]	15 quindici [뀐디치]
21 ventuno [벤뚜노]	22 ventidue [벤띠두에]	23 ventitré [벤띠뜨레]	24 ventiquattro [벤띠꽈뜨로]	25 venticinque [벤띠친꿰]
31 trentuno [뜨렌뚜노]	32 trentadue [뜨렌따두에]	33 trentatré [뜨렌따뜨레]	34 trentaquattro [뜨렌따꽈트로]	35 trentacinque [뜨렌따친꿰]
41 quarantuno [꽈란뚜노]	42 quarantadue [꽈란따두에]	43 quarantatré [꽈란따뜨레]	44 quarantaquattro [꽈란따꽈트로]	45 quarantacinque [꽈란따친꿰]
51 cinquantuno [친꽌뚜노]	52 cinquantadue [친꽌따두에]	53 cinquantatré [친꽌따뜨레]	54 cinquantaquattro [친꽌따꽈트로]	55 cinquantacinque [친꽌따친꿰]
61 sessantuno [세싼뚜노]	62 sessantadue [세싼따두에]	63 sessantatré [세싼따뜨레]	64 sessantaquattro [세싼따꽈트로]	65 sessantacinque [세싼따친꿰]
71 settantuno [세딴뚜노]	72 settantadue [세딴따두에]	73 settantatré [세딴따뜨레]	74 settantaquattro [세딴따꽈트로]	75 settantacinque [세딴따친꿰]
81 ottantuno [오딴뚜노]	82 ottantadue [오딴따두에]	83 ottantatré [오딴따뜨레]	84 ottantaquattro [오딴따꽈트로]	85 ottantacinque [오딴따친꿰]
91 novantuno [노반뚜노]	92 novantadue [노반따두에]	93 novantatré [노반따뜨레]	94 novantaquattro [노반따꽈트로]	95 novantacinque [노반따친꿰]

Numero cardinale 누메로 까르디날레 기수

6 sei [세이]	7 sette [셋떼]	8 otto [옷또]	9 nove [노베]	10 dieci [디에치]
16 sedici [세디치]	17 diciassette [디치아쎗떼]	18 diciotto [디치옷또]	19 dicianove [디치아노베]	20 venti [벤띠]
26 ventisei [벤띠세이]	27 ventisette [벤띠쎗떼]	28 ventotto [벤똣또]	29 ventinove [벤띠노베]	30 trenta [뜨렌따]
36 trentasei [뜨렌따세이]	37 trentasette [뜨렌따쎗떼]	38 trentotto [뜨렌똣또]	39 trentanove [뜨렌따노베]	40 quaranta [꽈란따]
46 quarantasei [꽈란따세이]	47 quarantasette [꽈란따쎗떼]	48 quarantotto [꽈란똣또]	49 quarantanove [꽈란따노베]	50 cinquanta [친꽌따]
56 cinquantasei [친꽌따세이]	57 cinquantasette [친꽌따쎗떼]	58 cinquantotto [친꽌똣또]	59 cinquantanove [친꽌따노베]	60 sessanta [세싼따]
66 sessantasei [세싼따세이]	67 sessantasette [세싼따쎗떼]	68 sessantotto [세싼똣또]	69 sessantanove [세싼따노베]	70 settanta [세딴따]
76 settantasei [세딴따세이]	77 settantasette [세딴따쎗떼]	78 settantotto [세딴똣또]	79 settantanove [세딴따노베]	80 ottanta [오딴따]
86 ottantasei [오딴따세이]	87 ottantasette [오딴따쎗떼]	88 ottantotto [오딴똣또]	89 ottantanove [오딴따노베]	90 novanta [노반따]
96 novantasei [노반따세이]	97 novantasette [노반따쎗떼]	98 novantotto [노반똣또]	99 novantanove [노반따노베]	100 cento [첸또]

기본 회화

A Chi accompagna Marco domani mattina?

끼 아꼼빠냐 마르코 도마니 마띠나?

B L'accompagno io, ma ho bisogno della macchina.

라꼼빠뇨 이오 마 오 비조뇨 델라 마끼나

La posso prendere?

라 뽀쏘 프렌데레?

A Sì, domani non la uso.

씨 도마니 논 라 우조

A Conosci quelle ragazze?

꼬노쉬 꿸레 라가쩨

B Sì, le conosco.

씨 레 꼬노스코

A : 누가 내일 아침 마르코와 함께 갈 거니?

B : 내가 그와 함께 갈게. 그런데 나는 차가 필요해.

내가 차를 써도 되니?

A : 그래, 내일 난 그것을 안 써.

A : 저 소녀들을 아니?

B : 그래, 그들을 알아.

accompagna 동행하다, 함께 가다
(accompagnare 동사의 lui/lei 변화형)

domani ⓜ 내일

mattina ⓕ 아침

bisogno ⓜ 필요

della 전치사 di + 정관사 la

macchina ⓕ 자동차

posso 가능하다, 할 수 있다 (potere 동사의 io 변화형)

prendere (차에) 타다

uso 사용하다 (usare 동사의 io 변화형)

conosci 알다 (conoscere 동사의 tu 변화형)

해 설

◆ **직접목적대명사**

이탈리아어의 어순은 〈주어 + 동사 + 목적어〉로 되어 있다. 다시 말해, 한국어의 경우 '나는 선물을 너에게 준다'의 어순이라면 이탈리아어는 '나는 준다 너에게 선물을'로 배열된다. 직접목적대명사는 우리말의 '～을/를'에 해당하며 이는 목적어 위치에 오는 명사를 대신하는 것으로 성 · 수에 따라 형태가 달라진다.

사물이 직접목적대명사일 경우

	단수	복수
남성명사	lo [로]	li [리]
여성명사	la [라]	le [레]

Leggi il libro? [레지 일 리브로] 너는 책을 읽니?

Si, lo leggo. (lo = il libro) [씨 로 레고] 응, 나는 그것을 읽어.

Vuoi questa collana? [부오이 꾸에스따 꼴라나] 너는 이 목걸이를 원하니?

Si, la voglio. (la = questa collana) [씨 라 볼리오] 응, 나는 그것을 원해.

Compri i giornali? [꼼쁘리 이 조르날리]   너는 신문들을 사니?

Non, non li compro. (li = i giornali) [논 논 리 꼼쁘로]   아니, 난 그것들을 사지 않아.

Vuoi queste mele? [부오이 꾸에스떼 메레]   너는 이 사과들을 원하니?

Si, le voglia. (le = queste mele) [씨 레 볼리아]   응, 나는 그것들을 원해.

사물이 아닌 사람이 직접목적대명사일 경우

나를	mi [미]	우리를	ci [치]
너를	ti [띠]	너희들을	vi [비]
그를 / 그녀를 / 당신을	lo / la / La [로 / 라 / 라]	그들을 / 그녀들을	li / le [리 / 레]

Io ti amo. [이오 띠 아모]   나는 너를 사랑해.

Ti porto a teatro. [띠 뽀르또 아 떼아트로]   내가 너를 극장에 데려갈게.

Maria ci guarda. [마리아 치 구아르다]   마리아가 우리를 보고 있다.

Vi invito a cena. [비 인비또 아 체나]   내가 너희들을 저녁식사에 초대할게.

◆ **Ho bisogno della macchina.**

avere bisogno di~는 '~이 필요하다', '~할 필요가 있다'는 뜻으로 전치사 di 뒤에 목적
어 역할을 하는 명사 또는 동사원형이 온다.

Ho bisogno della macchina. [오 비조뇨 델라 마끼나]   나는 차가 필요하다.

Hai bisogno di riposare. [아이 비조뇨 디 리뽀자레]   너는 쉬어야 해.

Lui non ha bisogno di quest'operazione.   그는 이 수술이 필요 없다.
[루이 논 아 비조뇨 디 꾸에스토페라지오네]

◆ **정관사의 용법**

이탈리아어에서 관사는 명사 앞에 붙어서 명사를 한정하는 역할을 한다. 관사는 크게 정관사와 부정관사로 나뉘는데 정관사는 영어의 **the**에 해당되는 요소로 서로 잘 알거나 유일하거나 이미 앞에서 언급한 명사 앞에 사용한다.

	단수	복수
남성	il [일]	i [이]
	lo (l') [로]	gli [리]
여성	la [라]	le (l') [레]

lo / gli 는 s + 자음, z, gn, pn 등으로 시작하는 남성 명사 앞에 쓰인다.

lo sbaglio [로 즈발리오] 실수   gli sbagli [리 즈발리]
lo zaino [로 자이노] 배낭   gli zaini [리 자이니]
lo gnocco [로 뇨꼬] 뇨끼 (이탈리아 요리)   gli gnocchi [리 뇨끼]
lo pneumatico [로 프네우마띠꼬] 타이어   gli pneumatici [리 프네우마띠치]

* 이탈리아어에서 모음과 모음이 겹칠 경우에는 반드시 뒤 모음이 생략된다. 즉, lo와 le의 경우 모음으로 시작되는 단어와 결합할 때 l'로 바뀐다.

Lo + amico   → l'amico [라미코] 친구
Lo + italiano   → L'italiano [리탈리아노] 이탈리아어

Vado a portare il libro. [바도 아 뽀르따레 일 리브로] 나는 책을 가지러 간다.
(여기서 책은 이미 나의 것, 혹은 대화 중에 이미 언급한 책이라는 뜻이 내포되어 있다.)

그 밖의 정관사의 사용

① 언어 앞에 사용

A: Parla lo spagnolo? [빠를라 로 스파뇰로] 스페인어를 하십니까?
B: No. parlo l'inglese. [노 빠를로 린글레제] 아니오. 영어를 말합니다.

② 시간 앞에 사용

　Sono le undici. [소노 레 운디치]　11시입니다.

③ 요일 앞에 사용 : 습관

　Il sabato vado a studiare. [일 사바토 바도 아 스투디아레]　토요일마다 공부하러 간다.
　Sabato vado a studiare. [사바토 바도 아 스투디아레]　토요일에 공부하러 간다.

④ 섬이나 호수, 국가명 앞에 사용

　la Sardegna [라 사르데냐]　사르데냐섬
　Le Alpi [레 알피]　알프스산
　L'italia [리탈리아]　이탈리아

1군동사와 2군동사의 현재 변화형

	accompagnare [아꼼빠냐레] 동행하다, 함께 하다	conoscere [꼬노쉐레]　알다	usare [우자레] 사용하다
io	accompagno [아꼼빠뇨]	conosco [꼬노스코]	uso [우조]
tu	accompagni [아꼼빠니]	conosci [꼬노쉬]	usi [우지]
lui / lei / Lei	accompagna [아꼼빠냐]	conosce [꼬노쉐]	usa [우자]
noi	accompagniamo [아꼼빠니아모]	conosciamo [꼬노쉬아모]	usiamo [우지아모]
voi	accompagnate [아꼼빠냐떼]	conoscete [꼬노쉐떼]	usate [우자떼]
loro / Loro	accompagnano [아꼼빠냐노]	conoscono [꼬노스꼬노]	usano [우자노]

accompagnare, usare 는 1군동사로 －o, －i, －a, －iamo, －ate, －ano 로 변화한다.
conoscere 는 2군동사로 －o, －i, －e －iamo, －ete, －ono 로 변화한다.

응용 회화

A Perché sei così triste?

빼르께 세이 꼬지 트리스떼?

B Maria non mi ama più. Mi vuole lasciare.

마리아 논 미 아마 삐우 미 부올레 라쉬아레

A Perché telefoni a Lucia?

빼르께 텔레포니 아 루치아?

B Perché gli devo chiedere scusa.

빼르께 리 데보 끼에데레 스쿠자

A Ho un grande problema. Ti chiedo un consiglio.

오 운 그란데 프로블레마 띠 끼에도 운 꼰실리오

B Cos'è il tuo problema?

꼬제 일 뚜오 프로블레마

A : 너 왜 그렇게 슬프니?
B : 마리아는 나를 더 이상 사랑하지 않아.
　　그녀는 나와 헤어지고 싶어 해.

A : 왜 루치아에게 전화하니?
B : 왜냐하면 나는 그녀에게 사과를 해야 하기 때문이야.

A : 나 큰 문제가 생겼어. 너에게 조언을 부탁할게.
B : 너의 문제가 뭐니?

triste 슬픈

ama 사랑하다 [amare 동사의 lui/lei 변화형 (1군동사)]

vuole 원하다 (volere 동사의 lui/lei 변화형. 조동사이므로 뒤에 동사원형이 온다.)

lasciare 헤어지다

telefoni 전화하다 [telefonare 동사의 tu 변화형(1군동사)]

devo 해야 한다 (dovere 동사의 io 변화형. 조동사이므로 뒤에 동사원형이 온다.)

scusa *f* 용서, 사과

grande 큰

problema *m* 문제

chiedo 부탁하다, 청하다 [chiedere 동사의 io 변화형 (2군동사)]

consiglio *m* 조언, 충고

해 설

◆ 감정 표현하기

essere + 감정이나 상태를 나타내는 형용사

essere	triste [뜨리스떼]	슬프다
	felice [펠리체]	행복하다
	nervoso/a [네르보조/자]	긴장된다
	stanco/a [스탄꼬/까]	피곤하다
	arrabbiato/a [아라비아또/따]	화가 난다

감정이나 상태를 나타내는 형용사는 반드시 성·수를 일치시켜야 한다.

Sono triste. [소노 뜨리스떼] 나는 슬프다.

Sei felice? [세이 펠리체] 너는 행복하니?

Maria non è nervosa. [마리아 논 에 네르보자] 마리아는 긴장하지 않는다.

Paolo è stanco. [빠올로 에 스탄꼬] 파올로는 피곤하다.

◆ 간접 목적어

간접 목적어는 우리말의 '～에게'에 해당하는 것으로 강세형과 약형이 있다. 뜻의 차이는 없
으나 약형의 경우 동사를 강조하며 동사 앞에 위치한다.

> Lucia dà questo libro a me. (dà = dare 주다) [루치아 다 꾸에스토 리브로 아 메]
>
> → Lucia mi dà questo libro. (mi = a me) [루치아 미 다 꾸에스토 리브로]
>   루치아가 내게 이 책을 준다.
>
> Maria offre la cena a Lucia. (offre = offrire 제공하다) [마리아 오프레 라 체나 아 루치아]
>   마리아는 루치아에게 저녁을 제공한다.
>
> → Maria le offre la cena. (le = a Lucia) [마리아 레 오프레 라 체나]
>   마리아는 그녀에게 저녁을 제공한다.

	강세형	약형
나에게	a me [아 메]	mi [미]
너에게	a te [아 떼]	ti [띠]
그/그녀/당신에게	a lui / lei / Lei [아 루이 / 레이 / 레이]	gli / le / Le [리 / 레 / 레]
우리에게	a noi [아 노이]	ci [치]
너희에게	a voi [아 보이]	vi [비]
그들에게	a loro [아 로로]	gli [리]

◆ 부정관사의 용법

부정관사는 영어의 a(an)에 해당되는 것으로 불특정, 불확정적인 명사, 처음으로 등장하는
명사의 경우에 사용하며 '～어떤', '～하나의'의 의미가 있다.

un	모든 남성 단수 명사 앞 (s + 자음, z, gn, pn 등으로 시작하는 남성 명사 제외)
uno	s + 자음, z, gn, pn 등으로 시작하는 남성 명사 앞
una	모든 자음으로 시작하는 여성 명사 앞
un'	모든 모음으로 시작하는 여성 명사 앞

un amico [운 아미코]	(남자) 친구	un anello [운 아넬로]	반지
un piatto [운 삐아또]	접시	uno specchio [우노 스뻬끼오]	거울
uno zio [우노 지오]	삼촌	uno gnomo [우노 뇨모]	요정
una donna [우나 돈나]	여자	una porta [우나 뽀르따]	문
un'amica [우나미까]	(여자) 친구	un'aula [우나울라]	강의실

 Ciao Italy

메디치 가문

15~16세기 가장 찬란하게 르네상스를 꽃피웠으며 오늘날까지 가장 아름다운 예술 도시로 손꼽히는 피렌체. 현재의 피렌체가 아름다운 르네상스 도시로 남을 수 있었던 것은 수세기 동안 문화와 지성을 선도하며 예술가들에 대한 후원을 아끼지 않았던 메디치 가문이 있었기 때문이다. 레오나르도 다빈치와 미켈란젤로, 단테, 마키아벨리까지 모두 메디치가의 후원을 받았다.

14세기 후반까지 메디치 가문은 그저 영세한 환전상이었으나 '조반니 디 비치 데 메디치 (Giovanni di Bicci de' Medici, 1360~1429)'가 피렌체에 메디치 은행을 설립한 이래로 차츰 영향력이 증대되었다. 사업가로서 능력이 뛰어날 뿐만 아니라 공익과 평민을 위해 힘썼고, 이로 인해 메디치가는 피렌체 시민들의 지지를 받게 된다.

이후 조반니의 장자 코시모는 당대 최고의 예술가를 초청해 피렌체를 문화·예술·건축의 중심지로 만들었다. 현재 전 세계에서 수많은 관광객을 모으는 피렌체의 건축물과 수많은 예술작품, 미식 문화는 코시모와 그의 메디치 가문 후손들이 이룬 것이라 볼 수 있다.

1 ( )에 주어진 동사를 현재형으로 바꾸세요.

1. Marco _____ domani mattina. (accompagnare)

2. Tu _____ quelle ragazze? (conoscere)

3. _____ così triste? (essere)

4. Domani io non _____. (usare)

2 다음 단어의 뜻을 써 보세요.

1. consiglio _____   2. accompagnare _____

3. lasciare _____   4. triste _____

5. problema _____

3 주어진 단어로 문장을 만들어 보세요.

1. grande / ho / problema / un _____

2. macchina / ho / della / bisogno _____

3. chiedo / ti / consiglio / un _____

1 accompagna / conosci / Sei / uso

2 조언, 충고 / 동행하다, 함께 가다 / 헤어지다 / 슬픈 / 문제

3 Ho un grande problema. / Ho bisogno della macchina. / Ti chiedo un consiglio.

Numeri ordinali 누메리 오르디날리 **서수**

1° primo [프리모]	2° secondo [세꼰도]	3° terzo [떼르조]	4° quarto [꽈르토]	5° quinto [뀐토]
11° undicesimo [운디체지모]	**12°** dodicesimo [도디체지모]	**13°** tredicesimo [뜨레디체지모]	**14°** quattordicesimo [꽈또르디체지모]	**15°** quindicesimo [뀐디체지모]
21° ventunesimo [벤뚜네지모]	**22°** ventiduesimo [벤띠두에지모]	**23°** ventitreesimo [벤띠뜨레지모]	**24°** ventiquattresimo [벤띠꽈뜨레지모]	**25°** venticinquesimo [벤띠친꿰지모]
31° trentunesimo [뜨렌뚜네지모]	**32°** trentaduesimo [뜨렌따두에지모]	**33°** trentatreesimo [뜨렌따뜨레지모]	**34°** trentaquattresimo [뜨렌따꽈뜨레지모]	**35°** trentacinquesimo [뜨렌따친꿰지모]
41° quarantunesimo [꽈란뚜네지모]	**42°** quarantaduesimo [꽈란따두에지모]	**43°** quarantatreesimo [꽈란따뜨레지모]	**44°** quarantaquattresimo [꽈란따꽈뜨레지모]	**45°** quarantacinquesimo [꽈란따친꿰지모]
51° cinquantunesimo [친꽌뚜네지모]	**52°** cinquantaduesimo [친꽌따두에지모]	**53°** cinquantatreesimo [친꽌따뜨레지모]	**54°** cinquantaquattresimo [친꽌따꽈뜨레지모]	**55°** cinquantacinquesimo [친꽌따친꿰지모]
61° sessantunesimo [세싼뚜네지모]	**62°** sessantaduesimo [세싼따두에지모]	**63°** sessantatreesimo [세싼따뜨레지모]	**64°** sessantaquattresimo [세싼따꽈뜨레지모]	**65°** sessantacinquesimo [세싼따친꿰지모]
71° settantunesimo [세딴뚜네지모]	**72°** settantaduesimo [세딴따두에지모]	**73°** settantatreesimo [세딴따뜨레지모]	**74°** settantaquattresimo [세딴따꽈뜨레지모]	**75°** settantacinquesimo [세딴따친꿰지모]
81° ottantunesimo [오딴뚜네지모]	**82°** ottantaduesimo [오딴따두에지모]	**83°** ottantatreesimo [오딴따뜨레지모]	**84°** ottantaquattresimo [오딴따꽈뜨레지모]	**85°** ottantacinquesimo [오딴따친꿰지모]
91° novantunesimo [노반뚜네지모]	**92°** novantaduesimo [노반따두에지모]	**93°** novantatreesimo [노반따뜨레지모]	**94°** novantaquattresimo [노빤따꽈뜨레지모]	**95°** novantacinquesimo [노반따친꿰지모]

6° sesto [세스토]	7° settimo [세띠모]	8° ottavo [오따보]	9° nono [노노]	10° decimo [데치모]
16 sedicesimo [세디채지모]	17° diciassettesimo [디치아쎗떼지모]	18° diciottesimo [디치옷떼지모]	19° diciannovesimo [디치아노베지모]	20° ventesimo [벤떼지모]
26 ventiseiesimo [벤띠세이에지모]	27° ventisettesimo [벤띠셋떼지모]	28° ventottesimo [벤똣떼지모]	29° ventinovesimo [벤띠노베지모]	30° trentesimo [뜨렌떼지모]
36 trentaseiesimo [뜨렌따세이에지모]	37° trentasettesimo [뜨렌따셋떼지모]	38° trentottesimo [뜨렌똣떼지모]	39° trentanovesimo [뜨렌따노베지모]	40° quarantesimo [꽈란떼지모]
46° quarantaseiesimo [꽈란따세이에지모]	47° quarantasettesimo [꽈란따셋떼지모]	48° quarantottesimo [꽈란똣떼지모]	49° quarantanovesimo [꽈란따노베지모]	50° cinquantesimo [친꽌떼지모]
56° cinquantaseiesimo [친꽌따세이에지모]	57° cinquantasettesimo [친꽌따셋떼지모]	58° cinquantottesimo [친꽌똣떼지모]	59° cinquantanovesimo [친꽌따노베지모]	60° sessantesimo [세싼떼지모]
66° sessantaseiesimo [세싼따세이에지모]	67° sessantasettesimo [세싼따셋떼지모]	68° sessantottesimo [세싼똣떼지모]	69° sessantanovesimo [세싼따노베지모]	70° settantesimo [세딴떼지모]
76° settantaseiesimo [세딴따세이에지모]	77° settantasettesimo [세딴따셋떼지모]	78° settantottesimo [세딴똣떼지모]	79° settantanovesimo [세딴따노베지모]	80° ottantesimo [오딴떼지모]
86° ottantaseiesimo [오딴따세이에지모]	87° ottantasettesimo [오딴따셋떼지모]	88° ottantottesimo [오딴똣떼지모]	89° ottantanovesimo [오딴따노베지모]	90° novantesimo [노반떼지모]
96° novantaseiesimo [노반따세이에지모]	97° novantasettesimo [노반따셋떼지모]	98° novantottesimo [노반똣떼지모]	99° novantanovesimo [노반따노베지모]	100° centesimo [첸떼지모]

기본 회화

A Che data è oggi?

께 다따 에 옷지?

B Oggi è il 10 aprile 2020.

옷지 에 일 디에이치 아프릴레 두에밀라벤띠

A Che giorno è oggi?

께 조르노 에 옷지?

B Oggi è sabato.

옷지 에 사바또

A In che anno siamo?

인 께 안노 시아모?

B Siamo nell'anno 2020.

시아모 넬란노 두에밀라벤띠

A In che secolo siamo?

인 께 세꼴로 시아모?

B Siamo nel ventunesimo secolo.

시아모 넬 벤뚜네지모 세꼴로

A : 오늘은 며칠입니까?

B : 오늘은 2020년 4월 10일입니다.

A : 오늘은 무슨 요일입니까?

B : 오늘은 토요일입니다.

A : 지금은 몇 년도입니까?

B : 2020년입니다.

A : 몇 세기입니까?

B : 21세기입니다.

새 단어

data f 날짜, 일

aprile m 4월

giorno m 날, 일

sabato m 토요일

secolo m 세기

ventunesimo m 21°

duemilaventi 2020

해 설

◆ 요일 묻고 답하기

며칠인지를 묻는 표현으로 Quale è la data di oggi?을 쓸 수 있다. 다른 표현으로는 Quanti ne abbiamo oggi?가 있다. 이 질문에 답할 때는 동사 앞에 ne를 사용해야 하지만 생략하기도 한다.

A : Che data è oggi? [께 다따 에 옷지]   오늘은 며칠입니까?

B : È primo ottobre. [에 쁘리모 옷또브레]   10월 1일입니다.

　　* 1일은 반드시 서수를 사용해야 한다.

A : Quanti ne abbiamo oggi? [꽌띠 네 아삐아모 옷지]   오늘은 며칠입니까?

B : Ne abbiamo venti tre. [네 아삐아모 벤띠 뜨레]   23일입니다.

◆ Ne 용법

소사 ne는 주로 수량을 말할 때 사용된다.

Quante sigarette fumi al giorno?   하루에 담배를 얼마나 피우니?

[꽌떼 시가레떼 푸미 알 조르노]

Ne fumo due. (ne = sigarette) [네 푸모 두에]   나는 2개피 피워.

Quanta torta vuoi? [꽌따 또르따 부오이] 케이크를 얼마나 원하니?
La voglia tutta. [라 볼리아 뚜따] 전부요.

* 전체가 아닌 부분을 나타낼 때는 전부를 의미하는 tutto 와 함께 사용할 수 없다.

Ne voglio un po'. [네 볼리오 운 뽀] 조금요.
Ne voglio una fetta. [네 볼리오 우나 페따] 한 조각요. (fetta f 조각, 얇게 자른 것)
Ne voglio tanta. [네 볼리오 딴따] 많이요.
* 케이크가 여성형이므로 tutta/tanta가 되어야 한다.

◆ 서수

1°	primo [프리모]	11°	undicesimo [운디체지모]
2°	secondo [세꼰도]	12°	dodicesimo [도디체지모]
3°	terzo [떼르조]	13°	tredicesimo [뜨레디체지모]
4°	quarto [꽈르토]	20°	ventesimo [벤떼지모]
5°	quinto [뀐토]	21°	ventunesimo [벤뚜네지모]
6°	sesto [세스토]	22°	ventiduesimo [벤띠두에지모]
7°	settimo [세띠모]	23°	ventitreesimo [벤띠뜨레지모]
8°	ottavo [오따보]	100°	centesimo [첸떼지모]
9°	nono [노노]	1,000°	millesimo [밀레지모]
10°	decimo [데치모]	1,000,000°	milionesimo [밀리오네지모]

* 서수는 정관사와 같이 사용하며 반드시 명사의 성 · 수에 따라 형태를 일치시켜야 한다.

응용 회화

A Cosa fai di solito il fine settimana?

꼬자 파이 디 솔리또 일 피네 세띠마나?

B Sono molto attivo. Il venerdì sera esco sempre con Maria. Andiamo al cinema.

소노 몰또 아띠보 일 베네르디 세라 에스코 셈쁘레 꼰 마리아 안디아모 알 치네마

A Esci sempre con Maria? Non preferisci uscire con altre persone?

에쉬 셈쁘레 꼰 마리아? 논 프레페리쉬 우쉬레 꼰 알트레 뻬르소네?

B No, stiamo bene insieme. Abbiamo gli stessi interessi.

노 스티아모 베네 인시에메 압삐아모 리 스떼씨 인떼레씨

A Il sabato, che cosa fai?

일 사바토 께 꼬자 파이?

B Il sabato vado in palestra e la sera vado a mangiare fuori con gli amici.

일 사바토 바도 인 빨레스트라 에 라 세라 바도 아 만쟈레 푸오리 꼰 리 아미치

La domenica resto a casa e guardo la TV.

라 도메니카 레스토 아 까자 에 구아르도 라 띠부

A : 주말에는 주로 뭘 하니?
B : 나는 매우 활동적이야. 금요일 저녁에는 항상 마리아와 함께 외출해. 우리는 영화를 보러 가.
A : 항상 마리아와 함께 외출하니? 다른 사람과 나가는 걸 좋아하지 않니?
B : 아니. 우리는 서로 잘 맞아. 우리는 관심사가 같아.
A : 토요일은 뭘 하니?
B : 토요일에는 헬스장에 가. 그리고 저녁에는 친구들과 저녁을 먹으러 밖으로 나가.
　　일요일에는 집에서 쉬고 텔레비전을 봐.

di solito 보통	preferisco 더 좋아하다, 선호하다
fine settimana ⓜ 주말	stiamo stare 동사의 noi 변화형
molto 매우	stare bene 잘 지내다
attivo/a 활동적인	insieme 함께
venerdì ⓜ 금요일	stessi 동일한, 같은
sabato ⓜ 토요일	interesse ⓜ 흥미, 관심 (interessi ⓶)
sera ⨍ 저녁	palestra ⨍ 헬스장
esco 나가다, 외출하다 (uscire 동사의 io 변화형)	fuori 밖
altro/e 다른	resto 머물다, 있다 (restare 동사의 io 변화형)
persone ⨍ 사람들	guardo 보다 (guardare 동사의 io 변화형)

해설

◆ sono molto attiva

형용사는 반드시 설명하는 주어의 성·수에 따라 변화시켜야 한다.

	남성	여성
단수	attivo [아띠보]	attiva [아띠바]
복수	attivi [아띠비]	attive [아띠베]

essere attivo/a 활동적이다
essere passivo/a 수동적이다

Marco è attivo. [마르코 에 아띠보] 마르코는 활동적이다.
Luisa è attiva. [루이자 에 아띠바] 루이자는 활동적이다.
Marco e Luisa sono attivi. [마르코 에 루이자 소노 아띠비] 마르코와 루이자는 활동적이다.
Maria e Luisa sono attive. [마리아 에 루이자 소노 아띠베] 마리아와 루이자는 활동적이다.

◆ **stare bene**

stare bene는 여러 가지 뜻으로 사용할 수 있는데 사람과 함께할 경우는 '~잘 지내다', '사이가 좋다'라는 뜻이 되고 옷이나 스타일, 패션에 대해 표현할 때는 '잘 어울린다'는 뜻으로 사용된다.

Mi sta bene questo cappello?   이 모자가 나에게 잘 어울리니?
[미 스타 베네 꾸에스토 까뻴로]

Si, ti sta benissimo. [씨 띠 스타 베니씨모]   응, 너한테 아주 잘 어울려.

◆ **preferire**

인칭	preferire ~더 좋아하다, 선호하다
io	preferisco [프레페리스코]
tu	preferisci [프레페리쉬]
lui / lei / Lei	preferisca [프레페리스카]
noi	preferiamo [프레페리아모]
voi	preferite [프레페리떼]
loro / Loro	preferiscono [프레페리스코노]

preferire + 동사원형/명사 : ~하는 것을 더 선호하다

Preferisco **stare a casa**. [프레페리스코 스타레 아 까자]   나는 집에 있는 것을 더 선호한다.
Preferiscono **il caffè**. [프레페리스코노 일 까페]   그들은 커피를 더 선호한다.

◆ **요일**

월요일	lunedì [루네디]		금요일	venerdì [베네르디]
화요일	martedì [마르떼디]		토요일	sabato [사바토]
수요일	mercoledì [메르꼴레디]			
목요일	giovedì [조베디]		일요일	domenica [도메니카]

* 월요일부터 토요일까지는 남성형이고 일요일만 여성형이다.

◆ **달(월)**

1월	gennaio [제나이오]	7월	luglio [룰리오]
2월	febbraio [폐브라이오]	8월	agosto [아고스토]
3월	marzo [마르조]	9월	settembre [세뗌브레]
4월	aprile [아프릴레]	10월	ottobre [오또브레]
5월	maggio [마조]	11월	novembre [노벰브레]
6월	giugno [주뇨]	12월	dicembre [디쳄브레]

* 모든 달은 남성형이다.

 Ciao Italy

피렌체의 팔라초 메디치-리카르디 (Palazzo Medici Ricardi)

팔라초 메디치-리카르디는 15세기 메디치가가 살던 저택으로 메디치가의 역사가 고스란히 담겨 있다. 이곳은 메디치가의 저택인 동시에 르네상스의 보고이기도 하다. 이곳은 원래 팔라초 메디치로 불렸는데 1659년 리카르디(Ricardi)가에 팔렸기 때문에 팔라초 메디치-리카르디가 되었다. 이곳을 설계한 사람은 당대 대표적인 건축가인 미켈로초(Michelozzo di Bartolommeo, 1396-1472)로 고딕양식을 새로운 르네상스 양식과 혼합하여 건축하였다.

외부적으로는 투박해 보이는 3층 석조 건축물로, 르네상스 건축의 특징인 좌우대칭, 균형 및 조화가 잘 어우러져 있다. 1층에는 루스티카 양식, 2층은 도리아 양식, 3층은 코린트 양식으로 구성되어 있다.

1 다음 단어의 뜻을 써 보세요.

1. aprile _____

2. luglio _____

3. ottobre _____

4. sabato _____

5. fine settimana _____

6. preferire _____

2 ( )에 주어진 동사를 현재형으로 바꾸세요.

1. Noi _____ bene insieme. (stare)

2. Il sabato io _____ palestra. (andare)

3. Oggi _____ sabato. (essere)

4. Io _____ a casa e _____ TV. (restare/ guardare)

3 주어진 단어로 문장을 만들어 보세요.

1. di / cosa / settimana / solito / fai / il / fine / ?

   _____

2. con / vado / mangiare / a / fuori / amici / gli

   _____

3. giorno / oggi / che / è / ? _____

정답

1 4월 / 7월 / 10월 / 토요일 / 주말 / 더 좋아하다, 선호하다

2 stiamo / vado / è / resto, guardo

3 Cosa fai di solito il fine settimana? / Vado a mangiare fuori con gli amici. / Che giorno è oggi?

Calendario 칼렌다리오 달력

Dom.	Lun.	Mar.
	1 primo giorno [쁘리모 조르노]	**2** secondo giorno [세꼰도 조르노]
7 settimo giorno [세띠모 조르노]	**8** ottavo giorno [오따보 조르노]	**9** nono giorno [노노 조르노]
14 quattordicesimo giorno [꽈또르디체지모 조르노]	**15** quindicesimo giorno [뀐디체지모 조르노]	**16** sedicesimo giorno [세디체지모 조르노]
21 ventunesimo giorno [벤뚜네지모 조르노]	**22** ventiduesimo giorno [벤띠두에지모 조르노]	**23** ventitreesimo giorno [벤띠뜨레지모 조르노]
28 ventottesimo giorno [벤또떼지모 조르노]	**29** ventinovesimo giorno [벤띠노베지모 조르노]	**30** trentesimo giorno [뜨렌떼지모 조르노]

Domenica ⓕ 일요일   Lunedì ⓜ 월요일   Martedì ⓜ 화요일

Mer.	Gio.	Ven.	Sab.
3 terzo giorno [떼르조 조르노]	**4** quarto giorno [꽈르또 조르노]	**5** Quinto giorno [뀐또 조르노]	**6** sesto giorno [세쓰토 조르노]
10 decimo giorno [데치모 조르노]	**11** undicesimo giorno [운디체지모 조르노]	**12** dodicesimo giorno [도디체지모 조르노]	**13** tredicesimo giorno [뜨레디체지모 조르노]
17 diciassettesimo giorno [디치아셋떼지모 조르노]	**18** diciottesimo giorno [디치옷떼지모 조르노]	**19** diciannovesimo giorno [디치아노베지모 조르노]	**20** ventesimo giorno [벤떼지모 조르노]
24 ventiquattresimo giorno [빈띠꽈뜨래지모 조르노]	**25** venticinquesimo giorno [벤띠친꿰지모 조르노]	**26** ventiseiesimo giorno [벤띠세이에지모 조르노]	**27** ventisettesimo giorno [벤띠셋떼지모 조르노]
31 trentunesimo giorno [뜨렌뚜네지모 조르노]			

Mercoledì ⓜ 수요일   Giovedì ⓜ 목요일   Venerdì ⓜ 금요일   Sabato ⓜ 토요일

Che ora sono?

A Che ora sono?

께 오라 소노?

B Sono le undici e mezzo.

소노 레 운디치 에 메쪼

A Ho un appuntamento con Maria··· sono in ritardo!

오 운 아뿐따멘또 꼰 마리아 소노 인 리따르도!

A Che fate questa sera?

께 파떼 꾸에스따 세라?

B Ci vediamo con Luca e andiamo a mangiare una pizza in centro.

치 베디아모 꼰 루까 에 안디아모 아 만쟈레 우나 핏짜 인 첸뜨로

Vuoi venire con noi?

부오이 베니레 꼰 노이?

A Volentieri, ci vediamo alle sette?

볼렌띠에리 치 베디아모 알레 셋떼

A : 지금 몇 시니?
B : 11시 30분이야.
A : 난 마리아와 약속이 있는데··· 늦었어!

A : 너희들은 오늘 저녁 뭐할 거니?
B : 우린 루카와 만나서 시내에 피자 먹으러 갈 거야.
우리와 함께 갈래?
A : 물론이지, 7시에 만날까?

해설

◆ 시간 묻고 답하기

'몇 시입니까?'라고 시간을 묻는 표현으로는 Che ora è? [께 오라 에]와 Che ora sono? [께 오라 소노]가 있다. 이는 비인칭 표현으로, 뒤에 오는 시간에 따라 è 혹은 sono로 대답한다.

Che ora è? [께 오라 에]　몇 시입니까?
È l'una. [에 루나]　1시입니다.
È l'una e venti. [에 루나 에 벤띠]　1시 20분입니다.

Che ora sono? [께 오라 소노]　몇 시입니까?
Sono le tre. [소노 레 뜨레]　3시입니다.

'몇 시에?'라고 묻는 표현은 a che ora를 사용한다. 이때는 '~에'라는 의미의 전치사 a와 정관사가 결합한 all' 혹은 alle + 시간으로 대답한다.

A : A che ora ci vediamo domani?　우리 내일 몇 시에 만날까?
　　[아 께 오라 치 베디아모 도마니]
B : Ci vediamo alle due. [치 베디아모 알레 두에]　2시에 보자.

A : A che ora comincia la partita?　경기가 몇 시에 시작하니?

[아 꼐 오라 꼬민치아 라 빠르띠따]

B : Comincia all'una. [꼬민치아 알루나]　한 시에 시작해.

◆ 시간에 관계된 표현

essere in ritardo [에쎄레 인 리따르도]　지각하다, 늦다

Maria è in ritardo. [마리아 에 인 리따르도]　마리아는 지각한다.

Il treno parte in ritardo. [일 뜨레노 빠르떼 인 리따르도]　기차가 늦게 출발한다.

essere in orario [에쎄레 인 오라리오]　정각에 맞추다

L'autobus arriva in orario. [라우토부스 아리바 인 오라리오]　버스가 정각에 도착한다.

essere puntuale [에쎄레 뿐뚜알레]　시간을 지키다, 시간을 준수하다

Almeno uno di voi sarebbe puntuale.　너희 중 한 명은 시간을 잘 지키겠지.

[알메노 우노 디 보이 사레뻬 뿐뚜알레]

L'autobus non è mai puntuale.　버스가 시간을 전혀 안 지킨다.

[라우토부스 논 에 마이 뿐뚜알레]

응용 회화

A Che ora è?

께 오라 에?

B Sono le sei meno cinque. Perché?

소노 레 세이 메노 친퀘 뻬르께?

A Tra cinque minuti comincia il film in televisione.

뜨라 친퀘 미누띠 꼬민치아 일 필름 인 텔레비지오네

A Maria, che ora sono in Italia adesso?

마리아 께 오라 소노 인 이탈리아 아뎃소?

B Sono le quattro e un quarto.

소노 레 꽈트로 에 운 꽈르또

A Domani torni in Corea?

도마니 또르니 인 꼬레아

B Si, arrivo alle 16. 20.

씨 아리보 알레 세디치 에 벤띠

A Ok, ti aspetto all'aeroporto.

오케이 띠 아스뻬또 알라에로뽀르또

A : 몇 시야?

B : 6시 5분 전이야. 왜?

A : 5분 뒤에 텔레비전에서 영화를 시작해.

A : 마리아, 이탈리아는 지금 몇 시야?

B : 4시 15분이야.

A : 내일 한국으로 돌아오니?

B : 응. 4시 20분에 도착해.

A : Ok, 공항에서 너를 기다릴게.

tra 후에

meno ~보다 적게

minuto *m* 분 (minuti *mpl*)

comincia 시작하다 (cominciare 동사의 lui/lei 변화형)

film *m* 영화

adesso 지금

quarto *m* 15분, 1/4

domani *m* 내일

torni 돌아오다 (tornare 동사의 tu 변화형)

ti 너를

aspetto 기다리다 (aspettare 동사의 io 변화형)

aeroporto *m* 공항

해설

◆ 시간 표현

È mezzogiorno. [에 메쪼조르노]　정오입니다.

È mezzanotte. [에 메짜놋떼]　자정입니다.

Sono le tre precise. [소노 레 뜨레 프레치제]　정확히 3시입니다.　(preciso 정확한)

Sono le quattro e mezzo. [소노 레 꽈트로 에 메쪼]　4시 반입니다.

Sono le 8 e cinque [소노 레 오또 에 친꿰]　8시 5분

Sono le 8 e quindici [소노 레 오또 에 뀐디치] /
Sono le 8 e un quarto [소노 레 오또 에 운 꽈르토]　8시 15분

Sono le 8 e venti [소노 레 오또 에 벤띠]　8시 20분

Sono le 8 e trenta [소노 레 오또 에 뜨렌따] /
Sono le 8 e mezza [소노 레 오또 에 메짜]　8시 30분

Sono le 8 e quaranta [소노 레 오또 에 꽈란따] /
Sono le 9 meno venti [소노 레 노베 메노 벤띠]　8시 40분

Sono le 8 e quarantacinque [소노 레 오또 에 꽈란따친꿰] /

Sono le 9 meno un quarto [소노 레 노베 메노 운 꽈르토]　8시 45분

Sono le 8 e cinquanta [소노 레 오또 에 친꽌따]　/

Sono le 9 meno dieci [소노 레 노베 메노 디에치]　8시 50분

Sono le 8 e cinquantacinque [소노 레 오또 에 친꽌따친꿰] /

Sono le 9 meno cinque [소노 레 노베 메노 친꿰]　8시 55분

~시 ~분 전

sono le 　+ 시간 + meno + 분

manca 　+ 분 　+ alle 　+ 시간

mancano + 분 　+ alle 　+ 시간

Sono le tre meno cinque. [소노 레 뜨레 메노 친꿰]

Mancano cinque minuti alle tre. [만까노 친꿰 미누띠 알레 뜨레]　3시 5분 전이다.

Sono le due meno un minuto. [소노 레 두에 메노 운 미누또]

Manca un minuto alle due. [만까 운 미누또 알레 두에]　2시 1분 전이다.

공식적인 시간 표현

기차, 버스, 비행기 시간표, 프로그램 등에서 시간을 나타낼 때는 24시간으로 표현한다. 예를 들어 오후 3시인 경우 le qunidici(15.00) 즉 15시, 오후 3시 45분인 경우 le qunidici e quarantacinque(15.45)으로 표현한다.

평가 테스트

1 ( )에 주어진 동사를 현재형으로 바꾸세요.

1. Domani tu _____ in Corea? (torni)

2. Tu _____ venire con noi? (volere)

3. Lucia _____ un appuntamento con Maria. (avere)

4. Maria sempre _____ in ritardo. (essere)

2 다음 단어의 뜻을 써 보세요.

1. appuntamento _____ 2. ritardo _____

3. mangiare _____ 4. film _____

5. adesso _____

3 이탈리아어로 시간을 말하세요.

1. 8:30 _____

2. 4:30 _____

3. 4:15 _____

4. 08:45 _____

1 torni / vuoi / ha / è   **2** 약속 / 늦은 / 먹다 / 영화 / 지금

3 1. Sono le 8 e trenta / sono le 8 e mezza 2. Sono le quattro e mezzo 3. Sono le quattro e un quarto 4. Sono le 8 e quarantacinque / sono le 9 meno un quarto

Tempo 뗌뽀 시간

un ora [우노라] 1시
tredici ore [뜨레디치 오레] 13시

due ore [두에 오레] 2시
quattordici ore
[꽈또르디치 오레] 14시

tre ore [뜨레 오레] 3시
quindici ore [뀐디치 오레] 15시

quattro ore [꽈트로 오레] 4시
sedici ore [세디치 오레] 16시

cinque ore [친꿰 오레] 5시
diciassette ore
[디치아쎘떼 오레] 17시

sei ore [세이 오레] 6시
diciotto ore [디치옷또 오레] 18시

sette ore [쎗떼 오레] 7시
diciannove ore
[디치아노베 오레] 19시

otto ore [오또 오레] 8시
venti ore [벤띠 오레] 20시

nove ore [노베 오레] 9시
ventuno ore [벤뚜노 오레] 21시

dieci ore [디에이치 오레] 10시
ventidue ore [벤띠두에 오레] 22시

undici ore [운디치 오레] 11시
ventitré ore [벤띠뜨레 오레] 23시

dodici ore [도디치 오레] 12시
ventiquattro ore
[벤띠꽈트로 오레] 24시

quindici (minuti) [뀐디치(미누띠)] / **un quarto (d'ora)** [운 꽈르토 (도라)] 15분
trenta (minuti) [뜨렌따 (미누띠)] / **mezzo (ora)** [메쪼(오라)] 30분
quarantacinque (minuti) [꽈란따친꿰(미누띠)] / **tre quarti (d'ora)** [뜨레 꽈르띠(도라)] 45분

□ **ora** 오라 ⓕ 시 ---▶ □ **minuto** 미누또 ⓜ 분 ---▶ □ **secondo** 세꼰도 ⓜ 초

기본 회화

A Cosa ti piace fare?

꼬자 띠 삐아체 파레?

B Mi piace studiare.

미 삐아체 스투디아레

A Ti piace lo sport?

띠 삐아체 로 스포르트?

B Si, mi piace. Ma non mi piace il calcio.

씨 미 삐아체 마 논 미 삐아체 일 깔쵸

A Cosa non ti piace fare?

꼬자 논 띠 삐아체 파레?

B Non mi piace ne' ballare ne' cantare.

논 미 삐아체 네 발라레 네 깐따레

A : 넌 뭘 하는 걸 좋아하니?
B : 나는 공부하는 걸 좋아해.

A : 너는 스포츠 좋아하니?
B : 응, 좋아해. 그런데 축구는 좋아하지 않아.

A : 너는 뭘 하는 걸 좋아하지 않니?
B : 나는 춤추는 것도 노래하는 것도 좋아하지 않아.

새 단어

fare 하다	ne' ~ ne' (부정문에서) ~도 ~도 아니다, 없다
studiare 공부하다	ballare 춤추다
sport ⓜ 스포츠	cantare 노래하다
calcio ⓜ 축구	

해 설

◆ **piacere 동사**

'~을 좋아하다'란 뜻의 동사로 일반적 동사와 달리 동사 뒤에 따라오는 명사가 주어가 된다.

piacere 동사의 현재 변화형

인칭	piacere
io	piaccio [삐아쵸]
tu	piaci [삐아치]
lui / lei / Lei	piace [삐아체]
noi	piacciamo [삐아치아모]
voi	piacete [삐아체떼]
loro / Loro	piacciono [삐아쵸노]

piacere 동사는 좋아하는 대상이 주어가 되고 좋아하는 주체는 간접 목적격(~에게로)으로 쓰이기 때문에 좋아하는 주체는 인칭에 맞게 간접목적격으로 바꾸고 동사 piacere는 주어에 맞게 활용해야 한다.

a me	mi		
a te	ti		
a lui / lei	gli		
a Lei	Le	piace	동사원형 / 단수 명사
a noi	ci		
a voi	vi		
a loro	a loro		

Mi piace **questa musica**. [미 삐아체 꾸에스타 무지까] (mi piace = a me piace)
나는 이 노래가 좋다. (나에게 이 노래가 좋다.)

A me piace **leggere**. [아 메 삐아체 레쩨레]   나는 책 읽는 것이 좋다.

Gli piace **andare al cinema**. [리 삐아체 안다레 알 치네마] (Gli piace = a lui piace)
그는 영화관에 가는 것을 좋아한다.

A lui piace **cantare**. [아 루이 삐아체 깐따레]   그는 노래하는 것을 좋아한다.

a me	mi		
a te	ti		
a lui / lei	gli		
a Lei	Le	piacciono	복수 명사
a noi	ci		
a voi	vi		
a loro	a loro		

Ti piacciono **gli animali**? [띠 삐아쵸노 리 아니말리] (ti piacciono = a te piacciono)
너는 동물들을 좋아하니?

A noi piacciono **i cantanti Italiani**. [아 노이 삐아쵸노 이 깐딴띠 이탈리아니]
우리는 이탈리아 가수들을 좋아한다. (a noi piacciono = ci piacciono)

piacere + 동사원형 : ~하는 것을 좋아한다

Mi piace ascoltare la radio.　나는 라디오 듣는 것을 좋아한다.

[미 삐아체 아스꼴따레 라 라디오]

Ti piace guardare la televisione.　너는 텔레비전 보는 것을 좋아한다.

[띠 삐아체 구아르다레 라 텔레비지오네]

Gli piace leggere. [리 삐아체 레제레]　그/그녀는 읽는 것을 좋아한다.

Le piace uscire con gli amici.　당신은 친구와 외출하는 것을 좋아한다.

[레 삐아체 우쉬레 꼰 리 아미치]

Ci piace giocare a calcio. [치 삐아체 조까레 아 깔쵸]　우리들은 축구하는 것을 좋아한다.

Vi piace andare al cinema.　너희들은 영화관에 가는 것을 좋아한다.

[비 삐아체 안다레 알 치네마]

A loro piace studiare l'italiano.　그들은 이탈리아어 공부하는 것을 좋아한다.

[아 로로 삐아체 스투디아레 리탈리아노]

A loro piace dormire. [아 로로 삐아체 도르미레]　그들은 자는 것을 좋아한다.

◆ **부정문**

non + mi / ti / gli / Le / ci / vi / a loro + piace/piacciono

Non mi piace andare al mare.　나는 바다에 가는 것을 좋아하지 않는다.

[논 미 삐아체 안다레 알 마레]

Non ti piace andare a sciare?　너는 스키 타는 것을 좋아하지 않니?

[논 띠 삐아체 안다레 아 쉬아레]

응용 회화

A Che tipo di musica ti piace?

께 띠뽀 디 무지까 띠 삐아체?

B Mi piace la musica classica.

미 삐아체 라 무지까 클라씨까

A Quali cantanti Italiani ti piacciono?

꽐리 깐딴띠 이탈리아니 띠 삐아쵸노?

B Mi piacciono Vasco Rossi e Laura Pausini.

미 삐아쵸노 바스코 로씨 에 라우라 빠우지니

A Qual'è il tuo Hobby?

꽐레 일 뚜오 호비?

B Mi piace cantare.

미 삐아체 깐따레

A Cosa fai di solito durante il weekend?

꼬자 파이 디 솔리또 두란떼 일 위켄드?

B Faccio una passeggiata. Mi piace camminare.

파쵸 우나 빠쎄지아따 미 삐아체 깜미나레

A Che pizza ti piace mangiare?

께 핏자 띠 삐아체 만자레?

B Io preferisco la pizza prosciutto e funghi.

이오 프레페리스코 라 핏자 프로슈토 에 풍기

A : 어떤 음악을 좋아하니?

B : 클래식 음악을 좋아해.

A : 어떤 이탈리아 가수들을 좋아하니?

B : 나는 바스코 로씨와 라우라 파우지니를 좋아해.

A : 너는 취미가 뭐니?

B : 나는 노래하는 것을 좋아해.

A : 너는 주로 주말에 무얼 하니?

B : 산책해. 나는 걷는 것을 좋아해.

A : 어떤 피자 좋아하니?

B : 나는 햄과 버섯이 있는 피자를 선호해.

tipo ⓜ 형식, 타입	passeggiata ⓕ 산책
classico/a 클래식, 고전의	fare una passeggiata 산책하다
cantante ⓜ 가수 (cantanti mpl)	camminare 걷다
hobby ⓜ 취미	pizza ⓕ 피자
di solito 보통	prosciutto ⓜ 프로슈토, 햄
durante ~중에, 기간에	funghi mpl 버섯

해 설

◆ **의문대명사 quale : 무슨, 어떤**

의문대명사 quale는 수에 따라 변화하며 단수형과 복수형으로 나뉜다.

단수		복수	
남성	여성	남성	여성
quale [꽐레]		quali [꽐리]	

essere 동사 앞에서는 어미가 분리되어 qual è의 형태가 된다.

Qual è il tuo numero di telefono? [꽐 레 일 뚜오 누메로 디 텔레포노] 네 전화번호가 뭐니?

123

Qual è il problema? [꽐 레 일 프로블레마] 문제가 뭐니?

Quale preferisci? [꽐레 프레페리쉬] 어떤 것을 더 좋아하니?

◆ **piacere와 같은 형식(비인칭 동사)으로 사용되는 동사**

비인칭 동사는 주어가 동작의 주체가 되지 않는 동사로 항상 3인칭으로 사용한다.

servire [세르비레] 필요하다   mancare [만까레] 부족하다

occorrere [오꼬레레] 필요하다   interessare [인떼레싸레] 관심 있다

Mi serve un paio di forbici. [미 세르베 운 빠이오 디 포르비치] 나는 가위가 필요하다.

Mi manchi. [미 만끼] 나는 네가 보고 싶어.(나에게 네가 부족하다.)

Non mi interessa per niente. [논 미 인떼레싸 뻬르 니엔떼] 나는 전혀 관심 없어.

◆ **시간을 나타내는 부사**

Oggi è domenica. [옷지 에 도메니카] 오늘은 일요일이다.

Domani andiamo al cinema. [도마니 안디아모 알 치네마] 내일 영화관에 가자.

Di solito dormo fino a mezzogiorno. 나는 보통 정오까지 잔다.
[디 솔리또 도르모 피노 아 메쪼조르노]

Ora/adesso va a casa. [오라/아뎃소 바 아 까자] 이제 집에 간다.

Usciamo tardi/presto. [우쉬아모 따르디/프레스토] 우리는 늦게/일찍 나간다.

Raramente lavoro di sabato. [라라멘떼 라보로 디 사바토] 가끔 토요일에 일한다.

Ogni tanto cucino per la mamma. 때때로 엄마를 위해 요리한다.
[온니 딴또 꾸치노 뻬르 라 맘마]

Qualche volta andiamo in biblioteca. 우리는 때때로 도서관에 간다.
[꽐께 볼타 안디아모 인 비블리오떼까]

La mattina prendo sempre il caffè. 아침에는 항상 커피를 마신다.
[라 마띠나 프렌도 셈쁘레 일 까페]

Vado spesso al mare. [바도 스페쏘 알 마레] 나는 종종 바다에 간다.

평가 테스트

🐟 **1** ( )에 주어진 동사를 알맞게 바꾸세요.

1. Quali cantanti italiani ti _____? (piacere)

2. Mi _____ studiare. (piacere)

3. Io _____ la pizza prosciutto. (preferire)

4. Io _____ una passeggiata. (fare)

🐟 **2** 다음 단어의 뜻을 써 보세요.

1. hobby _____   2. di solito _____

3. ballare _____   4. cantare _____

5. durante _____ , 6. passeggiata _____

7. camminare _____

🐟 **3** 주어진 단어를 바른 어순으로 배열하세요.

1. mangiare / ti / pizza / piace / che / ? _____

2. calcio / piace / non / mi / il _____

3. musica / tipo / che / di / piace / ti / ? _____

정답

1 piacciono / piace / preferisco / faccio

2 취미 / 보통 / 춤추다 / 노래하다 / ~중에, 기간에 / 산책 / 걷다

3 Che pizza ti piace mangiare? / Non mi piace il calcio. / Che tipo di musica ti piace?

Hobby 호비 **취미**

cucina 꾸치나 ⓕ 요리

bricolage 브리꼴라쥬 ⓜ
모형 제작

origami 오리가미 ⓜ
종이접기

ricamo 리까모 ⓜ
자수

danza 단자 ⓕ 댄스

pesca 뻬스카 ⓕ
낚시

viaggio 비아쬬 ⓜ
여행

pittura 삐뚜라 ⓕ
그림 그리기

fotografia 포토그라피아
ⓕ 사진 촬영

filatelia 필라떼리아 /
collezione di francobolli
꼴레지오네 디 프랑코볼리 ⓕ 우표 수집

puzzle 퍼즐 ⓜ 퍼즐

calligrafia 칼리그라피아 ⓕ 서예

gioco di go 조꼬 디 고 ⓜ
바둑

scacchi 스카끼 (mpl) 체스

disposizione dei fiori
디스포지찌오네 데이 피오리 ⓕ 꽃꽂이

Che programmi hai per domenica?

기본 회화

A Che programmi hai per domenica?

께 프로그람미 아이 뻬르 도메니카?

B Penso di andare in montagna.

뻰소 디 안다레 인 몬따냐

A Vai da solo o con qualche amico?

바이 다 솔로 오 꼰 꽐께 아미코?

B Vado con Carlo. Vuoi venire con noi?

바도 꼰 까를로 부오이 베니레 꼰 노이?

A Mi dispiace, non posso. Sono impegnata.

미 디스피아체 논 뽀쏘 소노 임페냐따

A : 일요일에 무슨 계획이 있니?

B : 산에 갈 생각이야.

A : 혼자 가니 아니면 친구들이랑?

B : 카를로와 함께 가. 너도 우리와 갈래?

A : 미안한데 난 갈 수 없어. 나는 바빠.

새 단어

programmi *mpl* 계획	qualche 몇 명, 약간
montagna *f* 산	vuoi 원하다 (volere 동사의 tu 변화형)
da solo/a 혼자	mi dispiace 미안하다
penso 생각하다 (pensare 동사의 io 변화형)	posso 할 수 있다 (potere 동사의 io 변화형)
pensare di ~을 생각하다	impegnato/a 바쁜
andare 가다	

해설

◆ 조동사

이탈리아어에서 '~할 수 있다', '~하고 싶다', '~해야 한다', '~할 줄 안다'와 같이 본동사를 필요로 하는 동사를 조동사라고 한다. 조동사 뒤에 오는 동사는 항상 원형으로 써야 한다.

	volere ~원하다	potere ~할 수 있다	dovere ~해야 한다
io	voglio [볼리오]	posso [뽀쏘]	devo [데보]
tu	vuoi [부오이]	puoi [뿌오이]	devi [데비]
lui / lei / Lei	vuole [부올레]	può [뿌오]	deve [데베]
noi	vogliamo [볼리아모]	possiamo [뽀씨아모]	dobbiamo [도삐아모]
voi	volete [볼레떼]	potete [뽀떼떼]	dovete [도베떼]
loro	vogliono [볼리오노]	possono [뽀쏘노]	devono [데보노]

Voglio andare al mare. [볼리오 안다레 알 마레] 나는 바다에 가고 싶다.

Non posso uscire con te, perché devo studiare per l'esame.
[논 뽀쏘 우쉬레 꼰 떼 뻬르께 데보 스투디아레 뻬르 레자메]
나는 시험 공부를 해야 하기 때문에 너와 함께 외출할 수 없어.

Deve accompagnare Giulia all'Ikea. 그는 줄리아와 이케아에 가야 한다.
[데베 아꼼빠냐레 줄리아 알리케아]

◆ Qualche amico

qualche + 단수명사
alcuni + 복수명사

qualche나 alcuni 모두 다 '몇몇의', '몇 개의'라는 뜻으로 의미상으로는 복수이지만 qualche는 항상 단수로 취급한다. qualche는 성에 따라 형태가 바뀌지 않지만 alcuno 복수형 alcuni, alcuna는 성에 따라 바뀐다.

몇몇 친구들	qualche amico [꽐께 아미코]	=	alcuni amici [알꾸니 아미치]	
며칠	qualche giorno [꽐께 조르노]	=	alcuni giorni [알꾸니 조르니]	
몇 개의 펜	qualche penna [꽐께 뺀나]	=	alcune penne [알꾸네 뺀네]	
몇몇 소년들	qualche ragazzo [꽐께 라가쪼]	=	alcuni ragazzi [알꾸니 라가찌]	
몇몇 소녀들	qualche ragazza [꽐께 라가짜]	=	alcune ragazze [알꾸네 라가쩨]	

Alcuni ragazzi giocano a calcio. (i ragazzi : 남성 복수) 몇몇 소년들은 축구를 한다.
[알꾸니 라가찌 조까노 아 깔쵸]

Alcune ragazze giocano a calcio. (le ragazze : 여성 복수) 몇몇 소녀들은 축구를 한다.
[알꾸네 라가쩨 조까노 아 깔쵸]

gente와 persone : gente와 persone 모두 '사람'이라는 뜻이지만 gente는 단수, persone는 복수로 받는다.

La gente è strana! [라 젠떼 에 스트라나] 사람들이 이상해!
Le persone sono strane! [레 뻬르소네 소노 스트라네]

La gente di questa città è molto educata. [라 젠떼 디 꾸에스타 치따 에 몰또 에두까따]
이 도시 사람들은 매우 정중합니다.
Le persone di questa città sono molto educate.
[레 뻬르소네 디 꾸에스타 치따 소노 몰또 에두까떼]

◆ **penso di andare in montagna.**

pensare 동사는 뒤에 사용되는 전치사에 따라 뜻이 조금씩 달라진다. 전치사 di가 오면 의도·의지를 담고, 전치사 a가 오면 책임·약속의 의미가 된다.

pensare di + 동사원형 : ～하는 것을 생각하다
pensare a + 동사원형 : ～하기를 생각하다

Tu cosa pensi di fare per le Feste? (= che progetti hai)
[뚜 꼬자 뻰시 디 파레 뻬르 레 페스떼] 휴일에 뭘 할 생각이니? (어떤 계획을 가지고 있니?)

Penso di iscrivermi a medicina, dopo la maturità. (= ho intenzione di)

[뻰소 디 이스크리베르미 아 메디치나 도뽀 라 마뚜리따]

나는 고등학교 졸업 후 의학부로 진학할 생각이야. (~할 의지가 있다)

* maturità : 고등학교 졸업 자격시험

Pensate di uscire, stasera? (= avete in programma di) [뻰사떼 디 우쉬레 스타세라]

오늘 밤 외출할 생각이 있니? (~할 계획이 있니?)

Pensi tu a portare la carne? A preparare il barbecue pensiamo noi.

(= provvedi tu?) [뻰시 뚜 아 뽀르따레 라 까르네? 아 프레파라레 일 바비큐 뻰시아모 노이]

고기를 가져올 생각이 있니? 우리는 바비큐를 준비할 거야 (고기를 가져올 거니?)

Tranquilli, penso io a telefonare agli altri. (= mi incarico io)

[뜨란뀔리 뻰소 이오 아 텔레포나레 알리 알트리]

걱정 마. 내가 다른 사람에게 전화할 생각이야. (내가 책임지고 전화할게.)

* incarico: incaricare 책임지다

클래식 음악과 이탈리아어

클래식 음악을 접하다 보면 안단테, 포르테, 피아니시모 등 일일이 열거하기도 힘들 정도로 이탈리아어가 많이 나온다. 클래식 음악에 이탈리아어가 많이 사용되는 이유는 11세기 이탈리아의 혁명적 사건에 있다. 서양 클래식 음악은 교회음악을 중심으로 성장해 왔다. 중세 그레고리안 성가가 음악의 명맥을 이어와 르네상스와 고전주의, 낭만주의를 거치며 클래식 음악으로 발전하였다. 당시 그레고리안 성가 등 교회음악은 악보를 통해 배우는 것이 아니라 구전을 통해 배웠다. 따라서 구전으로 전승되다보니 정확히 배우기도 어려웠을 뿐만 아니라 배우는 기간도 수년씩 걸렸다. 11세기 이탈리아 수사 귀도 다레쪼(Guido d'Arezzo)는 이러한 비효율적 방식 대신 도레미파솔라시도, 계 이름과 선과 칸을 통해 음 높이를 표현하는 기보 체계를 만들었다. 또한 당시 서구 기독교 문화의 중심지는 로마였고, 르네상스 시대 유럽 문화의 흐름을 주도한 곳 역시 이탈리아였다. 따라서 수많은 음악 용어들이 이탈리아어로 만들어졌고 그 규칙이 보편화되었다.

131

응용 회화

A Vieni con noi al cinema stasera?

비에니 꼰 노이 알 치네마 스타세라?

B Purtroppo non posso. Devo finire questo lavoro.
Altrimenti mi licenziano.

뿌르뜨로뽀 논 포쏘 데보 피니레 꾸에스토 라보로 알트리멘띠 미 리첸지아노

A Che peccato! Oggi è sabato.

꼐 뻬깟또! 옷지 에 사바또

A Ho tanta voglia di dimagrire, ma non riesco a
stare a dieta.

오 딴따 볼리아 디 디마그리레 마 논 리에스코 아 스타레 아 디에따

B Mamma mia, sei bella! Sei in perfetta forma.

맘마 미아 세이 벨라 세이 인 페르펫따 포르마

A Ma voglio avere una pancia piatta.

마 볼리오 아베레 우나 빤치아 삐아따

B Allora··· quanto pesi adesso, Laura?

알로라 꽌또 뻬지 아뎃쏘 라우라

A : 오늘 저녁에 우리랑 영화 보러 갈래?

B : 유감스럽게도 할 수 없어. 나는 이 일을 끝내야만 해. 그렇지 않으면 날 해고할 거야.

A : 안타깝구나! 오늘은 토요일이야.

A : 난 정말 살을 빼고 싶어. 그런데 다이어트를 할 수 없어.

B : 맙소사, 너는 예뻐! 완벽한 몸매인걸.

A : 그렇지만 나는 납작한 배를 갖고 싶어.

B : 그럼… 지금 몇 킬로야, 라우라?

새 단어

purtroppo 불행하게도, 유감스럽게도	stare a dieta 다이어트 중이다
altrimenti 그렇지 않으면	mamma mia 맙소사, 세상에 (감탄사)
licenziare 해고하다	perfetto/a 완벽한
peccato ⓜ 안타까운 일, 애석한 일	forma ⓕ 외관, 체형
tanto/a 많은, 대단한	essere in forma 몸매가 좋다
voglia ⓕ 희망, 욕망	pancia ⓕ 복부, 배
dimagrire 마르다, 살을 빼다	piatto/a 평평한, 납작한
dieta ⓕ 다이어트, 식이요법	

해설

◆ 조동사 기능을 하는 관용적 표현

avere voglia di + 동사원형/ 명사 : ~을 하고 싶다

Ho voglia di mangiare qualcosa. [오 볼리아 디 만쟈레 꽐꼬자]   난 뭔가 먹고 싶어.

Ho voglia di un caffè. [오 볼리아 디 운 까페]   나는 커피를 원해.

133

riuscire a + 동사원형/명사 : ~할 수 있다

Non riesco a capire. [논 리에스코 아 까삐레]   나는 이해할 수 없다.
Riesci a trovare il gatto nella foto?   사진에서 고양이를 찾을 수 있니?
[리에쉬 아 트로바레 일 가또 넬라 포토]

avere bisogno di + 동사원형/명사 : ~이 필요하다

Ha bisogno di tempo per pensare.   그는 생각할 시간이 필요하다.
[아 비조뇨 디 뗌뽀 뻬르 뻰사레]
I bambini hanno bisogno di amore.   아이들은 사랑이 필요하다.
[이 밤비니 안노 비조뇨 디 아모레]

◆ **tanto**

'많다'는 뜻의 양과 수의 개념을 표현하는 단어로 단수 tanto, tanta는 양의 개념을 나타내
며 복수 tanti, tante는 수의 개념을 나타낸다.

Spreca tanta tempo. [스프레까 딴따 뗌뽀]   많은 시간을 허비한다.

* spreca: sprecare 낭비하다

Legge queste frasi tante volte.   그는 여러 번 이 문장들을 읽는다.
[레제 꾸에스떼 프라시 딴떼 볼떼]

◆ **Che peccato!**

의문대명사 che는 놀라움 실망, 거절 등을 표현하는 감탄문에서 감탄 대명사로 사용될 수
있다.

Che peccato! [께 뻬까또]   참 안타깝구나!
Che bello! [께 벨로]   멋지구나!
Ma che dici! [마 께 디치]   대체 무슨 소릴 하는 거야!

◆ 초대에 응할 때, 거절할 때 표현

Vuoi venire a casa mia? [부오이 베니레 아 까자 미아]　우리 집에 올래?
Si, grazie. [씨 그라찌에]　그래, 고마워.
Certo! Volentieri! [체르토! 볼렌띠에리!]　물론이지!
D'accordo! [다꼬르도!] / Va bene. [바 베네]　좋아!

Mi dispiace, ma non posso. [미 디스삐아체 마 논 뽀쏘]　미안하지만 할 수 없어.
Purtroppo non posso. [뿌르뜨로뽀 논 뽀쏘]　불행히도 할 수 없어.
No, grazie, devo∼ [노 그라찌에 데보]　고맙지만 나는 ∼해야 해.

◆ andare와 venire 동사

	andare 가다	venire 오다
io	vado [바도]	vengo [벤고]
tu	vai [바이]	vieni [비에니]
lui / lei / Lei	va [바]	viene [비에네]
noi	andiamo [안디아모]	veniamo [베니아모]
voi	andate [안다떼]	venite [베니떼]
loro	vanno [반노]	vengono [벤고노]

andare 동사는 '가다', venire는 '오다'라는 의미다. 그러나 venire 동사가 '가다'라고 해석되는 경우가 있는데 이는 공간적 위치를 어디로 두는지에 따라 달라진다. 초대하는 상대가 있는 곳으로 가거나, 상대방과 함께 어떤 장소로 갈 때 '가다'라는 의미로 사용된다.
andare 동사는 화자가 상대방과 무관한 장소로 갈 때 사용한다.

Puoi venire da me? [뿌오이 베니레 다 메]　나의 집에 올 수 있니?
Andiamo a casa di Mario. [안디아모 아 까사 디 마리오]　마리오의 집에 가자.
Vieni con noi al cinema stasera?　오늘 저녁에 우리랑 영화 보러 갈래?
[비에니 꼰 노이 알 치네마 스따세라]

1 ( )에 주어진 동사를 현재형으로 바꾸세요.

1. Io _____ avere una pancia piatta. (volere)

2. Lucia _____ finire questo lavoro. (dovere)

3. Tu _____ venire con noi? (volere)

4. I bambini _____ bisogno di amore. (avere)

2 다음 단어의 뜻을 써 보세요.

1. qualche _____   2. forma _____

3. purtroppo _____   4. montagna _____

5. licenziare _____   6. pancia _____

3 주어진 단어를 바른 어순으로 배열하여 문장을 만드세요.

1. sono / impegnata / non / posso _____

2. dimagrire / ho / voglia / tanta / di _____

3. per / programmi / hai / che / domenica / ? _____

4. noi / al / vieni / stasera / con / cinema / ? _____

정답

1 voglio / deve / vuoi / hanno

2 몇 명, 약간 / 외관, 체형 / 불행하게도, 유감스럽게도 / 산 / 해고하다 / 복부, 배

3 Non posso, sono impegnata. / Ho tanta voglia di dimagrire. / Che programmi hai per domenica? / Vieni con noi al cinema stasera?

Sport 스포르뜨 **스포츠, 운동**

calcio 깔쵸 ⓜ 축구

pallacanestro
빨라까네스트로 ⓜ 농구

tennis 테니스 ⓜ 테니스

volano 볼라노 ⓜ 배드민턴

ping pong 핑퐁 ⓜ
탁구

golf 골프 ⓜ 골프

biliardo 빌리아르도 ⓜ 당구

bowling 볼링그 ⓜ 볼링

137

Che autobus devo prendere?

A Scusi, che autobus devo prendere per la Stazione Centrale?

스쿠지 께 아우토부스 데보 프렌데레 빼르 라 스따지오네 쩬트랄레?

B Deve prendere l'autobus numero 12.

데베 프렌데레 라우토부스 누메로 도디치

A A che ora passa l'autobus numero 12?

아 께 오라 빠싸 라우토부스 누메로 도디치?

B Passa ogni 15 minuti. C'è l'orario vicino alla fermata.

빠사 온니 뀐디치 미누띠 체 로라리오 비치노 알라 페르마따

A : 실례합니다. 중앙역에 가려면 어떤 버스를 타야 하나요?

B : 12번 버스를 타면 됩니다.

A : 몇 시에 12번 버스가 지나갑니까?

B : 15분마다 지나갑니다. 정류장 근처에 시간표가 있습니다.

새 단어

scusi 실례합니다 (scusare 동사의 2인칭 단수형)	passa 지나가다 (passare 동사의 3인칭 단수형)
stazione (f) 역	numero (m) 번호
Stazione Centrale (f) 중앙역	orario (m) 시간표
prendere 타다	fermata (f) 정류장
autobus (m) 버스	vicino a ~근처에
a che ora 몇 시에	

◆ **scusi**

Scusi, mi scusi는 '실례합니다'라는 뜻으로 격식을 갖추는 말이다. 잘 아는 사이, 격식을
갖추지 않아도 될 때는 scusa를 사용한다.

◆ **A che ora passa l'autobus numero 12?**

여기서 a는 시점, 시각을 나타내는 전치사로 '몇 시에'를 나타낸다.

★ 전치사 a

명사, 대명사 또는 동사원형 앞에 놓이는 전치사 a는 문맥에 따라 다양한 의미를 지니고 있다.

① 장소를 나타내는 a : ~로, ~에, ~에서

　Vado a Milano.[바도 아 밀라노]　나는 밀라노로 간다.
　Abito a Roma.[아비토 아 로마]　나는 로마에 산다.

② 시간을 나타내는 a : ~에
　A che ora parti?[아 께 오라 빠르띠]　몇 시에 떠나니?

③ 대상을 나타내는 a : ~에게
　Telefono a Maria.[텔레포노 아 마리아]　나는 마리아에게 전화한다.

④ 목적을 나타내는 a :
　Vado a pranzo.[바도 아 프란조]　나는 점심식사 하러 간다.

⑤ 수단을 나타내는 a :
　Vado a piedi.[바도 아 삐에디]　나는 걸어서 간다.

◆ **C'è l'orario vicino alla fermata.**

c'è, ci sono는 영어의 there is, there are와 같은 의미로 '~있다'라는 표현이다.

c'è + 단수

C'è un libro.[체 운 리브로] 책이 있다.

Che c'è?[께 체] 무슨 일이야?
Niente. Perchè?[니엔떼 뻬르께] 아무것도 아니야. 왜?

ci sono + 복수

Ci sono molti italiani a New York. 뉴욕에는 많은 이탈리아인들이 있다.
[치 소노 몰띠 이탈리아니 아 뉴욕]

◆ **passare**

passare 동사의 현재 변화형

인칭	passare 지나가다
io	passo [빠쏘]
tu	passi [빠씨]
lui / lei / Lei	passa [빠싸]
noi	passiamo [빠씨아모]
voi	passate [빠싸떼]
loro / Loro	passano [빠싸노]

응용 회화

A Scusi, questo autobus va in centro?

스쿠지 꾸에스토 아우토부스 바 인 첸트로?

B Si, certo.

씨 체르토

A A quale fermata devo scendere?

아 꽐레 페르마따 데보 쉔데레?

B Deve scendere alla terza fermata.

데베 쉔데레 알라 떼르자 페르마따

A E quanto tempo ci vuole per arrivarci?

에 꽌또 뗌뽀 치 부올레 뻬르 아리바르치?

B Circa 10 minuti.

치르까 디에이치 미누띠

A : 실례합니다. 이 버스 시내에 가나요?

B : 네, 물론입니다.

A : 어떤 정류장에서 내려야 하나요?

B : 세 번째 정류장에서 내리세요.

A : 그곳까지 시간이 얼마나 걸려요?

B : 약 10분요.

새 단어

certo *m* 물론입니다

scendere 내리다

terza *f* 세 번째

quanto tempo 얼마만큼의 시간

ci vuole ～이 걸리다, 필요하다 (volere + ci), volerci ～필요하다

arrivarci 그곳에 도착하다 (arrivare + ci)

circa 대략

◆ **Questo autobus va in centro?**

andare in centro는 '시내로 가다'라는 뜻으로 전치사 in이 쓰였다.

★ **전치사 in**

장소나 시간을 나타낼 때 쓰는 전치사로 문맥에 따라 다양한 의미가 있다.

① 장소를 나타내는 in : ~에서, ~에

Sto in ufficio. [스토 인 우피쵸]   나는 사무실에 있다.

② 방향을 나타내는 in : ~안에, ~로

Andiamo in Italia. [안디아모 인 이딸리아]   이탈리아로 가자.

③ 한정적인 시간을 나타내는 in : ~때에, ~에

Maria è nata nel 2015.(duemilaquindici)   마리아는 2015년에 태어났다.
[마리아 에 나따 넬 두에밀라뀐디치]

④ 방법을 나타내는 in : ~로

Parla in italiano. [빠를라 인 이딸리아노]   이탈리아어로 말한다.

⑤ 수량을 나타내는 in :

In quanti siete? [인 꽌띠 시에떼]   몇 명인가요?

◆ E quanto tempo ci vuole per arrivarci?

'시간이 ～걸리다'라는 표현으로 단수의 시간(1분, 1시간) 이상 걸릴 경우에는 ci vogliono～
를 사용해야 한다.

Quanto tempo ci vuole per arrivare a casa? [꽌또 뗌뽀 치 부올레 뻬르 아리바레 아 까자]
집에 도착하는데 시간이 얼마나 걸려요?
Ci vuole un'ora. [치 부올레 우노라]　한 시간 걸려요.
Ci vogliono 10 minuti. [치 볼리오노 디에치 미누띠]　10분 걸려요.

Quanto tempo ci vuole per leggere un libro? [꽌또 뗌뽀 치 부올레 뻬르 레제레 운 리브로]
책 한 권 읽는데 시간이 얼마나 걸려요?
Ci vogliono circa 2 settimane. [치 볼리오노 치르까 두에 세띠마네]　대략 2주 걸려요.

* ci vuole/vogliono + 명사는 '～이 필요하다'라는 의미로도 사용할 수 있다.

Ci vuole un libro. [치 부올레 운 리브로]　책 한 권이 필요하다.
Ci vogliono tre persone. [치 볼리오노 뜨레 뻬르소네]　3명이 필요하다.

◆ 장소부사의 역할을 하는 ci

arrivarci는 arrivare 동사에 장소를 나타내는 ci가 결합된 형태이다.

Vieni al cinema stasera? [비에니 알 치네마 스타세라]　너 오늘 저녁에 영화 보러 갈래?
No, non ci vado. (ci = il cinema) [노 논 치 바도]　아니, 나는 거기 안 가.

Vai in Italia? [바이 인 이딸리아]　너 이탈리아에 가니?
Si, ci vado la prossima settimana. (ci = Italia)　응, 다음 주에 거기 가.
[씨 치 바도 라 프로씨마 세띠마나]

Da quanto tempo stai in Italia?　이탈리아에 얼마나 있었어?
[다 꽌또 뗌뽀 스타이 인 이딸리아]
Ci sto da 2 anni. (ci = Italia) [치 스토 다 두에 안니]　그곳에 2년째 있어.

인칭	arrivare 도착하다
io	arrivo [아리보]
tu	arrivi [아리비]
lui / lei / Lei	arriva [아리바]
noi	arriviamo [아리비아모]
voi	arrivate [아리바떼]
loro / Loro	arrivano [아리바노]

 *Ciao Italy*

이탈리아 버스 정류장에는 버스 시간표가 있다. 소도시의 경우 자주 운행하지 않기 때문에 시간표를 미리 확인하는 편이 좋다.

대도시의 경우 우리나라의 티머니와 같은 카드 형태로 버스요금을 지불할 수도 있지만 종이 티켓을 많이 쓰는 편이다. 종이 티켓은 1회권, 10회권, 하루권은 biglietto(표)라고 하고 1주일, 한달, 1년 단위는 abbonamento(정기권)라고 한다. 버스 승차권은 버스 정류장 근처 tabacchi(담뱃가게)나 edicola(가판대)에서 구입할 수 있다.

평가 테스트

1 ( )에 주어진 동사를 알맞게 변형시키세요.

1. A che ora _____ l'autobus numero 12? (passare)

2. Che autobus io _____ prendere per la Stazione Centrale? (dovere)

3. Ci _____ circa 2 settimane. (volere)

2 다음 단어의 뜻을 써 보세요.

1. certo _____ 2. scendere _____

3. terza _____ 4. passare _____

5. numero _____ 6. orario _____

3 주어진 단어를 올바른 어순으로 나열하여 문장을 만드세요.

1. fermata / devo / quale / scendere / a / ? _____

2. in / autobus / questo / va / centro _____

3. alla / c'è / vicino / fermata / l'orario _____

4. arrivarci / tempo / ci / vuole / quanto / per / ? _____

정답

1 passa / devo / vogliono

2 물론입니다 / 내리다 / 세 번째 / 지나가다 / 번호 / 시간표

3 A quale fermata devo scendere? / Questo autobus va in centro. /
C'è l'orario vicino alla fermata. / Quanto tempo ci vuole per arrivarci?

su 수, **sopra** 소프라 ～위에, ～에

sul tavolo 술 따볼로, sopra il tavolo 소프라 일 따볼로 탁자 위에

davanti 다반띠 ～앞에

davanti alla finestra

다반띠 알라 피네스트라 창문 앞에

dietro 디에트로 ～뒤에

dietro la casa 디에트로 라 까자 집 뒤에

in 인 ～안에

nella borsa 넬라 보르사 가방 안에

vicino 비치노 ～옆에

vicino alla sedia 비치노 알라 세디아 의자 옆에

a ~에

a casa 아 까자 집에

sotto 솟또 ~아래에

sotto il letto 솟또 일 렛또 침대 아래에

attraverso 아트라베르소 ~건너에

attraverso la strada 아트라베르소 라 스트라다 길 건너에

tra 트라, **fra** 프라 ~사이에

tra il divano e il tavolo 트라 일 디바노 에 일 따볼로
소파와 탁자 사이에

Che tempo fa?

기본 회화

A Com'e il tempo oggi?

꼬메 일 뗌뽀 옷지?

B Bello, è una giornata molto soleggiata.

벨로 에 우나 조르나따 몰또 솔레지아따

A Piove tutto il giorno. Con questo brutto tempo non voglio uscire di casa.

삐오베 뚜토 일 조르노 꼰 꾸에스토 브루또 뗌뽀 논 볼리오 우쉬레 디 까자

B Anch'io, ma devo andare al lavoro.

안끼오 마 데보 안다레 알 라보로

A Non dimenticare l'ombrello!

논 디멘띠까레 롬브렐로!

A : 오늘 날씨 어때?

B : 좋아. 햇빛이 가득한 날이야.

A : 하루 종일 비가 와. 이런 나쁜 날씨에는
   집에서 나가고 싶지 않아.

B : 나도 그래. 그렇지만 난 일하러 가야 해.

A : 우산 잊지 마!

새 단어

soleggiata 해가 드는, 양지 바른 (soleggiata는 giornata를 꾸며주는 형용사이므로 성·수 일치를 위해 여성형인 soleggiata로 바뀐다.)

brutto 나쁜

tempo ⓜ 날씨

piove ⓜ 비 (piovere 비 오다)

anch'io 나 역시

tutto il giorno 하루 종일

dimenticare 잊어버리다

ombrello ⓜ 우산

해설

◆ 날씨 묻고 답하기

날씨가 어떤지 물어보는 표현으로는 Com'e il tempo와 Che tempo fa가 있다. 이에 대한 대답은 fare 동사나 essere 동사를 쓰고 주어는 il tempo 혹은 비인칭 주어가 된다.

Com'e il tempo? [꼬메 일 뗌뽀] / Che tempo fa? [께 뗌뽀 파] 날씨 어때?

Fa bell tempo. [파 벨 뗌뽀] / Il tempo è bello. [일 뗌뽀 에 벨로] 날씨가 좋다

Fa brutto tempo. / Il tempo è brutto. 날씨가 나쁘다.
[파 부르또 뗌뽀] / [일 뗌뽀 에 부르또]

★ 날씨를 나타내는 다양한 표현

Fa bello. [파 벨로] (날씨가) 좋다.

Fa caldo. [파 깔도] (날씨가) 덥다.

Fa brutto. [파 부르또] (날씨가) 나쁘다.

Fa freddo. [파 프레도] (날씨가) 춥다.

Il cielo è sereno. [일 치엘로 에 세레노] 하늘이 화창하다.

Non c'è una nuvola. [논 체 우나 누볼라] 구름이 없다.

Il cielo è coperto. / nuvoloso. [일 치엘로 에 꼬뻬르또/누볼로조] 구름이 끼었다. / 흐리다.

C'è il sole. [체 일 솔레]　해가 있다.

È una giornata soleggiata. [에 우나 조르나따 솔레지아따]　화창한 날이다.

È afoso. [에 아포조] / C'è afa. [체 아파]　무덥다.

È umido. [에 우미도] / c'è umidità. [체 우미디따]　습하다.

Piove. [삐오베]　비가 온다.

Nevica. [네비까]　눈이 온다.

Tira vento. [띠라 벤토]　바람이 분다.

◆ 부정형용사 tutto

'모두', '전부'의 의미로 성·수에 따라 형태가 변화한다.

남성 명사	여성 명사	남성 명사 복수	여성 명사 복수	
tutto	tutta	tutti	tutte	+ 정관사 + 명사
tutto	tutta	tutti	tutte	+ 지시형용사 + 명사

Voglio viaggiare per tutto il mondo.　나는 전 세계를 여행하고 싶다.
[볼리오 비아자레 뻬르 뚜또 일 몬도]

Vado tutti i giorni in biblioteca.　나는 매일매일 도서관에 간다.
[바도 뚜띠 이 조르니 인 비블리오떼까]

Conosci tutte queste ragazze? [꼬노쉬 뚜떼 꾸에스떼 라가쩨]　너는 이 소녀들 모두 아니?

Deve leggere tutti questi libri.　그는 이 책들 모두 읽어야 한다.
[데베 레쩨레 뚜띠 꾸에스띠 리브리]

◆ Non dimenticare l'ombrello!

부정 명령형 non + 동사원형 : 2인칭 단수의 경우에만 이러한 형태를 취한다.

Non pensare! [논 뻰사레]　생각하지 마!

Non venire da me! [논 베니레 다 메]　우리 집에 오지 마!

응용 회화

A Ciao, Anna. Com'è il tempo a Parigi?

차오 안나 꼬메 일 뗌포 아 빠리지?

B Purtroppo il tempo è brutto. Piove.

뿌르뜨로뽀 일 뗌뽀 에 브루또 삐오베

A Quanti gradi ci sono?

꽌띠 그라디 치 소노?

B Ci sono 12 gradi.

치 소노 도디치 그라디

A Vieni in montagna sabato prossimo?

비에니 인 몬따냐 사바또 프로씨모?

B In montagna? No. Sento freddo, è umido e nuvoloso.

인 몬따냐? 노 센또 프레도 에 우미도 에 누볼로조

Non c'è il clima giusto per una gita in montagna.

논 체 일 클리마 주스토 뻬르 우나 지따 인 몬따냐

A Ma che dici? È sereno, non è nuvoloso.

마 께 디치? 에 세레노 논 에 누볼로조

A : 안녕, 안나. 파리의 날씨는 어때?

B : 불행히도 날씨가 좋지 않아. 비가 와.

A : 몇 도야?

B : 12도야.

A : 다음 토요일에 산에 갈래?

B : 산에? 싫어. 춥고, 습하고 구름이 있어.
산으로 소풍가기에 적당한 기후가 아니야.

A : 무슨 말하고 있는 거야? 날씨는 맑고 흐리지
않아.

grado _m_ (온도) 도 (gradi _mpl_)

prossimo 다음, 오는

sento 느끼다 (sentire 동사의 io 변화형)

gita _f_ 소풍

clima _f_ 기후

giusto 옳은, 적당한

dici 말하다 (dire 동사의 tu 변화형)

해 설

◆ 온도 묻고 답하기

온도가 정확히 몇 도인지 물을 때에는 Quanti gradi ci sono? (몇 도야?)라는 표현을 쓰고 이에 대한 대답으로는 〈ci sono + 숫자 + gradi〉라고 대답한다.

Quanti gradi ci sono a Milano? [꽌띠 그라디 치 소노 아 밀라노]   밀라노는 몇 도야?
Ci sono 20 gradi. [치 소노 벤띠 그라디]   20도야.

◆ Vieni in montagna?

'~에 가다'라는 뜻을 가진 venire와 andare 동사는 자동사이기 때문에 반드시 전치사가 필요하고 장소에 따라 알맞은 전치사를 써야 한다.

★ 전치사 in을 쓰는 경우

andare / venire + in + 장소

banca [방카]	은행에 간다
biblioteca [비블리오떼까]	도서관에 간다
ufficio [우피쵸]	사무실에 간다
montagna [몬따냐]	산에 간다

andare / venire + da + 사람 이름, 혹은 인칭대명사(me, te, noi, voi) : ~집에 간다

> Vieni da me. [비에니 다 메] 우리 집에 와.
> Andiamo da Silvia. [안디아모 다 실비아] 실비아 집에 가자.

◆ **sento freddo :** 추위를 느끼다

sentire 동사는 '~느끼다', '지각(知覺)하다', '듣다'라는 뜻의 3군 동사로 상태를 나타낼 때 사용된다.

인칭	sentire
io	sento [센또]
tu	senti [센띠]
lui / lei / Lei	senta [센따]
noi	sentiamo [센띠아모]
voi	sentite [센띠떼]
loro / Loro	sentono [센또노]

'듣다'라는 의미로 사용할 때는 무의식적으로 듣는 것을 뜻한다. 집중하여 주의를 기울여 듣는 것은 ascoltare [아스꼴따레] 이다.

인칭	ascoltare
io	ascolto [아스꼴또]
tu	ascolti [아스꼴띠]
lui / lei / Lei	ascolta [아스꼴따]
noi	ascoltiamo [아스꼴띠아모]
voi	ascoltite [아스꼴띠떼]
loro / Loro	ascoltono [아스꼴또노]

◆ 시간부사

그제	l'altro ieri [랄트로 이에리]		2달 전	due mesi fa [두에 메지 파]
어제	ieri [이에리]		지난달	un mese fa [운 메제 파]
오늘	oggi [옷지]		이번달	questo mese [꾸에스토 메제]
내일	domani [도마니]			
모레	dopodomani [도뽀도마니]		다음달	il mese prossimo [일 메제 프로씨모]
2주 전	due settimane fa [두에 셋띠마네 파]		2달 후	fra due mesi [프라 두에 메지]
지난주	una settimana fa [우나 셋띠마나 파]		재작년	due anni fa [두에 안니 파]
			작년	un anno fa [운 안노 파]
이번주	questa settimana [꾸에스타 셋띠마나]		올해	quest'anno [꾸에스탄노]
다음주	la prossima settimana [라 프로씨마 셋띠마나]		내년	l'anno prossimo [란노 프로씨모]
2주 후	fra due settimane [프라 두에 셋띠마네]		2년 뒤	fra due anni [프라 두에 안니]

◆ **stagione** [스타지오네] *f* **계절**

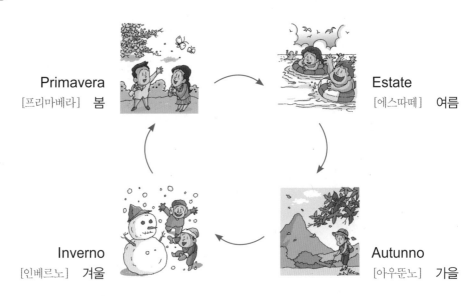

Primavera
[프리마뻬라] 봄

Estate
[에스따떼] 여름

Inverno
[인베르노] 겨울

Autunno
[아우뚠노] 가을

◆ **mese** [메제] **월**

1월
Gennaio [제나이오]

2월
Febbraio [페브라이오]

3월
Marzo [마르조]

4월
Aprile [아프릴레]

5월
Maggio [마조]

6월
Giugno [주뇨]

7월
Luglio [루리오]

8월
Agosto [아고스토]

9월
Settembre [세뗌브레]

10월
Ottobre [오또브레]

11월
Novembre [노벰브레]

12월
Dicembre [디쳄브레]

1 ( )에 주어진 동사를 알맞게 변형시키세요.

1. _____ una giornata molto soleggiata. (essere)

2. Io _____ freddo. (sentire)

3. Ci _____ 12 gradi. (essere)

4. Io non _____ uscire di casa. (volere)

2 다음 단어의 뜻을 써 보세요.

1. tempo _____   2. dimenticare _____

3. tutto il giorno _____   4. piove _____

5. clima _____   6. ombrello _____

3 주어진 단어를 바른 어순으로 나열하세요.

1. gradi / quanti / sono / ci / ? _____

2. l'ombrello! / non / dimenticare _____

3. tempo / Parigi? / com'è / il / a _____

1 È / sento / sono / voglio

2 날씨 / 잊어버리다 / 하루 종일 / 비 / 기후 / 우산

3 Quanti gradi ci sono? / Non dimenticare l'ombrello! / Com'è il tempo a Parigi?

Tempo 뗌뽀 **날씨**

giornata di sole
조르나따 디 솔레 ⓕ **맑은 날**

nuvola 누볼라
ⓕ **구름**

vento 벤또 ⓜ **바람**

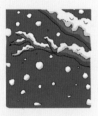

neve 네베 ⓕ **눈**
nevicare 네비까레
눈이 내리다

pioggia 삐옷쟈 ⓕ **비**
piovere 삐오베레
비가 내리다

alluvione 알루비오네
ⓕ **홍수**

fulmine 풀미네 ⓕ **번개**
tuono 뚜오노 ⓜ **천둥**

nebbia 네삐아 ⓕ
안개

siccità 시치따 ⓕ
가뭄

157

기본 회화

A Maria è la più alta delle altre sorelle?

마리아 에 라 삐우 알따 델레 알뜨레 소렐레?

B Si, è la piu alta di tutte.

시 에 라 삐우 알따 디 뚜떼

A Chi e' Maria?

끼 에 마리아?

B Maria è una degli studenti più intelligenti.

마리아 에 우나 델리 스투덴띠 삐우 인텔리젠띠

A Chi è quell'uomo?

끼 에 꿸우오모?

B Non lo conosci? Lui è il più famoso italiano in Corea. È incredibile vederlo così da vicino.

논 로 꼬노쉬? 루이 에 일 삐우 파모조 이탈리아노 인 꼬레아 에 인크레디빌레 베데를로 꼬지 다 비치노

A : 마리아는 다른 자매들보다 키가 더 크지?

B : 응, 자매들 중 제일 커.

A : 마리아가 누구야?

B : 마리아는 가장 똑똑한 학생들 중 하나야.

A: 저 사람은 누구야?

B: 그를 몰라? 그는 한국에서 제일 유명한 이탈리아 사람이야. 이렇게 가까이에서 그를 보다니 믿을 수 없어.

마리아는 가장 똑똑한 학생들 중 하나야.

새 단어

più 더

altre 다른 (altro의 여성 복수형. sorelle가 복수형이므로 altre로 바뀐다.)

degli ~의 (전치사 di와 정관사 gli의 결합형)

intelligenti 똑똑한 (intelligente의 여성 복수형)

famoso 유명한

incredibile 믿을 수 없는

da vicino 가까이에서

해설

◆ **Maria è la più alta delle altre sorelle?**

'마리아는 다른 자매보다 키가 더 크지?'라는 뜻으로 상대적 최상급이 쓰였다.

★ 상대적 최상급

상대적 최상급은 다른 사물이나 사람과 비교해서 상대적으로 최고 혹은 최저의 상태를 의미한다.

정관사 + più/meno + 형용사

또는 정관사 + 명사 + più/meno + 형용사

Mario è il più alto della classe.   마리오는 학급에서 제일 크다.

[마리오 에 일 삐우 알토 델라 클라쎄]

Maria è la più alta della classe.   마리아는 학급에서 제일 크다.

[마리아 에 라 삐우 알따 델라 클라쎄]

Paolo è il ragazzo più bello della classe.   파올로는 학급에서 가장 멋있는 소년이다.

[빠올로 에 일 라가쪼 삐우 벨로 델라 클라쎄]

* 주의할 점은 주어의 성에 맞춰 정관사와 형용사를 변형시켜야 한다.

159

★ Maria è una degli studenti più intelligenti.

uno dei/degli/delle(di + 정관사) + 명사 복수 + più + 형용사 : (형용사)한 (명사들) 중 하나

Paolo è uno degli studenti più intelligenti.   파올로는 가장 똑똑한 학생들 중 하나이다.
[빠올로 에 우노 델리 스투덴띠 삐우 인텔리젠띠]

Maria è una degli studenti più intelligenti.   마리아는 가장 똑똑한 학생들 중 하나이다.
[마리아 에 우나 델리 스투덴띠 삐우 인텔리젠띠]

※ 주어의 성에 따라 uno/una 가 바뀌는 것에 주의해야 한다.

◆ **È incredibile vederlo così da vicino.**

essere incredibile + 동사원형 : ∼하는 것을 믿을 수 없다

vederlo는 vedere + lo 로 lo 는 그를 의미하는 직접목적인칭대명사이다.

◆ **così da vicino**

'그렇게 가까이서'라는 뜻이다. così 는 부사 · 접속사 · 형용사의 역할을 하는 단어로 다양한 뜻을 가진다. 주로 '이처럼', '그와 같이'라는 의미로 사용된다.

전치사 da 는 여러 가지 의미가 있는데 주로 '∼로부터', '∼에서', '∼의 집에'로 사용되는데 vicino 와 함께 사용되는 da 는 부사적 용법으로 '가까이서'라는 뜻을 가진다.

★ 전치사 da

① 주로 수동태의 행위자, 행위의 원인으로 '∼에 의해서'라는 의미이다.

Questa lettera è stata scritta da Maria?
[꾸에스타 레떼라 에 스따따 스크리따 다 마리아?]
이 편지는 마리아가 썼니? (마리아에 의해 쓰여졌니?)

② 원인이나 동기 : ∼ 때문에, ∼한 나머지

Non ne posso più dal freddo.[논 네 뽀쏘 삐우 달 프레도]   더 이상 추위를 견딜 수 없다.

③ 출발점, 기점 : ～에서부터, ～에서

　Il treno parte da Roma. [일 뜨레노 빠르떼 다 로마]　기차는 로마에서 출발한다.

　Scendiamo dal treno. [쉔디아모 달 뜨레노]　기차에서 내립시다.

④ venire, andare 동사와 함께 사용하여 움직임의 방향을 나타낸다.

　Devo andare dal dentista. [데보 안다레 달 덴띠스타]　치과에 가야 한다.

⑤ 〈da + 사람〉은 장소(～의 집)를 나타낸다.

　Vado da Lucia. [바도 다 루치아]　루치아 집에 간다.

　Vieni da me. [비에니 다 메]　우리 집에 와.

　Andrò da mia sorella. [안드로 다 미아 소렐라]　내 여동생 집에 갈 거야.

　Abita dai suoi (genitori). [아비따 다이 수오이(제니토리)]　그의 부모님 집에 산다.

⑥ 기원, 유래, 출신

　Molte parole derivano dal greco.　많은 단어가 그리스어에서 나온다.
　[몰떼 빠롤레 데리바노 달 그레코]

　Io vengo da Milano. [이오 벤고 다 밀라노]　나는 밀라노 출신이다.

응용 회화

A Questa frutta è fresca?

꾸에스타 푸르따 에 프레스카?

B Certamente, è la più fresca e la meno cara del mercato.

체르따멘떼 에 라 삐우 프레스카 에 라 메노 까라 델 메르까또

A Compro 1 chilo di mele e 3 chili di pesche.

꼼쁘로 운 낄로 디 멜레 에 뜨레 낄리 디 뻬스께

B Ecco. In totale 10 euro.

에꼬 인 또딸레 디에이치 에우로

A Vai a lavorare in bicicletta o con l'autobus?

바이 아 라보라레 인 비치클레따 오 꼰 라우토부스?

B Vado in bicicletta. La bicicletta è più veloce dell'autobus.

바도 인 비치끌레따 라 비치끌레따 에 삐우 벨로체 델라우토부스

A : 이 과일은 신선합니까?

B : 물론이죠. 시장에서 제일 신선하고 덜 비쌉니다.

A : 사과 1킬로와 복숭아 3킬로 살게요.

B : 여기 있습니다. 전부 10유로입니다.

A : 너는 자전거로 출근하니, 아니면 버스로 출근하니?

B : 난 자전거를 타고 가. 자전거가 버스보다 빠르거든.

새 단어

frutta ⓕ 과일	totale 전체의
fresco/a 신선한	in totale 전체적으로, 합계하여
caro/a 비싼	vai a lavorare 일하러 가다, 출근하다 (andare a lavorare)
mercato ⓜ 시장	
chilo ⓜ 킬로그램	bicicletta ⓕ 자전거
mela/e ⓕ 사과	autobus ⓜ 버스
pesca/pesche ⓕ 복숭아	veloce 빠른

해 설

◆ **È la più fresca e la meno cara del mercato.**

'시장에서 가장 신선하고 덜 비쌉니다.'라는 뜻으로 시장에는 여러 가지 과일이 있지만 그중 가장 신선하고 저렴한 과일을 의미하는 상대적 최상급 문장이다.

◆ **La bicicletta è più veloce dell'autobus.**

'자전거가 버스보다 빠르다.'라는 뜻으로 자전거와 버스의 빠르기를 비교하는 우등 비교 표현 이다.

비교급은 크게 우등비교(~보다 더), 열등비교(~보다 덜), 동등비교(~만큼)로 구분되고 비교 대상의 품사에 따라 문장 형태가 달라진다.

우등비교	più ~ di / più ~ che
열등비교	meno ~ di / meno ~ che
동등비교	(così) + 형용사 + come / (tanto) + 형용사 + quanto

★ 우등비교

più ∼ di와 più ∼ che의 형태로 쓰이는데 어떠한 상황에서 di, che를 사용하는지 유념
해야 한다.

① più ∼ di를 사용하는 경우

　Paolo è più alto di Maria.　파올로는 마리아보다 더 키가 크다.
　[빠올로 에 삐우 알토 디 마리아]

　La macchina è più veloce della bicicletta.　자동차가 자전거보다 더 빠르다.
　[라 마끼나 에 삐우 벨로체 델라 비치클레따]

　La terra è più grande della luna.　지구는 달보다 더 크다.
　[라 떼라 에 삐우 그란데 델라 루나]

② più ∼ che를 사용하는 경우 : 하나의 주어에 형용사가 두 개인 경우

　Questo quaderno è più larga che lunga.　이 공책은 길이보다 덜 넓다.
　[꾸에스토 꾸아데르노 에 삐우 라르가 께 룬가]

　두 개의 명사를 비교

　Compri è caffé più tè.[꼼쁘리 에 까페 삐우 떼]　티보다 커피를 덜 구입한다.

　두 개의 동사를 비교

　È più difficile fare che parlare.　말하는 것보다 행동하는 것이 더 어렵다.
　[에 삐우 디피칠레 파레 께 빠를라레]

　전치사가 올 때

　Studio più per piacere che per necessità.　나는 필요에 의해서라기보다 좋아서 공부한다.
　[스투디오 삐우 뻬르 삐아체레 께 뻬르 네체씨따]

＊ 문장의 해석은 뒤에서부터 한다.

★ 열등 비교

meno ~ di, meno ~ che의 형태이고 우등비교와 마찬가지로 상황에 따라 di, che를
사용한다.

① meno ~ di를 사용하는 경우

　Maria è meno alta di Paolo.　마리아는 파올로보다 키가 덜 크다.
　[마리아 에 메노 알따 디 파올로]

　La moto è meno veloce della bicicletta.　자전거는 자동차보다 덜 빠르다.
　[라 모토 에 메노 벨로체 델라 비치클레따]

　La luna è meno grande della terra.　달은 지구보다 덜 크다.
　[라 루나 에 메노 그란데 델라 떼라]

② meno ~ che를 사용하는 경우 : 하나의 주어에 형용사가 두 개인 경우

　Questo quaderno è meno lunga che larga.　이 공책은 넓이보다 덜 길다.
　[꾸에스토 꾸아데르노 에 메노 룬가 께 라르가]

　두 개의 명사를 비교할 경우

　Compri è caffé meno tè. [꼼쁘리 에 까페 메노 떼]　티보다 커피를 덜 구입한다.

　두 개의 동사를 비교

　È meno difficile fare che parlare.　말하는 것보다 행동하는 것이 덜 어렵다.
　[에 메노 디피칠레 파레 께 빠를라레]

　전치사가 올 때

　Studio meno per piacere che per necessità.
　[스투디오 메노 뻬르 삐아체레 께 뻬르 네체시따]　필요성에 의해서보다 좋아서 덜 공부한다.
　(필요성에 의해 공부한다.)

★ 동등 비교 : (così) + 형용사 + come / (tanto) + 형용사 + quanto

Maria è bella come Lucia. [마리아 에 벨라 꼬메 루치아]　마리아는 루치아만큼 예쁘다.

Maria ha tanti libri quanti ne ho io.　마리아는 내가 가지고 있는 만큼 책을 가지고 있다.
[마리아 아 딴띠 리브리 꽌띠 네 오 이오]

★ 절대적 최상급

절대적 최상급은 형용사의 마지막 모음을 제거하고 주어가 남성일 경우 −issimo, 여성일 경우 −issima 를 붙이면 된다. 또는 molto/tanto 등의 부사를 사용할 수도 있다.

bello　－ bell + issimo : bellissimo [벨리씨모] = molto bello [몰또 벨로]

bella　－ bell + issima : bellissima [벨리씨마] = molto bella [몰또 벨라]

caro　　－ car + issimo : carissimo [까리씨모] = molto caro [몰또 까로]

cara　　－ car + issima : carissima [까리씨마] = molto cara [몰또 까라]

* molto는 부사이기 때문에 형태가 변하지 않는다.

특수한 형태의 비교급 및 최상급을 갖는 형용사

	비교급	상대적 최상급	절대적 최상급
buono [부오노]	migliore [밀리오레]	il migliore [일 밀리오레]	ottimo [오띠모]
cattivo [까띠보]	peggiore [뻬조레]	il peggiore [일 뻬조레]	pessimo [뻬씨모]
grande [그란데]	maggiore [마조레]	il maggiore [일 마조레]	massimo [마씨모]
piccolo [삐꼴로]	minore [미노레]	il minore [일 미노레]	minimo [미니모]

1 빈칸에 알맞은 낱말을 넣으세요.

1. Luglio è _____ caldo _____ Giugno.

2. Lucia è meno simpatica _____ bella.

3. Maria è _____ giovane _____ sorelle.

2 다음 단어의 뜻을 써 보세요.

1. bicicletta _____   2. autobus _____

3. famoso _____   4. incredibile _____

5. mela _____   6. totale _____

3 주어진 단어를 올바른 어순으로 배열하세요.

1. Corea / più / famoso / lui / è / il / italiano / in

   _____

2. frutta / fresca / questa / è / ? _____

3. più / è / una / intelligenti / Maria / degli / studenti

   _____

정답

1 più, di / che / la più, delle **2** 자전거 / 버스 / 유명한 / 믿을 수 없는 / 사과 / 전체의

3 Lui è il più famoso italiano in Corea. / Questa frutta è fresca? /

Maria è una degli studenti più intelligenti.

Contrario 꼰트라리오 **반대말 1**

grande ⟷ **piccolo**
그란데 **크다**   삐꼴로 **작다**

pesante ⟷ **leggero**
뻬산떼 **무거운**   레쩨로 **가벼운**

largo ⟷ **ristretto**
라르고 **넓은**   리스트렛또 **좁은**

lontano ⟷ **vicino**
론따노 **먼, 아득한**   비치노 **가까운**

luminoso ⟷ **buio**
루미노조 **밝다**   부이오 **어둡다**

veloce 벨로체 **빠른** ⟷ **lento** 렌또 **느린**

aprire ⟷ **chiudere**

아프리레 **열다**　　끼우데레 **닫다**

uscire ⟷ **entrare**

우쉬레 **나가다**　　엔트라레 **들어가다**

partire ⟷ **arrivare**

빠르띠레 **출발하다**　　아리바레 **도착하다**

salire ⟷ **scendere**

살리레 **올라가다**　　쉔데레 **내려가다**

nascere ⟷ **morire**

나쉐레 **태어나다**　　모리레 **죽다**

andare ⟷ **venire**

안다레 **가다**　　베니레 **오다**

기본 회화

A Quale vestito compri?

꽐레 베스띠또 꼼쁘리?

B Non so…. Questo è bello, però il colore non mi convince.

논 소 꾸에스토 에 벨로 뻬로 일 꼴로레 논 미 꼰빈체

A E quello in vetrina non ti piace?

에 꿸로 인 베트리나 논 띠 삐아체?

B Sì, è un bel vestito, ma troppo elegante.

씨 에 운 벨 베스띠또 마 뜨로뽀 엘레간떼

A Perché allora non prendi una gonna?

뻬르께 알로라 논 쁘렌디 우나 곤나?

B Questa è troppo corta.

꾸에스따 에 뜨로뽀 꼬르따

A E quella là bianca? È molto bella.

에 꿸라 라 비안카 에 몰또 벨라

B Va bene, adesso la provo.

바 베네 아뎃소 라 쁘로보

A : 어떤 옷을 살 거니?

B : 모르겠어…. 이건 예쁜데 색깔을 잘 모르겠어.

A : 쇼윈도에 있는 건 맘에 안 드니?

B : 응, 멋진 옷이지만 너무 우아하잖아.

A : 그럼 치마를 입어보는 건 어때?

B : 이건 너무 짧아.

A : 저기 흰색은? 정말 예쁜데.

B : 좋아, 지금 그걸 입어볼게.

vestito ⓜ 옷

compri 사다 (comprare 동사의 tu 변화형)

colore ⓜ 색깔

convince 설득하다, 납득시키다

vetrina ⓕ 진열장, 쇼윈도

troppo 너무

elegante 우아한

gonna ⓕ 치마

corto (길이) 짧은

bianco/a ⓕ 흰색

provo 시도하다, 시험 삼아 입어보다 (provare 동사의 io 변화형)

해 설

◆ comprare

comprare 동사의 현재 변화형

인칭	comprare 사다, 구입하다
io	compro [꼼쁘로]
tu	compri [꼼쁘리]
lui / lei / Lei	compra [꼼쁘라]
noi	compriamo [꼼쁘리아모]
voi	comprate [꼼쁘라떼]
loro / Loro	comprano [꼼쁘라노]

◆ Perché allora non prendi una gonna?

Perché non 은 권유를 나타내는 것으로 '~하는 게 어때?'라는 뜻이다.

Perché non vieni questa sera?   오늘 밤에 오는 게 어때?
[뻬르께 논 비에니 꾸에스타 세라]

Perché non prendi un caffè? [뻬르께 논 프렌디 운 까페]   커피를 마시는 게 어때?

◆ **di + 재료명 : ~로 만들어진**

di cotone [디 꼬토네]   면
    lana [라나]   양모
    seta [세타]   실크
    pelle [뺄레]   가죽
    nylon [나일론]   나일론

Io compro una borsa di pelle. [이오 꼼쁘로 우나 보르사 디 뺄레]   나는 가죽 가방을 산다.
Ha un cappello di lana fatto a mano.   그는 수제 모직 모자를 가지고 있다.
[아 운 까뺄로 디 라나 팟또 아 마노]   * fatto a mano 수제, 손으로 만든

◆ **il colore non mi convince.**

convincere 동사는 '설득하다', '납득시키다'라는 뜻을 가지고 있다. 본문의 문장을 직역하
면 '이 색은 나를 설득하지 않는다'인데 '잘 모르겠다', '확신할 수 없다'라는 의미가 된다.

Amo questa maglietta ma il colore non mi convince.
[아모 꾸에스타 말리에따 마 일 꼴로레 논 미 꼰빈체]   이 셔츠가 맘에 들지만 색깔은 잘 모르겠어.

◆ **성질 형용사 bello의 형태**

bello는 '아름다운', '멋진', '훌륭한'이라는 뜻의 형용사로 꾸며주는 명사에 따라 형태가 달라
진다.

① 명사 앞에서 수식할 때 정관사 형태와 동일하게 변화한다.

	s + 자음	남성자음 앞	남성모음 앞	여성단수 앞	여성모음 앞
	lo	il	l'	la	le
단수	bello	bel	bell	bella	bell'
복수	begli	bei	begli	belle	belle

Maria ha un bel gatto. [마리아 아 운 벨 가또]   마리아는 예쁜 고양이를 가지고 있다.

La città di Roma ha un bello stadio.   로마에는 멋진 경기장이 있다.
[라 치따 디 로마 아 운 벨로 스타디오]

Nel mio giardino c'è un bell'albero.   나의 정원에는 멋진 나무가 있다.
[넬 미오 자르디노 체 운 벨랄베로]

Ci sono dei bei fiori in giardino.   정원에 예쁜 꽃들이 있다.
[치 소노 데이 베이 피오리 인 자르디노]

Sono tutti begli uomini intorno ai vent'anni.
[소노 뚜띠 벨리 우오미니 인또르노 아이 벤딴니]   그들은 모두 20대 초반의 잘생긴 남자들이다.

② 명사 뒤나 essere 동사 뒤

	남성	여성
단수	bello	bella
복수	belli	belle

La macchina è bella. [라 마끼나 에 벨라]   차가 멋지다.

Leggo un libro bello. [레꼬 운 리브로 벨로]   나는 재밌는 책을 읽는다.

Conosci quella ragazza bella?   너는 저기 예쁜 여자애를 아니?
[꼬노쉬 꿸라 라가짜 벨라]

◆ **troppo**

'지나치게 많은'이라는 의미이며 부정대명사, 형용사로 사용한다.

C'e troppo traffico sulle strada.   길에 교통체증이 너무 심하다.
[체 뜨로뽀 트라피꼬 술레 스트라다]

Lui mangia sempre troppo. [루이 만쟈 쎔쁘레 뜨로뽀]   그는 항상 너무 많이 먹는다.

Ci sono troppe persone. [치 소노 뜨로뻬 뻬르소네]   너무 많은 사람들이 있다.

Ha troppa responsabilità. [아 뜨로빠 레스폰사빌리따]   그는 너무 많은 책임을 가지고 있다.

응용 회화

A Quale camicetta compri?

꽐레 까미체따 꼼쁘리?

B Non so···. Il colore di questa è bello, ma il modello
non mi piace.

논 소··· 일 꼴로레 디 꾸에스타 에 벨로 마 일 모델로 논 미 삐아체

A Preferisci questa a fiori o questa gialla?

프레페리쉬 꾸에스따 아 피오리 오 꾸에스따 잘라?

B Ho già una camicetta come questa a fiori.

오 쟈 우나 까미체따 꼬메 꾸에스따 아 피오리

A Allora provi questa gialla. Che taglia è?

알로라 프로비 꾸에스따 잘라 께 딸리아 에?

B La quarantadue.

라 꽈란따두에

A Che bell'abito! È elegantissimo.

께 벨 아비또! 에 엘레간띠씨모

A : 어떤 블라우스를 살 거니?

B : 모르겠어···. 이건 색상이 예쁜데 디자인이 맘에 들지 않아.

A : 꽃무늬와 노란색 중 어떤 걸 선호하니?

B : 나는 이미 꽃무늬와 같은 것이 있어.

A : 그럼 노란색을 입어봐. 사이즈가 뭐야?

B : 42 사이즈야.

A : 멋진 옷이야! 정말 우아하구나.

modello ⓜ 모델, 디자인

fiori ⓜ 꽃 (fiore의 복수형)

camicetta ⓕ 블라우스

giallo/a 노란색

già 이미, 벌써

come ~처럼, ~와 같은

taglia ⓕ 사이즈, 치수

elegantissimo 매우 우아한 (elegance의 최상급)

해 설

◆ **치수(사이즈) 묻고 답하기**

치수를 물을 때는 Che taglia è?라 하고 이에 대한 대답으로는 La + 숫자 / una + 숫자,
혹은 La taglia + 숫자로 답한다.

Che taglia è ? [께 딸리아 에]   치수가 뭐야?

Forse la 40. ho paura che la 40 sia piccola.

[포르세 라 꽈란따 오 빠우라 께 라 꽈란따 시아 삐꼴라]   아마도 40? 40 사이즈가 작을까 걱정이야.

그 밖의 표현들

Che misura ha? [께 미주라 아]   치수가 뭐예요?

Ho la (taglia) 42. [오 라 (딸리아) 꽈란따두에]   42입니다.

Che taglia porta? [께 딸리아 뽀르따]   어떤 치수를 가져다 드릴까요?

Porto la Small, la Medium, la Large.   스몰, 미디엄, 라지를 가져다주세요.

[뽀르또 라 스몰 라 메디움 라 라지]

Che numero di scarpe ha? [께 누메로 디 스까르페 아]   신발 사이즈가 뭐예요?

Ho il (numero) 37. [오 일 (누메로) 뜨렌따셋떼]   37입니다.

◆ **camicetta a fiori**

'∼한 무늬'라고 할 때 〈a + 형태〉를 나타내는 형용사로 표현한다.

gonna a fiori [곤나 아 피오리] 꽃무늬 치마

        a righe [곤나 아 리게]   줄무늬 치마

        a quadretti [곤나 아 꾸아드레띠]   바둑판 무늬 치마

        a scacchi [곤나 아 스카끼]   체크무늬(격자무늬) 치마

◆ **Che bell'abito!**

의문형용사 che는 의문사를 이끄는 의문형용사뿐만 아니라 감탄 형용사로도 사용된다.

Che + 형용사 + 명사!

Che bella notizia! [께 벨라 노띠찌아] 참 좋은 소식이구나!

Che bel vestito! [께 벨 베스띠토] 참 멋진 옷이구나!

◆ **È elegantissimo**

형용사 + issimo : 형용사의 마지막 모음을 없애고 –issimo를 붙이면 어떤 다른 대상과 비교되지 않는 절대적인 최상급이 된다. 성·수에 따라 형태가 변하는 점에 주의해야 한다.

	남성 단수	/ 여성 단수	/ 남성 복수	/ 여성 복수	
alto –	altissimo	/ altissima	/ altissimi	/ altissime	아주 높은
bello –	bellissimo	/ bellissima	/ bellissimi	/ bellissime	아주 멋진

Questo vestito è bellissimo. [꾸에스토 베스띠토 에 벨리씨모] 이 옷은 아주 멋지다.

Quella ragazza è bellissima. [꿸라 라가짜 에 벨리씨마] 저 소녀는 매우 아름답다.

Sono signorine bellissime. [소노 시뇨리네 벨리씨메] 아주 아름다운 아가씨들이다.

1 ( )에 주어진 동사를 알맞게 변형시키세요.

1. Maria _____ questa gonna. (provare)

2. Tu _____ questa a fiori o questa gialla? (preferire)

3. Quale vestito _____? (comprare)

4. Loro _____ una borsa. (comprare)

2 다음 단어의 뜻을 써 보세요.

1. vetrina _____   2. gonna _____

3. elegante _____   4. bianco _____

5. camicetta _____   6. giallo _____

3 주어진 단어를 바른 어순으로 나열하세요.

1. già / come / fiori / ho / una / camicetta / questa / a _____

2. questo / benissima / stai / vestito! / con _____

3. è / questa / corta / troppo _____

정답

1 prova / preferisci / compri / comprano

2 진열장, 쇼윈도 / 치마 / 우아한 / 흰색 / 블라우스 / 노란색

3 Ho già una camicetta come questa a fiori. / Stai benissima con questo vestito! / Questa è troppo corta.

Abito 아비또, Vestito 베스띠또 옷

camicia 까미챠 (f)
와이셔츠

t-shirt 티셔츠 (f) ,
maglietta 말리에따 (f)
티셔츠

camicetta 까미쳇타 (f)
블라우스

maglione 말리오네 (m)
스웨터

gonna 곤나 (f)
치마, 스커트

pantaloni
빤딸로니 (mpl) 바지

vestito 베스띳또 (m)
원피스

giubbotto 주뽀또 (m)
점퍼, 재킷

gilet 질레트 (m) 조끼

pigiama 피자마 *m*
잠옷

costume da bagno
코스투메 다 바뇨 *m* 수영복

calze 깔제 *fpl* 양말

mutande 무탄데 *f*
팬티

sciarpa 샤르빠 *f*,
foulard 폴라드 *m* 스카프

scarpe in pelle
스까르뻬 인 뻴레 *m* 가죽 구두

guanti 구안띠 *mpl* 장갑

cintura 친뚜라 *f*
벨트

cravatta
크라밧따 *f* 넥타이

A che ora ti svegli?

기본 회화

A A che ora ti svegli alla mattina?

아 께 오라 띠 즈벨리 알라 마띠나?

B Mi sveglio alle 6.30

미 즈벨리오 알레 세이 에 뜨렌따

A Ti alzi subito?

띠 알지 수비또?

B Si, mi alzo subito, mi lavo e faccio la colazione.

씨 미 알조 수비또 미 라보 에 파쵸 라 꼴라지오네

A Ti fai la barba tutte le mattine?

띠 파이 라 바르바 뚜떼 레 마띠네?

B No, mi faccio la barba tre volte alla settimana.

노 미 파쵸 라 바르바 뜨레 볼떼 알라 세띠마나

A : 아침에 몇 시에 잠에서 깨니?

B : 6시 반에 깨.

A : 곧바로 일어나니?

B : 그래, 곧바로 일어나서 씻고 아침을 먹어.

A : 넌 매일 아침마다 면도하니?

B : 아니, 일주일에 3번 해.

svegliarsi 잠에서 깨다, 눈뜨다

alzarsi 일어나다

subito 곧

colazione **f** 아침 식사

fare la colazione 아침 식사하다

barba **f** 수염

farsi la barba 면도하다

해설

◆ **재귀동사**

재귀동사는 동사의 행위가 주어, 즉 동작을 하는 사람 스스로에게 영향을 미치는 동사이다.
재귀동사의 형태는 일반 동사의 변형 앞에 재귀대명사인 mi, ti, si, ci, vi, si 가 온다.

alzarsi의 현재 변화형

인칭	alzarsi
io	mi alzo [미 알조]
tu	ti alzi [띠 알지]
lui / lei / Lei	si alza [시 알자]
noi	ci alziamo [치 알지아모]
voi	vi alzate [비 알자떼]
loro / Loro	si alzano [시 알자노]

주요 재귀동사

svegliarsi [즈벨리아르시] 잠에서 깨다
Mi sveglio tardi. [미 즈벨리오 따르디] 나는 늦게 잠에서 깼다.

alzarsi [알자르시] 일어나다
lui si alza presto. [루이 시 알자 프레스토] 그는 빨리 일어난다.

addormentarsi [아도르멘따르시] 잠들다
A che ora ti addormenti? [아 께 오라 띠 아도르멘띠] 몇 시에 잠드니?

pettinarsi [뻬띠나르시] 빗질하다(머리 빗다)
Mi pettino ogni sera. [미 뻬띠노 온니 세라] 매일 저녁 머리를 빗는다.

vestirsi [베스띠르시] 옷을 입다
Mi vesto bene. [미 베스토 베네] 나는 옷을 잘 입는다.

farsi la barba [파르시 라 바르바] 면도하다
Prima di uscire mi faccio la barba. 나가기 전에 면도를 한다.
[프리마 디 우쉬레 미 파쵸 라 바르바]   * prima di + 동사원형 : ~하기 전에

lavarsi [라바르시] 씻다
Ci laviamo i denti tre volte al giorno. 우리들은 하루에 3번 이를 닦는다.
[치 라비아모 이 덴띠 뜨레 볼떼 알 조르노]

arrabbiarsi [아라비아르시] 화나다
Perché ti arrabbi? [뻬르께 띠 아라비] 넌 왜 화가 났니?

innamorarsi [인나모라르시] 사랑에 빠지다
Noi ci siamo innamorati subito. 우리는 곧바로 사랑에 빠졌다.
[노이 치 시아모 인나모라띠 수비토]

sposarsi [스포자르시] 결혼하다
Maria e Giulio si sposano a gennaio. 마리아와 줄리오는 1월에 결혼한다.
[마리아 에 줄리오 시 스포자노 아 제나이오]

incontrarsi [인꼰뜨라르시] 만나다

Ci incontriamo alle 7. [치 인꼰뜨리아모 알레 셋떼] 7시에 만나자.

◆ 횟수 말하기

숫자	volta	al giorno	하루에 ~번
		alla settimana	일주일에 ~번
	volte	al mese	한달에 ~번

횟수를 묻는 질문에 대한 대답 또는 '하루에 ~번', '일주일에 ~번', '한 달에 ~번' 등 횟수를
말할 때는 volta/volte 를 사용한다.

Quante volte ti lavi le mani al giorno? 너는 하루에 몇 번 손을 씻니?
[꽌떼 볼떼 띠 라비 레 마니 알 조르노]

Mi lavo una volta al giorno. [미 라보 우나 볼따 알 조르노] 하루에 한 번 씻어.

Mi lavo due volte al giorno. [미 라보 두에 볼떼 알 조르노] 하루에 두 번 씻어.

Vado in palestra tre volte alla settimana. 일주일에 세 번 헬스장에 간다.
[바도 인 팔레스트라 뜨레 볼떼 알라 세띠마나]

Vado in palestra quattro volte al mese. 한 달에 네 번 헬스장에 간다.
[바도 인 팔레스트라 꽈트로 볼떼 알 메제]

Vado in palestra cinque volte all'anno. 일 년에 다섯 번 헬스장에 간다.
[바도 인 팔레스트라 친꿰 볼떼 알란노]

응용 회화

A Di solito a che ora ti alzi la mattina?

디 솔리또 아 께 오라 띠 알지 라 마띠나?

B Verso alle 6 o 6.30.

베르소 알레 세이 오 세이에 뜨렌따

A Perché ti alzi così presto?

뻬르께 띠 알지 꼬지 프레스또?

B Perché ci vogliono almeno due ore per alzarmi,

뻬르께 치 볼리오노 알메노 두에 오레 뻬르 알자르미

fare colazione, truccarmi e vestirmi.

파레 꼴라지오네 뚜르까르미 에 베스띠르미

A : 보통 아침에 몇 시에 일어나니?

B : 6시나 6시 반쯤에.

A : 왜 그렇게 일찍 일어나니?

B : 왜냐하면 일어나서 씻고 아침식사를 하고 화장하고
옷을 입는데 적어도 두 시간이 걸려.

di solito 보통

verso ~경에

o 혹은, ~이나

Verso le 6 6시쯤

presto 이른, 빠른

almeno 적어도

fare colazione 아침식사를 하다

truccarsi 화장하다

vestirsi (옷을) 입다

해설

◆ **Verso alle 6 o 6.30**

Verso + 정관사 + 시간 : ~경에, ~쯤에

Ci vediamo verso alle 7. [치 베디아모 베르소 알레 셋떼]   7시쯤에 보자.

Le lezioni cominciano verso le 9.00 di mattina.   아침 9시 경에 수업이 시작한다.
[레 레지오니 꼬민치아노 베르소 레 노베 디 마띠나]

◆ **재귀동사의 부정문**

〈non + 재귀대명사 + 동사〉의 형태로, 일반 동사처럼 동사 앞에 non을 붙이면 된다.

A : Ti turchi sempre? [띠 뚜르끼 쎔쁘레]   넌 항상 화장을 하니?

B : No, non mi trucco. [노 논 미 뚜르꼬]   아니, 난 화장을 안 해.

◆ **vestirsi와 mettersi**

두 단어 모두 '옷을 입다'이지만 mettersi는 목적어 없이는 '옷을 입다'라는 뜻이 될 수 없다.
따라서 mettersi 동사를 사용할 때는 반드시 바지 · 치마 · 모자 등 의류를 나타내는 목적어
가 따라와야 한다.

또한 mettere 동사의 경우 재귀 형태의 mettersi가 되면 옷을 입는 동사의 행위가 강조되는 반면 mettere를 사용하면 '옷을 입고 다니다'라는 상태를 나타낸다.

Luca si veste.[루까 시 베스떼] 루카는 옷을 입는다.
Luca si mette le scarpe nere.[루까 시 메떼 레 스까르페 네레] 루카는 검정색 구두를 신는다.
Luca mette il piagiama.[루까 메떼 일 피아쟈마] 루카는 잠옷을 입고 있다.

togliersi와 spogliarsi : 옷을 벗다
앞에서 살펴본 '옷을 입다'라는 단어와 마찬가지로 togliersi와 spogliarsi는 목적어의 유무에 따라 큰 차이를 보인다. spogliarsi는 목적어가 필요 없는 반면 togliersi는 목적어가 반드시 필요하다.

Maria si spoglia.[마리아 시 스폴리아] 마리아는 옷을 벗는다.
Maria si toglia la sciarpa.[마리아 시 똘리아 라 샤르파] 마리아는 스카프를 벗는다.

Ciao Italy

1 ( )에 주어진 동사를 알맞게 변형시키세요.

1. Mi _____ subito, mi _____ e _____ la colazione.

   (alzare, lavare, fare)

2. Ti _____ la barba tutte le mattine. (fare)

3. A che ora ti _____ la mattina? (alzare)

2 다음 단어의 뜻을 써 보세요.

1. presto _____   2. almeno _____

3. di solito _____   4. svegliarsi _____

5. fare la colazione _____   6. farsi la barba _____

3 주어진 단어를 바른 어순으로 나열하세요.

1. sempre / ti / turchi _____

2. così / ti / perché / alzi / presto? _____

3. verso / ci / alle / vediamo / 7 _____

정답

1 alzo, lavo, faccio / fai / alzi

2 이른, 빠른 / 적어도 / 보통 / 잠에서 깨다, 눈뜨다 / 아침식사 하다 / 면도하다

3 Ti turchi sempre. / Perché ti alzi così presto? / Ci vediamo verso alle 7.

Contrario 꼰뜨라리오 **반의어 2**

felice 펠리체 ↔ **triste** 뜨리스떼
기쁜　　　　　　　　슬픈

costoso 코스토조 ↔ **economico** 에코노미
고가의, 값비싼　　　　저가의, 값싼

alto 알토 높다 ↔ **basso** 밧소 낮다

ricco 리꼬 부유한 ↔ **povero** 뽀베로 가난한

difficile 디피칠레 ↔ **facile** 파칠레
어려운　　　　　　　쉬운

diligente 딜리젠떼 ↔ **pigro** 피그로
부지런한　　　　　　게으른

caldo 깔도 ↔ **freddo** 프레도
더운 　　　　　추운

magro 마그로 ↔ **grasso** 그랏소
여윈, 마른 　　　　뚱뚱한

secco 쎄꼬　마른, 건조한 ↔ **bagnato** 바냐또　젖은

pulito 뿔리또　깨끗한 ↔ **sporco** 스포르꼬　더러운

Come hai passato il fine settimana?

기본 회화

A Che brutto lunedi!

께 부루또 루네디!

Come hai passato il fine settimana?

꼬메 아이 빠싸또 일 피네 세띠마나?

B Mah, niente di speciale.

마 니엔떼 디 스페챨레

Sono rimasto a casa tutto il giorno,

소노 리마스토 아 까자 뚜또 일 조르노

ho letto un libro e ho dormito moltissimo!

오 렛또 운 리브로 에 오 도르미또 몰띠씨모!

A Io e mia moglie siamo andati per due giorni dai

suoi genitori e siamo tornati ieri sera alle 11.

이오 에 미아 모리에 시아모 안다띠 뻬르 두에 조르니 다이 수오이 제니토리 에 시아모 또르나띠 이에리 세라 알레 운디치

Sono stanchissimo!

소노 스딴끼씨모!

A : 힘든 월요일이야! 주말은 어떻게 보냈니?
B : 특별한 건 없어. 나는 하루 종일 집에 있었어. 책을 읽고
    많이 잤어.
A : 나와 내 아내는 그녀의 부모님 댁에 이틀간 갔었고 우리
    는 어제 저녁 11시에 돌아왔어. 나는 너무 피곤해!

새 단어

passato 보내다 (passare 동사의 과거분사형)

niente 전혀

speciale 특별한

rimasto 남아 있다 (rimanere 동사의 과거분사형)

letto 읽다 (leggere 동사의 과거분사형)

dormito 자다 (dormire 동사의 과거분사형)

moglie ⓕ 아내

andati 가다 (andare 동사의 과거분사형)

tornati 돌아오다 (tornare 동사의 과거분사형)

stanchissimo 매우 피곤한 (stanco의 최상급)

해 설

◆ **Come hai passato il fine settimana?**

hai passato는 가까운 과거를 나타낼 때 사용하는 직설법 근과거로 구어체에서 가장 많이 쓰이는 과거 시제이다.

동사의 종류	직설법 근과거
목적어가 필요한 타동사	avere 동사 + 과거분사형
목적어가 필요 없는 자동사	essere 동사 + 과거분사형

essere 동사 + 과거분사형으로 과거 시제를 나타낼 때는 반드시 성·수를 일치시켜야 한다.

Sono andato al mare. [소노 안다또 알 마레] 나는 바다에 갔다. (남성)

Sono andata al mare. [소노 안다따 알 마레] 나는 바다에 갔다. (여성)

Maria e Lucia sono andate al mare. 마리아와 루치아는 바다에 갔다.
[마리아 에 루치아 소노 안다떼 알 마레]

Maria e Marco sono andati al mare. 마리아와 마르코는 바다에 갔다.
[마리아 에 마르코 소노 안다띠 알 마레]

◆ 과거분사형 만들기

동사의 종류	과거분사의 형태	예시
-are 동사	-ato	passare → passato
-ere 동사	-uto	dovere → dovuto
-ire 동사	-ito	dormire → dormito

규칙 동사인 경우는   -are 동사 : ato

-ere 동사 : uto

-ire 동사 : ito

로 변하지만 불규칙 동사인 경우는 그 형태가 다양하여 반드시 암기해야 한다.

passare : passato 보내다

Ho passato dei tempo con la famiglia.   나는 가족과 함께 시간을 보냈다.

[오 빠싸또 데이 뗌뽀 꼰 라 파밀리아]

dovere : dovuto 해야 한다

Ha dovuto partire per l'America.   그는 미국으로 떠나야만 했다.

[아 도부또 빠르띠레 뻬르 라메리카]

dormire : dormito 자다

Non ho dormito nulla. [논 오 도르미또 눌라]   난 전혀 못 잤어.

◆ 불규칙 동사의 과거분사형

leggere : letto 읽다

Ho letto un libro davvero interessante.   난 정말 흥미로운 책을 읽었다.

[오 렛또 운 리브로 다베로 인떼레싼떼]

rimanere : rimasto 남다

Perché sei rimasto a casa da solo ieri sera?

[뻬르께 세이 리마스토 아 까자 다 솔로 이에리 세라]   어제 저녁 왜 혼자 집에 남아 있었니?

bere : bevuto 마시다

Ieri sera ho bevuto troppo. [이에리 세라 오 베부또 뜨로뽀]　어제 저녁 너무 많이 마셨어.

chiedere : chiesto 요구하다, 부탁하다

Cosa ti ha chiesto? [꼬자 띠 아 끼에스토]　그가 너에게 뭘 부탁했니?

Mi ha chiesto di aiutarlo. [미 아 끼에스토 디 아이우따를로]　그를 도와달라고 부탁했어.

chiudere : chiuso 닫다

Hai chiuso la porta? [아이 끼우조 라 뽀르따]　문을 닫았니?

dire : detto 말하다

Cosa hai detto? [꼬자 아이 뎃또]　뭐라고 말했니?

fare : fatto 하다

Abbiamo fatto delle vacanze in Napoli.

[아비아모 파또 델레 바깐제 인 나폴리]　우리는 나폴리에서 휴가를 보냈다.

morire : morto 죽다

Mio nonno è morto due anni fa.　내 할아버지는 2년 전에 돌아가셨다.

[미오 논노 에 모르또 두에 안니 파]

nascere : nato 태어나다

In che mese sei nato? [인 께 메제 세이 나또?]　몇 월에 태어났니?

Sono nato in marzo. [소노 나토 인 마르조]　2월에 태어났어.

scrivere : scritto 쓰다

Ti ho scritto una lettera. [띠 오 스크리또 우나 레떼라]　너에게 편지를 한 장 썼어.

venire : venuto

Siamo venuti qua in vacanza anche l'anno scorso.

[시아모 베누띠 꾸아 인 바깐자 안께 란노 스코르소]　우린 작년에도 휴가로 이곳에 왔었어요.

◆ **niente di speciale**

⟨Niente di + 형용사⟩는 '~한 것이 없다'라는 의미로 사용된다.

Niente di grave. [니엔떼 디 그라베]   심각한 것이 없다.
        di importante. [니엔떼 디 임뽀르딴떼]   중요한 것이 없다.
        di nuovo. [니엔떼 디 누오보]   새로운 것이 없다.

◆ **per due giorni**

전치사 per는 시간이 지속되는 것을 나타내며 '~동안', '동안에'의 뜻을 가진다.

Ho studiato per 2 ore. [오 스투디아토 뻬르 두에 오레]   나는 2시간 동안 공부했다.
Puoi stare qui per 2 settimane.   너는 여기 2주 동안 머물 수 있어.
    [뿌오이 스타레 뀌 뻬르 두에 세띠마네]

Ciao Italy

이탈리아 문학1

이탈리아 문학은 라틴어 문학의 영향을 받아 생성되었다. 초기에는 종교적 색채를 띤 작품들이 주류를 이루었다. 13세기 중엽 이탈리아 문학의 중심적인 서사시이자 중세 문학의 위대한 작품인 단테의 《신곡(La Divina Commedia)》이 등장한다. 지옥 · 연옥 · 천국 등 세 편으로 나누어진 《신곡》은 모두 100곡으로 이루어진 3연체(terza rima) 정형시이다.

단테에 이어 이 시기 괄목할 만한 업적을 남긴 인물로 페트라르카를 들 수 있다. 르네상스 운동의 선구자로 불리는 페트라르카의 작품으로는 《칸초니에레(canzoniere)》, 《서간문》, 《승리》 등이 있다. 《칸초니에레》는 그가 사랑하던 라우라에게 바치는 시를 모은 것으로 근대 서사시의 기초가 되었다.

페트라르카가 시작한 인문주의 운동은 보카치오에게 전승되었다. 그의 대표작품인 《데카메론》은 단테의 《신곡》과 대비된다. 단테의 작품이 천상의 노래라 한다면 보카치오의 작품은 지상의 노래라 할 수 있다. 10일간의 이야기라는 의미의 데카메론은 당시대의 현실과 인간의 현실을 있는 그대로 재현하고 있다.

응용 회화

A Dove sei andata in vacanza l'anno scorso?

도베 세이 안다따 인 바깐자 란노 스코르소?

B Sono andata in Italia.

소노 안다따 인 이탈리아

A Con chi sei andata?

꼰 끼 세이 안다따?

B Sono andata con i miei amici.

소노 안다따 꼰 이 미에이 아미치

A Ti sei divertita?

띠 세이 디베르띠따?

B Si, moltissimo, ho conosciuto molti italiani e ho visitato molti musei. Voglio andare di nuovo.

씨 몰띠씨모 오 꼬노슈또 몰띠 이탈리아니 에 오 비지따또 몰띠 무제이 볼리오 안다레 디 누오보

A : 작년에 휴가를 어디로 다녀왔니?
B : 이탈리아에 갔었어.
A : 누구랑 갔었니?
B : 친구들이랑 갔었어.
A : 재밌었어?
B : 응 매우, 이탈리아 사람들도 많이 알게 되었고
　　많은 박물관도 갔었어. 또 가고 싶어.

vacanza **f** 휴가, 바캉스

anno scorso **m** 작년

divertita 재미나게 하다, 놀다 (divertirsi 동사의 과거 분사형)

conosciuto 알다 (conoscere 동사의 과거분사형)

visitato 방문하다 (visitare 동사의 과거분사형)

museo **m** 박물관 (musei **mpl**)

di nuovo 다시 한 번

해 설

◆ **Con chi sei andata?**

항상 사람에게만 사용되는 의문대명사 chi 가 '~와 함께'라는 뜻을 가진 전치사 con 과 결합하여 '누구와 함께'라는 의미로 사용된다.

Con chi vai? [꼰 끼 바이] 누구와 함께 가니?

Con chi sei andato? [꼰 끼 세이 안다또] 누구랑 함께 갔니?

Con chi stai? [꼰 끼 스타이] 누구와 함께 있니?

Con chi sei stato? [꼰 끼 세이 스타또] 누구랑 함께 있었니?

★ **전치사 con**

① 동반을 나타내는 con : ~와 함께

Vado a Milano con mio fratello. 나의 형과 함께 밀라노에 간다.

[바도 아 밀라노 꼰 미오 프라텔로]

② 수단을 나타내는 con

Vengo a scuola con l'autobus. 나는 버스로 학교에 온다. 〈교통수단〉

[벤고 아 스쿠올라 꼰 라우토부스]

Legge il giornale con gli occhiali. ⟨~을 가지고, 이용하여⟩

[레쩨 일 조르날레 꼰 리 오끼알리] 　그는 안경을 끼고 신문을 읽는다.

③ 방식을 나타내는 con : ~로, ~하게

Devi ascoltare con attenzione. 　너는 주의 깊게 들어야 한다.

[데비 아스꼴따레 꼰 아뗀지오네]

④ 원인을 나타내는 con

Non ho voglia di uscire con questa pioggia.

[논 오 볼리아 디 우쉬레 꼰 꾸에스타 삐오자] 　이 비 때문에 난 밖에 나가고 싶지 않아.

⑤ 품질 또는 특성을 나타내는 con

Conosci quella ragazza con i capelli lunghi? 　긴 머리의 저 소녀를 아니?

[꼬노쉬 꿸라 라가짜 꼰 이 까뺄리 룬기]

Ho comprato un paio di scarpe con tacco alto.

[오 꼼쁘라토 운 빠이오 디 스카르페 꼰 따꼬 알토] 　나는 굽이 높은 구두 한 켤레를 샀다.

◆ **Ti sei divertita?**

재귀동사의 근과거는 항상 essere + 과거분사형이고 항상 성 · 수를 일치시켜야 한다.

　Mi sono laureato/a a giugno. [미 소노 라우레아또/따 아 주뇨] 　나는 6월에 졸업했다.

　Lui è alzato alle 6. [루이 에 알자토 알레 세이] 　그는 6시에 일어났다.

　Ci siamo divertiti ieri. [치 시아모 디베르띠띠 이에리] 　우리는 어제 즐겁게 놀았다.

◆ **molti**

'많은 이'라는 뜻으로 부정형용사, 대명사로 사용하며 성과 수에 따라 변화한다.

	남성	여성
단수	molto	molta
복수	molti	molte

복수 Molti로 사용될 경우 '많은 사람들', '많은 것들'로 사물이나 사람을 가리킬 수 있다.

Oggi c'è molta neve. [옷지 체 몰따 네베] 오늘 많은 눈이 온다.

Ho incontrato molti amici durante il mio viaggio.
[오 인꼰뜨라또 몰띠 아미치 두란떼 일 미오 비아조] 나는 여행 중에 많은 친구를 만났다.

Ha comprato molta frutta. [아 꼼쁘라또 몰따 프룻따] 그는 많은 과일을 샀다.

Avete molti compiti oggi? [아베떼 몰띠 꼼삐띠 옷지] 너희들은 오늘 숙제가 많니?

 Ciao Italy

이탈리아 경제의 중심지, 밀라노

로마가 이탈리아의 행정적 수도라면 밀라노는 경제적 수도라 할 만큼 이탈리아 경제의 중심지이다. 밀라노에는 중앙주식시장, 주요 은행의 본점, 여러 대기업의 본사가 집중되어 있으며, 시외곽에서부터 북쪽 알프스 산맥을 따라 기계, 섬유, 의약, 자동차 등 수많은 공장이 들어서 있다. 유럽에서는 독일 다음으로 큰 제조업 산업단지를 이루고 있어 이탈리아 제조산업의 근간이다. 또한 밀라노 대성당, 라스칼라 극장 등 많은 문화재와 문화 시설이 있어 관광의 중심지이기도 하다. 밀라노에는 박물관과 미술관이 즐비하다.

평가 테스트

1 ( )에 주어진 동사를 근과거형으로 변형시키세요.

1. Io _____ con i miei amici. (andare)

2. Io e mia moglie _____ per due giorni. (andare)

3. Io _____ un libro. (leggere)

4. Io _____ moltissimo. (dormire)

5. Lui _____ molti italiani. (conoscere)

2 다음 단어의 뜻을 써 보세요.

1. vacanza _____   2. anno scorso _____

3. leggere _____   4. speciale _____

5. visitare _____   6. moglie _____

3 주어진 단어를 올바른 어순으로 나열하여 문장을 만드세요.

1. hai / fine settimana / il / passato / come / ? _____

2. chi / andata / sei / con / ? _____

3. visitato / musei / ho / molti _____

정답

1 sono andato/a // siamo andati // ho letto // ho dormito // ha conosciuto

2 휴가, 바캉스 / 작년 / 읽다 / 특별한 / 방문하다 / 아내

3 Come hai passato il fine settimana? / Con chi sei andata? / Ho visitato molti musei.

Città 치따 도시

ufficio 우피쵸 사무실

scuola 스꾸올라 ⓕ 학교

università 우니베르시따 ⓕ 대학교

banca 방카 ⓕ 은행

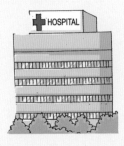

ospedale 오스뻬달레 ⓜ 병원

grande magazzino
그란데 마가지노 ⓜ 백화점

supermercato 수페르메르까또 ⓜ
슈퍼마켓

cinema 치네마 ⓕ 영화관

farmacia 파르마치아 ⓕ 약국

ristorante 리스또란떼 ⓜ 레스토랑

panetteria 빠네떼리아 ⓜ 제과점

negozio 네고지오 ⓜ 가게, 상점

edicola 에디꼴라 ⓕ (역, 광장) 매점, 가판대

parco 파르코 ⓜ 공원

기본 회화

A Che tipo è Lucia?

께 띠뽀 에 루치아?

B È simpatica e molto gentile.

에 심빠띠까 에 몰또 젠띨레

A E Antonio?

에 안토니오?

B È un po' nervoso, si arrabbia facilmente.

에 운 뽀 네르보조 시 아라비아 파칠멘떼

A : 루치아는 어떤 타입이야?

B : 그녀는 착하고 매우 친절해.

A : 안토니오는?

B : 좀 신경질적이야. 화를 쉽게 내.

새 단어

tipo *m* 타입	nervoso 신경질적인
simpatica 착한, 호감 가는 (simpatico의 여성형 형용사)	si arrabbia 화내다 (arrabbiarsi의 lui, lei 변화형)
gentile 친절한	facilmente 쉽게
un po' 조금	

해 설

◆ **성격을 나타내는 형용사**

antipatico/a [안띠파띠코/까]   비호감의

simpatico/a [심빠띠코/까]   착한, 호감 가는, 성격이 좋은

divertente [디베르뗀떼]   재미있는

spiritoso/a [스피리토조/자]   재치 있는

noioso/a [노이오조/자]   지루한

timido/a [띠미도/다]   수줍은

socievole [소치에볼레]   사교적인

arrogante [아로간떼]   오만한

umile [우밀레]   겸손한

scontroso/a [스꼰트로조/자]   심술궂은

nervoso/a [네르보조/자]   신경질적인

tranquillo/a [뜨란꾈로/라]   조용한

사람의 성격을 나타낼 때는 〈essere + 성격·특성을 나타내는 형용사〉로 표현하고 반드시
성·수를 일치시켜야 한다.

Mario è simpatico. [마리오 에 심빠띠코]   마리오는 친절하다.
Lucia è simpatica. [루치아 에 심빠띠까]   루치아는 친절하다.

◆ **facilmente**

형용사에 접미사 –mente를 붙이면 부사가 된다.

① 형용사 어미가 o로 끝나는 경우 o를 a로 바꾸고 mente를 붙인다.

certo [체르토] 분명한   →   certamente [체르따멘떼]   분명하게
vero [베로] 진짜의   →   veramente [베라멘떼]   정말로

② 형용사의 어미가 e로 끝나는 경우는 그대로 mente만 붙인다.

semplice[셈플리체] 간단한 → semplicemente[셈플리체멘떼] 간단하게

veloce[벨로체] 신속한 → velocemente[벨로체멘떼] 신속하게

* 단, 모음 + le, 모음 + re로 끝나는 경우는 e를 빼고 mente를 붙인다.

facile[파칠레] 쉬운 → facilmente[파칠멘떼] 쉽게

particolare[빠르띠꼴라레] 특별한 → particolarmente[빠르띠꼴라르멘떼] 특별히

Ciao Italy

이탈리아 문학2

16세기를 대표하는 이탈리아 문인은 아리오스토, 마키아벨리, 탓소 등이 있다. 근대 역사학과 정치학의 시조로 일컫는 마키아벨리는 군주론을 통해 산문체의 진수를 보여줄 뿐만 아니라 그 시대가 안고 있는 문제를 리얼리즘에 입각하여 분석·평가하고 미래의 지침을 설정하였다.

18세기에는 영국과 프랑스의 이성주의적 철학, 즉 계몽주의에 영향을 받게 된다. 19세기는 포스콜로, 레오파르디, 만초니 등을 비롯한 낭만주의적 시인들과 후반기의 베르가, 피란델로 등 진실주의 작가들에 의해 주도되었다.

20세기에는 미래주의, 황혼주의와 같은 전위운동뿐만 아니라 순수시 운동(ermetismo)과 신사실주의 소설이 주류를 이룬다. 순수시 운동을 대표하는 작가로는 웅가레티, 콰시모도, 몬탈레로 오늘에까지 지대한 영향력을 미치고 있다. 사실주의 소설을 대표하는 작가로는 모라비아, 파베제, 빗토리니 등이 있다. 이들은 모두 개인과 현실과의 단절로 인한 소외감이나 피해의식, 고독감을 작품에서 다루고 있다.

응용 회화

A **Hai conosciuto il nuovo capo?**
아이 꼬노슈또 일 누오보 까뽀?

B **L'ho visto ma non gli ho ancora parlato. Che tipo è?**
로 비스토 마 논 리 오 안꼬라 빠를라또 께 띠뽀 에?

A **Mah, non mi è per niente simpatico.**
마 논 미 에 뻬르 니엔떼 심빠띠꼬

B **Perché? Che è successo?**
뻬르께? 께 에 수챗소?

A **Ieri Lucia gli ha portato un documento sbagliato.**
이에리 루치아 리 아 뽀르따또 운 도꾸멘토 즈발리아또

Si è messo a urlare come un ossesso.
시 에 메쏘 아 우를라레 꼬메 운 오쎄쏘

A : 새로운 보스를 아니?

B : 그를 봤지만 아직 말은 안해 봤어. 어떤 타입이야?

A : 글쎄, 나에게는 전혀 친절하지 않았어.

B : 왜? 무슨 일이 있었어?

A : 어제 루치아가 그에게 잘못된 서류를 가져다주었어.
그는 마치 미친 사람처럼 소리치기 시작했어.

capo Ⓜ 보스

parlato 말하다 (parlare 동사의 과거분사형)

ancora 아직도

per niente 전혀

perché 왜

successo 일어나다, 발생하다 (succedere 동사의 과거분사형)

visto 보다 (vedere 동사의 과거분사형)

portato 가져오다 (portare)

documento Ⓜ 문서

sbagliato 잘못된

si è messo a 시작하다 (mettersi 동사의 과거분사형)

urlare 소리치다

ossesso Ⓜ 극도로 동요(흥분)한 사람

해설

◆ **L'ho visto**

직접목적어가 복합시제, 즉 근과거와 함께 사용된 문장으로 l'는 il nuovo capo를 지칭하는 직접목적어이다. 주의할 점은 복합시제가 〈avere + 과거분사형〉일지라도 직접 목적어와 함께 쓰면 성·수를 일치시켜야 한다.

Hai visto Mario? [아이 비스토 마리오]   마리오를 봤니?

Si, l'ho visto. [씨 로 비스토]   응, 그를 봤어.

No, non l'ho visto. [노 논 로 비스토]   아니, 그를 못 봤어.

Hai visto Lucia? [아이 비스토 루치아]   루치아를 봤니?

Si, l'ho vista. [씨 로 비스따]   응, 그녀를 봤어.

No, non l'ho vista. [노 논 로 비스따]   아니, 그녀를 못 봤어.

Hai visto Mario e Lucia? [아이 비스토 마리오 에 루치아]   마리오와 루치아를 봤니?

Si, li ho visti. [씨 리 오 비스띠]   응, 그들을 봤어.

No, non li ho visti. [노 논 리 오 비스띠]   아니, 그들을 못 봤어.

Hai visto Lucia e Maria? [아이 비스또 루치아 에 마리아]   루치아와 마리아를 봤니?

Sì, le ho viste. [씨 레 오 비스떼]   응, 그녀들을 봤어.

No, non le ho viste. [노 논 레 오 비스떼]   아니, 그녀들을 못 봤어.

◆ **Mah**

상황에 대해 불확실, 당황, 난처함을 나타내는 감탄사이다.

Com'è stato? [꼬메 스따또]   어땠어?

Mah! Non so. [마 논 소]   글쎄… 모르겠어.

◆ **Si è messo a urlare come un ossesso.**

mettersi a + 동사원형: ～하기 시작하다

Si mette a piangere. [씨 메떼 아 삐안제레]   그는 울기 시작한다.

Si è messo a piangere. [씨 에 메쏘 아 삐안제레]   그는 울기 시작했다.

Mi metto a cercare. [미 메또 아 체르까레]   나는 찾기 시작한다.

Mi sono messo a cercare. [미 소노 메쏘 아 체르까레]   나는 찾기 시작했다.

come un ossesso

come는 의문대명사가 아니라 전치사 '～처럼'으로 쓰였다.

Maria ha la pelle bianca come la neve.   마리아는 눈처럼 하얀 피부를 가졌다.

[마리아 아 라 뻴레 비안카 꼬메 라 네베]

Sei veloce come un lampo! [세이 벨로체 꼬메 운 람뽀]   넌 번개처럼 빠르구나!

1 ( )에 주어진 동사를 근과거형으로 바꾸세요.

1. Lucia gli _____ un documento sbagliato. (portare)

2. Lucia _____ facilmente. (arrabbiarsi)

3. Ieri io _____ con Lucia. (parlare)

4. Io _____ a cercare la penna. (mettersi)

2 다음 단어의 뜻을 써 보세요.

1. simpatica _____
2. gentile _____
3. nervoso _____
4. documento _____
5. urlare _____
6. sbagliato _____

3 주어진 단어를 올바른 어순으로 배열하여 문장을 만드세요.

1. simpatico / per / non / è / niente / mi _____

2. conosciuto / capo / il / nuovo / hai / ? _____

3. Lucia / tipo / è / che / ? _____

1 ha portato / si è arrabbiata / ho parlato / mi sono messo

2 착한, 호감 가는 / 친절한 / 신경질적인 / 문서 / 소리치다 / 잘못된

3 Non mi è per niente simpatico. / Hai conosciuto il nuovo capo? / Che tipo è Lucia?

Malattia 말라띠아 **질병**

raffreddore 라프레도레 ⓜ 감기
influenza 인플루엔자 ⓕ 독감

avere la febbre
아베레 라 페브레 **열이 나다**

tosse 또쎄 ⓕ 기침

mal di testa
말 디 떼스따 ⓜ **두통**

mal di denti
말 디 덴띠 **치통**

mal di stomaco
말 디 스토마코 **복통**

lombaggine 롬바지네 ⓕ 요통

Stai scherzando?

19°

기본 회화

A **Pronto. Marco dove sei?**
쁘론또 마르코 도베 세이?

B **Sono ancora in ufficio.**
소노 안꼬라 인 우피쵸

A **Cosa! Stai scherzando?**
꼬자 스타이 스케르잔도

B **No, devo finire un lavoro importante.**
노 데보 피니레 운 라보로 임뽀르딴떼

A **Ma sono le 8! Lascia tutto e vieni con noi al ristorante!**
마 소노 레 오또 라쉬아 뚜또 에 비에니 꼰 노이 알 리스또란떼

B **No, mi dispiace ma non posso. Non sono riuscito nemmeno a pranzare.**
노 미 디스삐아체 마 논 뽀쏘 논 소노 리우쉬또 넴메노 아 쁘란자레

A **Dai! Lascia tutto e vieni fuori con noi.**
다이 라쉬아 뚜또 에 비에니 푸오리 꼰 노이

A : 여보세요. 마르코 어디야?

B : 아직 사무실이야

A : 뭐라고? 농담하고 있는 거야?

B : 아니, 중요한 일을 끝내야 해.

A : 8시야! 전부 그대로 두고 우리와 식당에 가자!

B : 안돼. 미안하지만 난 할 수 없어. 난 심지어 점심도 먹을 수 없었어.

A : 자! 그러지 말고 전부 버려두고 우리와 함께 놀러 가자.

새 단어

pronto 여보세요	nemmeno ~조차 않다
scherzando 농담하다 (scherzare 동사의 동명사형)	pranzare 점심 식사하다
importante 중요한	dai! 자, 그러지 말고
lascia 내버려두다 (lasciare 동사의 2인칭 명령형)	fuori 밖

해설

◆ **pronto**

'준비된'이란 뜻의 형용사이지만 전화 통화할 때는 '여보세요'라는 의미로 사용된다. 또한 통화 시 상대방이 누구인지 물어볼 때는 Chi è?가 아닌 Chi parla? 또는 Con chi parlo? 라고 한다.

◆ **Stai scherzando**

〈stare + 동명사〉는 현재진행 형태로, '~하고 있는 중'을 나타낼 때 사용한다.

	동사원형	동명사 형태		
stare	-are 동사	-ando	parlando [빠를란도]	mangiando [만쟌도]
			cantando [깐딴도]	
	-ere 동사	-endo	leggendo [레젠도]	scrivendo [스크리벤도]
	-ire 동사		vedendo [베덴도]	dormendo [도르멘도]
			finendo [피넨도]	

예외	마시다	bere [베레]	→	bevendo [베벤도]
	말하다	dire [디레]	→	dicendo [디첸도]
	하다	fare [파레]	→	facendo [파첸도]

Sto studiando. [스토 스투디안도]   나는 공부하는 중이다.

Stai facendo colazione? [스타이 파첸도 꼴라지오네]   너는 아침식사 중이니?

Maria sta tornado a casa.   마리아는 집으로 돌아오는 중이다.
[마리아 스타 또르난도 아 까자]

Stiamo vedendo la partita. [스티아모 베덴도 라 빠르띠따]   우리는 경기를 보는 중이다.

Cosa state scrivendo? [꼬자 스타떼 스크리벤도]   너희들은 뭘 쓰고 있는 중이니?

Stanno parlando di me. [스탄노 빠를란도 디 메]   그들은 나에 대해 말하는 중이다.

* 대명사와 함께 사용할 때 대명사의 위치는 stare 동사 앞에 온다.

Cosa mi stai chiedendo? [꼬사 미 스타이 끼에덴도]   나에게 뭘 물어보는 중이니?

Probabilmente ti sta leggendo i pensieri.   아마 그가 너의 생각을 읽고 있을 거야.
[프로바빌멘떼 띠 스타 레젠도 이 뻰시에리]

Nessuno vi sta accusando di nulla.   아무도 당신을 비난하지 않는다.
[네쑤노 비 스타 아꾸잔도 디 눌라]

◆ **Lascia tutto**

명령이나 재촉, 강한 권유를 표현할 때 명령법을 사용한다. 주의할 점은 1인칭 명령형은 존재
하지 않으며 과거나 미래의 명령도 없다는 것이다.

	lasciare 포기하다	prendere 취하다, 가지다	dormire 자다	finire 끝내다
tu	lascia [라쉬아]	prendi [프렌디]	dormi [도르미]	finisci [피니쉬]
Lei	lasci [라쉬]	prenda [프렌다]	dorma [도르마]	finisca [피니스카]
noi	lasciamo [라쉬아모]	prendiamo [프렌디아모]	dormiamo [도르미아모]	finiamo [피니아모]
voi	lasciate [라쉬아떼]	prendate [프렌다떼]	dormite [도르미떼]	finite [피니떼]
loro	lascino [라쉬노]	prendano [프렌다노]	dormano [도르마노]	finiscano [피니스카노]

1인칭 복수 noi에게 하는 명령은 '~하자', '합시다'라는 청유형 명령으로 쓰인다.

Finiamo la lezione! [피니아모 라 레지오네]　수업을 끝냅시다!
Cominciamo la lezione! [꼬민치아모 라 레지오네]　수업을 시작합시다!

◆ **Non sono riuscito nemmeno a pranzare.**

riuscire a + 동사원형 : ~할 수 있다, 해내다
essere riuscito a + 동사원형 : ~하는 것을 성공했다, ~할 수 있었다
근과거 시제가 될 때는 반드시 성·수를 일치시켜야 한다.

Riesco a pranzare. [리에스코 아 프란자레]　나는 점심을 먹을 수 있다.
Sono riuscito a pranzare. [소노 리우쉬토 아 프란자레]　나는 점심을 먹을 수 있었다.

Marco è riuscito a finire i compiti.　마르코는 숙제를 끝낼 수 있었다.
[마르코 에 리우쉬토 아 피니레 이 꼼삐띠] (주어가 남성–riuscito, 주어가 여성–riuscita)

Maria è riuscita a trovare lavoro.　마리아는 일을 찾을 수 있었다.
[마리아 에 리우쉬따 아 트로바레 라보로]

응용 회화

A Pronto?

쁘론또?

B Ciao, Maria. Come va?

차오 마리아 꼬메 바?

A Ah, ciao. Tutto bene e tu?

오 차오 뚜또 베네 에 뚜?

B Anch'io bene, grazie. Senti, ti ho chiamato per invitarti al cinema. Che stai facendo?

안끼오 베네 그라찌에 센띠 띠 오 끼아마또 뻬르 인비따르띠 알 치네마 께 스타이 파첸도?

A Scusami…. Non posso. Sto ancora studiando inglese.

스쿠자미 논 뽀소 스토 안꼬라 스투디안도 인글레제

B Stai scherzando? È sabato sera.

스타이 스케르잔도? 에 사바또 세라

A Lo so, ma lunedì ho un esame importante.

로 소 마 루네디 오 운 에자메 임뽀르딴떼

B Va bene, va bene, ho capito. Facciamo un'altra volta. Non studiare troppo eh!

바 베네 바 베네 오 까삐또 파치아모 우날트라 볼따 논 스투디아레 뜨로뽀 에!

A Grazie, ciao.

그라찌에 차오

A : 여보세요?

B : 안녕, 마리아. 어떻게 지내?

A : 오, 안녕. 잘 지내. 넌?

B : 나도 잘 지내. 고마워. 있잖아, 영화관으로 초대하기 위해 너에게 전화
했어. 뭐 하고 있어?

A : 미안한데… 난 갈 수 없어. 아직 영어 공부를 하고 있는 중이거든.

B : 너 농담하는 중이지? 토요일 저녁이야.

A : 알고 있어. 그렇지만 월요일에 중요한 시험이 있어.

B : 알았어, 알았어. 이해해. 다음번에 보자. 공부 너무 많이 하지 말라고!

A : 고마워, 안녕.

새 단어

chiamato 전화하다 (chiamare 동사의 과거분사형)	capito 알다, 이해하다 (capire 동사의 과거분사형)
invitare 초대하다	esame ⓜ 시험
inglese ⓜ 영어	altra volta 다음번
facendo 하다 (fare 동사의 동명사형)	studiare 공부하다

해 설

◆ **senti**

senti는 '듣다', '느끼다'라는 뜻을 가진 sentire 동사의 2인칭 단수 명령법으로 청자의 주의
를 집중시키기 위한 표현이다. 따라서 '들어봐', '느껴 봐'가 아닌 '저기, 있잖아'에 가까운 뜻
이다.

◆ **Ti ho chiamato per invitarti al cinema.**

chiamare per 동사원형 : ～을 하기 위해 전화하다

직접목적어를 동사원형과 함께 사용할 경우 동사원형의 마지막 모음인 −e를 없애고 직접목적어를 붙여야 한다. 따라서 ～per invitare ti 가 per invitarti 의 형태로 바뀌게 된다.

◆ **Non studiare troppo!**

부정 명령문이다. 부정 명령문의 형태는 〈Non + 긍정 명령〉이다. 단, 2인칭 단수 tu 인 경우 〈Non + 동사원형〉이 되어야 한다.

　　Non mangiate troppo! [논 만자떼 뜨로뽀]　너무 많이 먹지 마!

　　Non mangiare! [논 만자레]　먹지 마!

　　Non studiare troppo! [논 스투디아레 뜨로뽀]　공부 너무 많이 하지 마!

평가 테스트

1 ( ) 안의 동사를 진행형으로 바꾸세요.

1. Io _____ colazione. (fare)

2. Maria _____ a casa. (tornare)

3. Cosa voi _____? (scrivere)

2 다음 단어의 뜻을 써 보세요.

1. importante _____   2. nemmeno _____

3. pranzare _____   4. fuori _____

3 다음 문장을 명령형으로 고치세요.

1. (finire) la lezione! 수업을 끝냅시다! _____

2. (cominciare) la lezione! 수업을 시작합시다! _____

4 다음 단어를 알맞은 순서로 배열하여 문장을 만드세요.

1. lavoro / finire / devo / importante / un _____

2. cinema / per / invitarti / chiamato / ho / ti / al _____

정답

1 sto facendo / sta tornado / state scrivendo

2 중요한 / ~조차 않다 / 점심 식사하다 / 밖   **3** Finiamo / Cominciamo

4 Devo finire un lavoro importante. / Ti ho chiamato per invitarti al cinema.

217

Vita quotidiana 비따 꿔띠디아나 **일상생활**

svegliarsi 즈벨리아르시 잠에서 깨다
alzarsi 알짜르시 일어나다

lavarsi la faccia
라바르시 라 팟챠 세수하다

truccarsi 뜨루까르시
화장하다

pettinarsi 뻬띠나르시
머리를 빗다

indossare 인도사레
옷을 입다

andare al lavoro 안다레 알 라보로 **출근하다**
uscire dal lavoro 우쉬레 달 라보로 **퇴근하다**

pranzare 쁘란자레
점심 먹다

fare un viaggio d'affari
파레 운 비아조 다파리　출장가다

lavorare 라보라레　일하다

guardare la TV 구아르다레 라 티브
텔레비전을 보다

ascoltare musica 아스꼴따레 뮤지까
음악을 듣다

andare a letto 안다레 아 렛또
잠자리에 들다

219

기본 회화

A Conosci Francesca?

꼬노쉬 프란체스카?

B No, com'è?

노 꼬메?

A È alta e magra.

에 알따 에 마그라

B Di che colore ha i capelli?

디 께 꼴로레 아 이 까뺄리?

A Sono biondi.

소노 비온디

A Com'e Simona?

꼬메 시모나?

B È Bella e simpatica. E alta e ha i capelli castani e gli occhi verdi.

에 벨라 에 심빠띠까 에 알따 에 아 이 까뺄리 카스타니 에 리 오끼 베르디

A Come sono Luca e Marco?

꼬메 소노 루까 에 마르코?

B Sono molto atletici. Sono alti e hanno grossi muscoli.

소노 몰토 아틀레띠치 소노 알띠 에 안노 그로씨 무스꼴리

A : 프란체스카를 아니?

B : 아니, 어때?

A : 그녀는 키가 크고 말랐어.

B : 머리카락은 무슨 색이야?

A : 금발이야.

A : 시모나는 어떻게 생겼어?

B : 예쁘고 친절해. 키가 크고 갈색 머리에 푸른 눈을 가졌어.

A : 루카와 마르코는 어떻게 생겼어?

B : 그들은 매우 운동선수 같아. 그들은 키가 크고 근육질이야.

새 단어

alta 키가 큰 (alto의 여성형)	**occhi** mpl 눈 (occhio의 복수형)
magra 마른 (magro의 여성형)	**verdi** 녹색 (verde의 복수형)
di che colore 무슨 색	**atletici** 운동선수적인 (atletico의 복수형)
capelli mpl 머리카락 (capello의 복수형)	**grossi** 큰 (grosso의 복수형)
biondi 금발 (biondo의 복수형)	**muscoli** m 근육 (muscolo의 복수형)
castani 밤색 (castano의 복수형)	

해설

◆ 외모 표현

essere alto / basso [에쎄레 알토 / 바쏘] 키가 큰 / 키가 작은

bello/a [벨로/라] 멋진 (남성) / 예쁜 (여성)

brutto/a [브루토/따] 못생긴 (남성 / 여성)

giovane [조바네] 젊은 (남성형과 여성형이 동일한 형용사)

altetico/a [알떼띠코/카] 운동선수 같은 (남성 / 여성)

anziano/a [안지아노/나] 노인 (남성 / 여성)

avere i capelli lunghi. [아베레 이 까뻴리 룬기] 긴 머리를 가지고 있다.

corti. [꼬르띠] 짧은 머리를 가지고 있다.

lisci. [리쉬] 생머리를 가지고 있다.

ricci. [리치] 고수머리를 가지고 있다.

castani. [카스타니] 갈색머리를 가지고 있다.

biondi. [비온디] 금발머리를 가지고 있다.

* 머리색을 표현할 때는 〈essere + 색깔〉로도 표현할 수 있다.

essere biondo/a [에쎄레 비온도/다] 금발머리이다.

rosso/a [로쏘/싸] 붉은 머리이다.

castano/a [카스타노/나] 갈색머리이다.

avere i occhiali blu [아베레 이 오끼알리 블루] 푸른 눈을 가지고 있다.

avere i occhiali verdi [아베레 이 오끼알리 베르디] 초록색 눈을 가지고 있다.

응용 회화

A Hai conosciuto Maria, la ragazza di Mauro?

아이 꼬노슈또 마리아 라 라가짜 디 마우로?

B Non ancora, com'è?

논 안꼬라, 꼬메?

A È veramente una bella ragazza. Ha i capelli lunghi, con dei bellissimi occhi azzurri.

에 베라멘떼 우나 벨라 라가짜 아 이 까뻴리 룬기 꼰 데이 벨리씨미 오끼 아주리

B È alta?

에 알따?

A Mmm, di altezza media ma molto magra.

음 디 알떼짜 메디아 마 몰또 마그라

B Dove l'ha conosciuta?

도베 라 꼬노쉬따?

A All'università.

알루니베르시따

A : 마우로의 여자 친구 마리아를 아니?

B : 아직 몰라. 어때?

A : 정말 예쁜 소녀야. 긴 머리와 아름다운 푸른 눈을 가지고 있어.

B : 키가 커?

A : 음, 키는 중간이지만 매우 말랐어.

B : 어디서 알게 된 거야?

A : 대학에서.

새 단어

conosciuto 알다 (conoscere 동사의 과거형)	media 중간 (medio의 여성형)
veramente 정말	università *f* 대학
occhi *mpl* 눈 (occhio의 복수)	

해 설

◆ **Hai conosciuto Maria, la ragazza di Mauro?**

la ragazza di Mauro는 '마우로의 여자 친구'라는 의미로 전치사 di는 문맥에 따라 다양한 의미를 지닌다.

★ 전치사 **di**

① 소속이나 소유의 의미 : ∼의, ∼에 속하는

Ho perso il gatto della nonna.   나는 할머니의 고양이를 잃어버렸다.

[오 뻬르소 일 가또 델라 논나]

② 부분관사 : 약간의

Ho comprato del pane.[오 꼼쁘라또 델 빠네]   나는 약간의 빵을 샀다.

③ 부분의 의미 : ∼의, ∼의 가운데, ∼중에

Tre di voi devono aiutarmi.   너희들 중 세 명은 나를 도와줘야 해.

[뜨레 디 보이 데보노 아이우따르미]

④ 시간의 한정 : ∼의

Mi piace la sera d'estate.[미 삐아체 라 세라 데스타떼]   나는 여름밤을 좋아한다.

È un po' freddo di giorno.[에 운 뽀 프레도 디 조르노]   낮에는 약간 춥다.

⑤ 원인 : ～때문에, ～으로

　　Non posso lasciar morire di fame le persone.
　　[논 뽀쏘 라쉬아르 모리레 디 파메 레 뻬르소네]　　나는 사람들이 굶어죽는 걸 내버려둘 수 없다.

◆ **Ha i capelli lunghi, con dei bellissimi occhi.**

성질을 나타내는 전치사 da(～을 지닌, 가진)/ 수단을 나타내는 전치사 con(～을 가지고)을 사용하여 다음과 같이 외모를 표현할 수 있다.

　　Vedi quella ragazza dai lunghi capelli biondi.　저기 긴 금발 머리 아가씨를 봐.
　　[베디 꿸라 라가짜 다이 룬기 까뻴리 비온디]

　　Vedi quella ragazza con i capelli lunghi neri.　저기 긴 검은 머리 아가씨를 봐.
　　[베디 꿸라 라가짜 꼰 이 까뻴리 룬기 네리]

　　Ho conosciuto una ragazza dagli occhi azzuri.　나는 푸른 눈의 아가씨를 알았다.
　　[오 꼬노슈또 우나 라가짜 다리 오끼 아쭈리]

◆ **Dove l'ha conosciuta?**

직접목적대명사와 직설법 근과거가 함께 사용될 때는 반드시 성·수를 일치시켜야 한다.

　★ 직접목적대명사

```
lo ┐
la ├── avere / essere  + p.p
li │
le ┘
```

Dove l'ha conosciuta?에서 앞 문장에 있는 Maria를 칭하는 직접목적대명사 la 와 avere 동사의 3인칭 단수가 합쳐져 l'ha가 되었고 conoscere 동사의 과거형인 conosciuto와 성·수를 일치시켜서 conosciuta 가 된다.

　　Questa gonna è bella! Dove l'hai comprata? (questa gonna - la)
　　[꾸에스타 곤나 에 벨라! 도베 라이 꼼쁘라따?]　　이 치마 예쁘네! 그거 어디서 샀니?

Sai dove sono le mie chiavi? 내 열쇠 어디 있는지 아니?

[사이 도베 소노 레 미에 끼아비?]

Le ho viste nella camera. (le chiavi – le) 그것을 방에서 봤어.

[레 오 비스떼 넬라 까메라]

◆ **색상 형용사**

색상 형용사의 경우 수식받는 명사의 성·수에 일치시켜야 하지만 예외로 불변인 경우도 있다.

	단수		복수	
	남성형	여성형	남성형	여성형
빨간색	rosso [로쏘]	rossa [로싸]	rossi [로씨]	rosse [로쎄]
하늘색	azzurro [아주로]	azzurra [아주라]	azzurri [아주리]	azzurre [아주레]
검은색	nero [네로]	nera [네라]	neri [네리]	nere [네레]
노란색	giallo [쟐로]	gialla [쟐라]	gialli [쟐리]	gialle [쟐레]
흰색	bianco [비안코]	bianca [비안카]	bianchi [비안끼]	bianche [비안께]
회색	grigio [그리조]	grigia [그리쟈]	grigi [그리지]	grigie [그리지에]
초록색	verde [베르데]		verdi [베르디]	
오렌지색	arancione [아란쵸네]		arancioni [아란쵸니]	
파란색	blu [블루]			
갈색	marrone [마로네]			
분홍색	rosa [로사]			
보라색	viola [비올라]			
베이지색	beige [베이제]			

Ho comprato la gonna nera. [오 꼼쁘라또 라 곤나 네라] 나는 검은색 치마를 샀다. (단수)
Ho comprato le gonne nere. [오 꼼쁘라또 레 곤네 네레] 나는 검은색 치마들을 샀다. (복수)

Ho comprato la gonna blu. [오 꼼쁘라또 라 곤나 블루] 나는 파란색 치마를 샀다. (단수)
Ho comprato le gonne blu. [오 꼼쁘라또 레 곤네 블루] 나는 파란색 치마들을 샀다. (복수)

🐟 ▣ (   )에 주어진 동사를 알맞게 바꾸세요.

   1. (Tu- conoscere 현재형) Francesca? _ _ _ _ _ _ _ _ _ _ _ _

   2. (Tu- conoscere 과거형) Maria? _ _ _ _ _ _ _ _ _ _ _ _

   3. (Lui – comprare 과거형) un vestito nero. _ _ _ _ _ _ _ _

   4. (Lei – comprare 미래형) un libro. _ _ _ _ _ _ _ _ _ _

🐟 ▣ 다음 한글은 이탈리아어로, 이탈리아어는 한글로 써 보세요.

   1. 파란색 치마 _ _ _ _ _ _ _ _ _ _ _   2. veramente _ _ _ _ _ _ _ _ _ _ _

   3. verde _ _ _ _ _ _ _ _ _ _ _   4. 보라색 _ _ _ _ _ _ _ _ _ _ _

   5. atletico _ _ _ _ _ _ _ _ _ _ _

🐟 ▣ 주어진 단어로 문장을 만들어 보세요.

   1. gli / verdi / i / capelli / ha / lei / lunghi / e / occhi

   _

   2. alto / magro / è / lui / e _

   3. bella / ragazza / è / veramente / una _ _ _ _ _ _ _ _ _ _ _ _ _ _ _ _

정답

▣ Conosci / Hai conosciuto / ha comprato / comprà

▣ la gonna blu / 정말 / 초록색 / viola / 운동선수적인

▣ Lei ha i capelli lunghi e gli occhi verdi. / Lui è alto e magro. / È veramente una bella ragazza.

Colore 꼴로레 색상

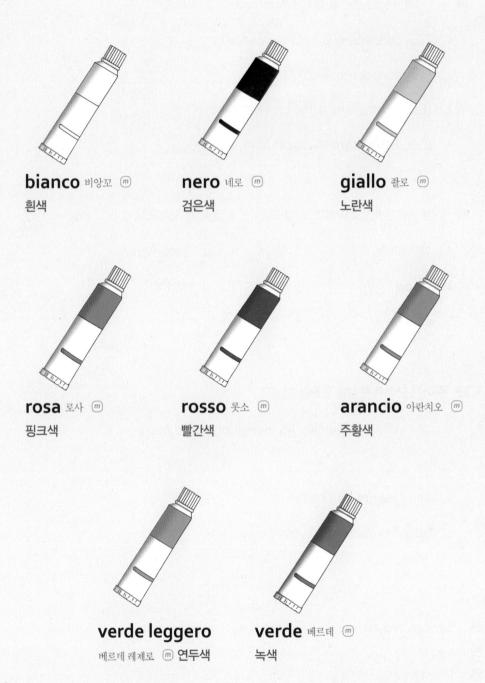

bianco 비앙꼬 ⓜ
흰색

nero 네로 ⓜ
검은색

giallo 쨜로 ⓜ
노란색

rosa 로사 ⓜ
핑크색

rosso 롯소 ⓜ
빨간색

arancio 아란치오 ⓜ
주황색

verde leggero
베르데 레제로 ⓜ **연두색**

verde 베르데 ⓜ
녹색

acquamarina
아쿠아마리나 ⓜ
남옥색, 에메랄드색

celeste 첼레스테 ⓜ
하늘색

blu 블루 ⓜ
파란색

blu marino
블루 마리노 ⓜ 네이비 블루

viola 비올라 ⓜ
보라색

marrone 마로네 ⓜ
갈색

oro 오로 ⓜ
금색

argento 아르젠또 ⓜ
은색

기본 회화

A Scusi, può dirmi dov'è la stazione?

스쿠지 뿌오 디르미 도베 라 스따지오네?

B Certo, è qui vicino, vai sempre dritto fino al secondo semaforo. Poi deve girare a destra.

체르또 에 뀌 비치노 바이 쌤쁘레 드리또 피노 알 세꼰도 세마포로 뽀이 데베 지라레 아 데스트라

A C'è un internet cafè li vicino?

체 운 인테르넷 까페 리 비치노?

B Mmm··· non lo so, mi dispiace.

믐 논 로 소 미 디스피아체

A Non fa niente. Grazie.

논 파 니엔떼 그라찌에

A : 실례합니다. 역이 어디 있는지 내게 알려주시겠어요?

B : 물론이죠, 여기서 가까워요. 두 번째 신호등까지 계속
직진하세요. 그리고 오른쪽으로 돌아가세요.

A : 그 근처에 인터넷 카페가 있나요?

B : 음… 죄송하지만, 그건 잘 모르겠어요.

A : 괜찮아요. 감사합니다.

새 단어

stazione ⓕ 역	semaforo ⓜ 신호등
certo 물론이죠	girare 돌다
qui 여기	destra ⓕ 오른쪽 ↔ a destra 오른쪽으로
vicino 근처에	internet cafè ⓜ 인터넷 카페
dritto 똑바른	li 여기
fino a ~까지	so 알다 (sapere 동사의 io 변화형)
secondo 두 번째	niente 전혀

해설

◆ 길 묻기

길을 물어볼 때 가장 간단한 표현으로는 **dov'è + 장소**, 혹은 '~에 위치하다', '자리 잡다'라는 뜻의 travarsi를 써서 **dove si trova + 장소명**이 있다.

본문에서는 조동사 potere를 사용하여 '나에게 말해줄 수 있습니까'라는 의미로 **può dirmi + 장소명**으로 표현하였다.

그 밖에도 **come posso arrivare a + 장소명, c'è + 장소명** 등 다양한 표현이 있다.

Dov'è la stazione? [도베 라 스따지오네]　역이 어디에 있습니까?

Dove si trova la stazione? [도베 씨 트로바 라 스따지오네]　역은 어디 있습니까?

Come posso arrivare alla stazione?　역에 어떻게 가나요?

[꼬메 뽀쏘 아리바레 알라 스따지오네]

C'è la stazione qui vicino? [체 라 스따지오네 뀌 비치노]　근처에 역이 있습니까?

◆ non lo so

lo는 앞 문장에 있는 un internet cafè를 대신하는 직접목적대명사이다.

* 이탈리아에서는 한국과 같은 PC방은 찾아보기 힘들다. 또한 인터넷 카페에서는 인터넷만 사용할 수 있는 것이 아니라 국제전화도 할 수 있는 곳이 대부분이다.

231

응용 회화

A Mi scusi, mi sa dire dov'è l'ufficio postale?

미 스쿠지 미 사 디레 도베 루피쵸 포스탈레?

B Si, è in Corso Roma.

씨 에 인 꼬르소 로마

A Mi può spiegare come arrivarci?

미 뿌오 스피에가레 꼬메 아리바르치?

B Certo, vada dritto fino al secondo incrocio e poi giri a sinistra e continui sempre dritto.

채르또 바다 드리또 피노 알 세꼰도 인크로쵸 에 뽀이 지리 아 시니스트라 에 꼰띠누이 셈쁘레 드리또

In fondo alla via trovi l'ufficio postale.

인 폰도 알라 비아 뜨로비 루피쵸 포스딸레

A È lontano?

에 론따노?

B No, circa dieci minuti a piedi.

노 치르까 디에치 미누띠 아 삐에디

A : 우체국이 어디 있는지 말씀해 주시겠습니까?

B : 네, 코르소 로마에 있습니다.

A : 그곳에 어떻게 가는지 제게 설명해 주시겠어요?

B : 물론이죠. 두 번째 교차로까지 직진한 다음 오른쪽으로 돌고
　　계속해서 직진하세요. 길 끝에 우체국이 있습니다.

A : 멉니까?

B : 아니오. 걸어서 약 10분입니다.

mi 내게 (간접목적인칭대명사)	vada 가다 (andare 동사의 명령법)
sa dire ~을 말해 주다	incrocio m 교차로
ufficio postale m 우체국	giri 돌다 (girare 동사의 명령법)
spiegare 설명하다	sinistra f 왼쪽 ↔ a sinistra f 왼쪽으로
arrivarci 그곳에 도착하다 [arrivare + ci (장소를 나타 내는 조사)]	continui 계속되다 (continuare 동사의 명령법)
	a piedi 걸어서

해 설

◆ **Mi sa dire dov'è l'ufficio postale?**

'내게 ~을 알려주십시오'라는 뜻으로 격식체 표현이다. 이와 유사한 표현으로는 mi faccia sapere, potrebbe dirmi, vorrei sapere 등이 있다.

Mi faccia sapere dov'è l'ufficio postale? [미 파챠 사뻬레 도베 루피쵸 뽀스딸레]
Potrebbe dirmi dov'è l'ufficio postale? [뽀뜨렙베 디르미 도베 루피쵸 뽀스딸레]
Vorrei sapere dov'è l'ufficio postale? [보레이 사뻬레 도베 루피쵸 뽀스딸레]
우체국이 어디 있는지 제게 알려주시겠습니까?

◆ **Vada dritto fino al secondo incrocio**

길을 알려줄 때의 격식체 표현으로, Lei 혹은 voi 형태의 명령법을 사용한다.

	andare 가다	girare 돌다	continuare 계속하다
Lei	vada [바다]	giri [지리]	continui [꼰띠누이]
voi	andate [안다떼]	girate [지라떼]	continuate [꼰띠누아떼]

◆ **길을 안내하는 표현**

andare dritto [안다레 드릿또] 직진하다

andare dritto per [안다레 드릿또 뻬르] ～로 직진하다

andare avanti [안다레 아반띠] 앞으로 가다

andare avanti per [안다레 아반띠 뻬르] ～향해 앞으로 가다

contiunare dritto [꼰띠우나레 드릿또] 계속해서 직진하다

contiunare dritto per [꼰띠우나레 드릿또 뻬르] ～향해 계속해서 직진하다

girare a destra [지라레 아 데스트라] 오른쪽으로 돌다

girare a sinistra [지라레 아 시니스트라] 왼쪽으로 돌다

tornare indietro [또르나레 인디에뜨로] 뒤로 돌아가다

attraverare la strada [아뜨라베라레 라 스트라다] 길을 건너다

◆ **명령법**

명령법은 화자가 청자에게 명령이나 금지 또는 권유 등을 표시할 때 사용하는 것으로 1인칭 단수 '나(io)'의 명령 형태는 존재하지 않고 2인칭 단수(tu)와 복수(voi), 존칭형(Lei)을 주로 사용한다.

★ **명령법의 형태**

	-are 동사	-ere 동사	-ire 동사
	studiare 공부하다	scrivere 쓰다	finire 끝나다
io	-	-	-
tu	studia [스투디아]	scrivi [스크리비]	finisci [피니쉬]
Lei	studi [스투디]	scriva [스크리바]	finisca [피니스카]
noi	studiamo [스투디아모]	scriviamo [스크리비아모]	finiamo [피니아모]
voi	studiate [스투디아떼]	scrivete [스크리베떼]	finite [피니떼]
loro	studino [스투디노]	scrivano [스크리바노]	finiscano [피니스카노]

Studia **duro**! [스투디아 두로!] 열심히 공부해!

Finisci **subito**! [피니쉬 수비토!] 빨리 끝내!

★ 재귀동사의 명령법

	lavarsi 씻다	mettersi 입다	vestirsi 입다
io	-	-	-
tu	lavati [라바띠]	mettiti [메띠띠]	vestiti [베스띠띠]
Lei	si lavi [시 라비]	si metta [시 메따]	si vesta [시 베스따]
noi	laviamoci [라비아모치]	mettiamoci [메띠아모치]	vestiamoci [베스띠아모치]
voi	lavatevi [라바떼비]	mettetevi [메떼떼비]	vestitevi [베스띠떼비]
loro	si lavino [시 라비노]	si mettano [시 메따노]	si vestano [시 베스따노]

Lavarti i denti prima di dormire. 자기 전에 이를 닦아라.

[라바르띠 이 덴띠 쁘리마 디 도르미레]

Si vesta **velocemente**. [시 베스타 벨로체멘떼] 빨리 옷을 입으세요.

Non mettiti a letto. [논 메띠띠 아 렛또] 침대에 있지 마.

◆ **부정 명령법**

부정 명령법은 동사 앞에 부정어 〈Non + 동사원형〉의 형태이다.

Non mangiare! [논 만자레] 먹지 마!

Non dormire! [논 도르미레] 자지 마!

Non fumare! [논 푸마레] 담배 피우지 마시오!

◆ **Mi può spiegare come arrivarci?**

ci는 noi의 재귀동사, 직·간접 목적격 대명사와 동일한 형태를 가지고 있지만 이 문장에서는 장소(Corso Roma)를 나타내는 조사의 역할을 한다.

★ 장소를 나타내는 조사 ci

Sono andato a Roma e ci sono rimasto due settimane. (a Roma = ci)
[소노 안다토 아 로마 에 치 소노 리마스토 두에 세띠마네]
나는 로마에 갔는데, 거기에 2주간 머물렀다.

Vieni da me? [비에니 다 메?] 우리 집에 올래?
No, non ci vengo. (da me = ci) [노 논 치 벤고] 아니, 안 가.

Lavori ancora in quell'ufficio? 아직도 그 사무실에서 일하니?
[라보리 안꼬라 인 꿸우피쵸?]
No, non ci lavoro più. (in quell'ufficio = ci) 아니, 더 이상 거기서 일 안 해.
[노 논 치 라보로 삐우]

이 밖에도 pensare '~에 대해 생각하다', credere '~을 믿다', sperare '~에 대해 희망하다'와 같은 동사와 함께 쓰여 '~에 대하여'라는 의미를 대신하기도 한다. 단, 앞 문장에 무엇에 대해 생각하는지, 믿는지 등이 제시되어 있어야 한다.

Pensi molti ai tuoi genitori? 너는 너의 부모님에 대해 많이 생각하니?
[뻰시 몰띠 아이 뚜오이 제니토리?]
Si, ci penso molto. (i tuoi genitori = ci) [씨 치 뻰소 몰토] 응, 많이 생각해.

Credi alla superstizione? [크레디 알라 수페르스티지오네?] 너는 미신을 믿니?
No, non ci credo. (superstizione = ci) [노 논 치 크레도] 아니, 나는 믿지 않아.

1 ( )에 주어진 동사를 알맞게 바꾸세요.

1. _____ sempre dritto. (continuare 명령형)

2. _____ a sinistra. (girare 명령형)

3. Deve _____ a destra. (girare 명령형)

2 다음 단어의 뜻을 써 보세요.

1. a piedi _____   2. non fa niente _____

3. semaforo _____   4. dritto _____

5. girare _____   6. spiegare _____

3 주어진 단어로 문장을 만들어 보세요.

1. dov'è / può / la / stazione/dirmi / ? _____

2. spiegare / mi / come / arrivarci / può / ? _____

3. secondo / vada / incrocio / al / fino / dritto _____

Mezzi di trasporto 메찌 디 트라스포르또 **교통수단**

metropolitana 메트로폴리타나,
metro 메트로 ⓕ 지하철
treno 뜨레노 ⓜ 기차, 열차

tram 뜨람 ⓜ 트램

autobus 아우또부스 ⓕ 버스

taxi 딱시 ⓜ 택시

macchina 마끼나 ⓕ 자동차

camion 까미온 ⓜ 트럭

238 이것이 독학 이탈리아어 첫걸음이다!

motocicletta 모토치클렛따 ⓕ ,
moto 모토 오토바이

motorino 모토리노 ⓜ 스쿠터

bicicletta 비치끌렛따 ⓕ 자전거

elicottero 엘리코떼로 ⓜ 헬리콥터

aeroplano 아에로플라노 ⓜ 비행기

nave 나베 ⓕ 배

기본 회화

A Vuole ordinare subito o ha bisogno del menù?

부올레 오르디나레 수비또 오 아 비조뇨 델 메뉴?

B Vorrei dare una occhiata al menù.

보레이 다레 우나 오끼아따 알 메뉴

A Eccolo qua.

에꼴로 꾸아

B Grazie. Qual'è il piatto del giorno?

그라찌에 꽐레 일 삐아또 델 조르노?

A Minestra di verdure.

미네스트라 디 베르두레

B Mi piace, prendo quella.

미 삐아체 프렌도 꿸라

A Cosa desidera da bere?

꼬자 데지데라 다 베레?

B Un bicchiere di vino.

운 비끼에레 디 비노

A Ecco il suo cibo. Buon appetito.

에꼬 일 수오 치보 부온 아뻬띠또

B Grazie.

그라찌에

A : 바로 주문하시겠습니까 아니면 메뉴가 필요한가요?

B : 메뉴 좀 보여주세요.

A : 여기 있습니다.

B : 감사합니다. 오늘의 요리는 무엇입니까?

A : 야채 수프입니다.

B : 그걸로 할게요.

A : 마실 것은요?

B : 와인 한 잔 주세요.

A : 여기 음식 나왔습니다. 맛있게 드세요.

B : 감사합니다.

새 단어

ordinare 주문하다	verdura ⓕ 야채
subito 곧	quella 그것 (quello의 여성형으로 앞 문장의 야채 수프를 지칭)
menù ⓜ 메뉴	
del di + il	bere 마시다
dare 주다	bicchiere ⓜ 잔, 컵
occhiata ⓕ 잠깐 봄, 힐끗 봄	vino ⓜ 와인
piatto ⓜ 요리	cibo ⓜ 음식
quale 어떤	appetito ⓜ 식욕
minestra ⓕ 수프	Buon appetito 맛있게 드세요

해설

◆ **ha bisogno del menù?**

〈avere bisogno di + 명사 / 동사원형〉은 '〜이 필요하다', '〜할 필요가 있다'라는 뜻으로 전치사 di와 관사 il이 결합하여 del이 되었다.

241

Ho bisogno di sapere subito.   나는 즉시 알아야 할 필요가 있다.

[오 비조뇨 디 사뻬레 수비또]

Abbiamo bisgno del tuo aiuto.   우리는 너의 도움이 필요하다.

[아삐아모 비조뇨 델 뚜오 아이우토]

◆ **Vorrei dare una occhiata al menù.**

dare una occhiata a : ～을 가볍게 보다, 흘깃 보다

Hai veramente dato una occhiata a tutto?   너는 정말 전부 다 봤니?

[아이 베라멘떼 다또 우나 오끼아따 아 뚜또]

Posso dare una occhiata? [뽀쏘 다레 우나 오끼아따]   잠시 봐도 될까요?

◆ **Eccolo qua.**

Eccolo qua에서 lo는 앞에서 말한 메뉴를 의미한다.

ecco에 목적격 대명사(mi, ti, lo, la, ci, vi, li, le, ne)와 결합하여 한 단어를 이룬다. 또한 그 뒤에 지시사 qui, qua, li, la가 뒤따라올 수도 있다. '～이다', '저기에 ～있다'라는 뜻이 된다.

◆ **Qual'è il piatto del giorno?**

il piatto del giorno는 '오늘의 요리'를 의미한다.

il menù del giorno는 '오늘의 메뉴'를 의미한다.

◆ **Còsa desidera da bere?**

da + 동사원형 : da는 목적이나 용도의 의미를 가지는 전치사로 '～할 것', '～할 가치가 있는 것'을 뜻한다.

C'è un libro da leggere. [체 운 리브로 다 레쩨레]   읽을 만한 책 한 권이 있다.

Ho fame. Voglio qualcosa da mangare.   배고파. 먹을 것 무언가를 원해.

[오 파메 볼리오 꽐꼬자 다 만자레]

Maria ha molto da fare. [마리아 아 몰또 다 파레]   마리아는 할 것이 많다.

◆ **Un bicchiere di + 음료명**

Un bicchiere di는 '~한 잔의'라는 표현이다.

bicchiere는 '손잡이가 없는 유리잔'을 지칭하는 단어로 복수가 될 때는 〈숫자 + bicchieri di + 음료명〉을 말하면 된다.

> un bicchiere di latte [운 비끼에레 디 라떼]   우유 한 잔
>
> un bicchiere di acqua freddo [운 비끼에레 디 아쿠아 프레도]   차가운 물 한 잔
>
> due bicchieri di latte calda [두에 비끼에리 디 라떼 깔다]   따뜻한 우유 두 잔

커피 같은 음료는 bicchiere 대신 tazza(찻잔)를 사용한다.

> una tazza di caffé [우나 따짜 디 까페]   커피 한 잔
>
> una tazza di tè [우나 따짜 디 떼]   차 한 잔
>
> due tazze di caffè [두에 따쩨 디 까페]   커피 두 잔
>
> due tazze di tè [두에 따쩨 디 떼]   차 두 잔
>
> * caffé와 tè는 복수형이라도 형태가 변하지 않는다.

◆ **메뉴 주문 시 사용할 수 있는 표현**

per me + 메뉴

메뉴 주문 시 〈vorrei + 메뉴〉 또는 〈prendo + 메뉴〉 이외에 사용할 수 있는 표현으로 '나에게는 ~주세요'라는 뜻이다. 동행한 다른 사람의 메뉴를 대신 주문할 때에는 per lui '그에게는', per lei '그녀에게는'이라 덧붙이고 메뉴를 주문하면 된다.

> Vorrei un caffè. [보레이 운 까페]   커피 주세요.
>
> Prendo un caffè. [프렌도 운 까페]   커피 주세요.
>
> Per me, un caffè, per favore. [뻬르 메 운 까페 뻬르 파보레]   커피 주세요.
>
> Per lei, una pizza ai funghi. [뻬르 레이 우나 핏짜 아이 푼기]   그녀에게는 버섯 피자 주세요.

응용 회화

A Volete ordinare da bere intanto?

볼레떼 오르디나레 다 베레 인딴또?

B Sì, grazie. Vorrei un bicchiere di vino bianco della casa.

씨 그라찌에 보레이 운 비끼에레 디 비노 비안코 델라 까자

A Ecco il bicchiere di vino. Desidera ordinare?

에꼬 일 비끼에레 디 비노 데지데라 오르디나레?

B Sì, grazie. Come antipasto vorrei una bruschetta ai funghi,
poi per secondo una bistecca alla griglia con patate.

씨 그라찌에 꼬메 안티파스토 보레이 우나 부르스께따 아이 푼기 뽀이 뻬르 세꼰도 우나 비스떼까 알라 그릴리아 꼰 빠따떼

A La bistecca come la preferisce?

라 비스떼까 꼬메 라 프레페리쉐?

B Ben cotta, per favore.

벤 꼬따 페르 파보레

B Mi porta il conto per favore?

미 뽀르따 일 꼰또 뻬르 파보레?

A Ecco a lei.

에꼬 아 레이

B Posso pagare con carta di credito?

뽀쏘 빠가레 꼰 까르따 디 크레딧또?

A Certamente!

체르따멘떼

A : 우선 마실 것을 주문하시겠습니까?

B : 네, 화이트 하우스 와인 한 잔 부탁드립니다.

A : 여기 와인 한 잔이 있습니다. 주문하시겠습니까?

B : 감사합니다. 전채 요리로는 버섯 부르스게타, 그리고 세콘도로 감자를 곁들인 그릴에
구운 스테이크를 원합니다.

A : 스테이크는 어떻게 해드릴까요?

B : 잘 익혀(well done) 주세요.

B : 계산서 좀 주시겠어요?

A : 여기 있습니다.

B : 카드로 계산해도 될까요?

A : 물론이죠!

새 단어

intanto 우선, 일단

vino della casa 하우스 와인

vino bianco *m* 화이트 와인 ↔ vino rosso
m 레드 와인

desidera 바라다, 원하다 (desiderare 동사의 3인칭
단수형)

ordinare 주문하다

come ~로서

antipasto *m* 전채요리, 애피타이저

una bruschetta ai funghi *f* 버섯 부르스게타

funghi *m* 버섯 (fungo의 복수형)

secondo *m* 두 번째로

una bistecca alla griglia con patate
f 감자를 곁들인 그릴에 구운 스테이크

bistecca 스테이크

griglia *f* 그릴

patate *mpl* 감자

ben cotta 잘 익혀진

conto *m* 계산서

carta di credito *f* 신용카드

certamente 물론

해 설

◆ **Desidera ordinare?**

'~을 원하다', '바라다'라는 뜻을 가진 desiderare 동사는 조동사 volere 처럼 뒤에 동사 원형을 취한다.

Desidera? '도와드릴까요?'라는 뜻으로 주로 식당, 상점 등에서 종업원이 사용하는 표현이다.

　　Desidero parlare con te. [데지데로 빠를라레 꼰 떼]　당신과 이야기하고 싶습니다.

◆ **La bistecca come la preferisce?**

스테이크 굽기 정도를 물어보는 질문으로 come vuole la bistecca?라고도 물어볼 수 있다. 이에 대한 대답으로는 다음과 같은 표현을 사용하면 된다.

　　rare/al sangue per favore. [라레/알 상궤 뻬르 파보레]　레어로 주세요

　　mediamente al sangue per favore.　미디엄 레어로 주세요.
　　[메디아멘떼 알 상궤 뻬르 파보레]

　　media per favore. [메디아 뻬르 파보레]　미디엄으로 주세요.

　　ben cotta per favore. [벤 꼬따 뻬르 파보레]　웰던으로 주세요.

◆ **Mi porta il conto per favore?**

Mi porta 에서 mi는 간접목적인칭대명사로 '나에게 ~을 가져다주다'라는 뜻이다. 계산서를 요구할 때 Il conto, per favore [일 꼰또 뻬르 파보레] 혹은 Posso avere il conto, per favore? [뽀쏘 아베레 일 꼰또 뻬르 파보레]라는 표현을 사용할 수 있다.

◆ **Certamente!**

certamente는 '당연한', '확실한'의 뜻을 가진 certo 의 부사 형태이다.

부사의 위치는 동사를 수식하는 경우 동사 바로 뒤에 위치하고, 형용사 • 부사를 수식하는 경우 그 앞에 위치한다. 또한 강조하고자 하는 내용에 따라 자유롭게 위치를 이동할 수 있나.

① 동사를 수식하는 경우

Maria è immediatamente venuta.   마리아가 즉시 왔다.
[마리아 에 임메디아따멘떼 베누따]

Sei veramente carina! [세이 베라멘떼 까리나]   너 정말 귀엽구나!

② 형용사, 부사를 수식하는 경우

Lucia è veramente gentile. [루치아 에 베라멘떼 젠띨레]   루치아는 정말 친절하다.

Lui è arrivato troppo tardi. [루이 에 아리바또 뜨로뽀 따르디]   그는 너무 늦게 도착했다.

◆ **식당에서 사용할 수 있는 표현들**

Il cibo è freddo. [일 치보 에 프레도]   음식이 찹니다.

È troppo salato. [에 뜨로뽀 살라토]   너무 짭니다.

Poco sale, per favore! [뽀꼬 살레 뻬르 파보레]   소금을 조금 넣어 주세요.

Sono vegetariano/a. [소노 베제따리아노/나]   저는 채식주의자입니다.

Questo ha un gusto strano. [꾸에스토 아 운 구스토 스트라노]   맛이 이상합니다.

Qual è la specialità della casa?   이 식당의 특별요리는 무엇입니까?
[꽐 레 라 스페시알리따 델라 까자]

평가 테스트

1 ( ) 안의 동사를 진행형으로 바꾸세요.

1. _ _ _ _ _ _ _ _ _ _ _ _ _ ordinare da bere intanto? (voi –volere 현재형)

2. _ _ _ _ _ _ _ _ _ _ _ _ _ un bicchiere di vino bianco della casa. (io- volere 조건법)

3. _ _ _ _ _ _ _ _ _ _ _ _ bisogno del menù? (lui/lei avere 현재형)

2 다음 단어의 뜻을 써 보세요.

1. cibo _ _ _ _ _ _ _ _ _ _ _ _ _ 2. carta di credito _ _ _ _ _ _ _ _ _ _ _ _ _

3. intanto _ _ _ _ _ _ _ _ _ _ _ 4. antipasto _ _ _ _ _ _ _ _ _ _ _ _ _ _

5. piatto _ _ _ _ _ _ _ _ _ _ _ 6. ordinare _ _ _ _ _ _ _ _ _ _ _ _ _ _

3 주어진 단어를 올바른 어순으로 배열하여 문장을 만드세요.

1. con / di / pagare / posso / credito / carta _

2. il / per / porta / mi / conto / favore _

3. da / desidera / bere / cosa _

4. del / il / piatto / giorno / qual'è _

정답

1 Volete / Vorrei / Ha

2 음식 / 신용카드 / 우선 / 전채요리, 애피타이저 / 요리 / 주문하다

3 Posso pagare con carta di credito? / Mi porta il conto per favore? / Cosa desidera da bere? / Qual'è il piatto del giorno?

Cibi Italiani 치비 이탈리아니 **이탈리아 음식**

pizza 핏짜 ⓕ 피자

calzone ⓕ 칼조네

lasagna ⓕ 라자냐

spaghetti 스파게티

risotto ⓜ 리소토

ravioli ⓜⓟⓛ 라비올리

gnocchi ⓜⓟⓛ 뇨끼

ciabatta ⓕ 치아바타

focaccia ⓕ 포카챠

zuppa 쥬빠 수프

insalata 인살라타 ⓕ 샐러드

Vorrei una camera singola.

A Posso aiutarLa?

뽀소 아이우따를라?

B Sì, vorrei una camera singola.

씨 보레이 우나 까메라 싱골라

A Va bene. Ha prenotato?

바 베네 아 프레노따또?

B No, avete una camere libera?

노 아베떼 우나 까메레 리베라?

A Sì, quanti giorni desidera?

씨 꽌띠 조르니 데지데라?

B Due, per favore. Quanto costa a notte?

두에 뻬르 파보레 꽌또 코스타 아 놋떼?

A Allora fanno 70 euro a notte.

알로라 판노 세딴따 에우로 아 놋떼

B La colazione è compresa?

라 꼴라지오네 에 꼼쁘레사?

A Sì, certo.

씨 체르또

B Va bene allora, la prendo.

바 베네 알로라 라 프렌도

A : 도와드릴까요?

B : 네, 1인실을 원합니다.

A : 좋습니다. 예약하셨나요?

B : 아니오, 빈 방 있습니까?

A : 네, 며칠 원하십니까?

B : 이틀 부탁합니다. 하룻밤에 얼마입니까?

A : 그럼 하룻밤에 70유로입니다.

B : 조식 포함입니까?

A : 네, 물론입니다.

B : 그럼 좋습니다. 그걸로 하죠.

새 단어

aiutarla 돕다 (aiutare + La)

desiderare 바라다, 원하다

quanto 얼마나

costa 값이 나가다 (costare 동사의 3인칭 단수 현재형)

quanto costa 얼마입니까?

vorrei ∼을 원하다 (volere 동사의 조건법 1인칭 단수 현재형)

camera f 방

libere 빈, 자유로운

notte f 밤 (notte의 복수형)

singola 싱글의, 1인실의

per favore 부탁합니다 (영어의 please와 같은 의미)

prenotato 예약하다 (prenotare 동사의 과거분사형)

compresa 포함하다 (comprendere 동사의 3인칭 단수 현재형)

prendo 취하다, 사다 (prendere 동사의 1인칭 단수 현재형)

해 설

◆ **Posso aiutarLa?**

직접목적인칭대명사가 조동사와 같이 사용되는 경우 조동사 앞 또는 본동사 뒤에 올 수 있는데 본동사 뒤에 오는 경우 동사 원형의 끝 모음을 제거하고 직접목적대명사를 위치시킨다.

◆ **la prendo**

prendere는 '∼먹다', '마시다', '타다', '가지다' 등 영어의 take에 해당되며 문맥에 따라 다양한 뜻을 가지고 있는 동사이다.

251

la는 앞에서 말한 방(camera)을 의미하는 직접목적어이다.

Io prendo una fetta di torta.   나는 케이크 한 조각을 먹는다.
[이오 프렌도 우나 페따 디 또르따]

Tu prendi l'autobus per andare la scuola?   너는 학교에 가기 위해 버스를 타니?
[뚜 프렌디 라우토부스 뻬르 안다레 라 스쿠올라]

Maria ha preso una macchina. [마리아 아 프레조 우나 마끼나]   마리아는 차를 샀다.
Loro hanno preso il raffreddore. [로로 안노 프레조 일 라프레도레]   그들은 감기에 걸렸다.

◆ **Vorrei una camera singola.**

vorrei는 '~을 원하다'라는 뜻의 volere 동사의 조건법으로 공손한 표현을 나타낼 때 사용한다. 직설법 현재보다 공손하고 부드러운 표현으로 '~하고 싶은데', '~하면 좋은데'라는 의미로 사용된다.

Cosa vorresti prendere? [꼬자 보레스띠 프렌데레]   무엇을 드시겠습니까?
Vorrei un caffè. [보레이 운 까페]   커피를 원합니다.
Vorrei una camera doppia. [보레이 우나 까메라 도삐아]   더블 룸을 원합니다.

* 직설법 현재와 조건법 현재의 차이점은 직설법 현재는 현재의 객관적인 사실을 나타내는 반면 조건법은 좀 더 부드러운 표현으로 공손함 또는 가능성을 나타낼 때 사용한다. 또한 조건법의 변화 형태는 미래형 어미처럼 변화한다.

volere 동사의 조건법 현재 형태

인칭	volere
io	vorrei [보레이]
tu	vorresti [보레스띠]
lui / lei / Lei	vorrebbe [보레뻬]
noi	vorremmo [보렘모]
voi	vorreste [보레스떼]
loro / Loro	vorrebbero [보레뻬로]

① 자신의 희망 사항을 공손하게 표현할 때 : ~했으면, ~하고 싶은데, ~해도 괜찮겠니

Vorrei andare al mare. [보레이 안다레 알 마레]　나는 바다에 가고 싶어.

Mi piacerebbe andare al mare. [미 삐아체레뻬 안다레 알 마레]　나는 바다에 가면 좋겠어.

Potresti passarmi il sale? [뽀뜨레스띠 빠싸르미 일 살레]　소금을 좀 건네줄 수 있겠니?

② 추측, 가능성을 나타낼 때 : ~일 거야

Luca è ricco, potrebbe vivere senza lavorare.

[루까 에 리꼬, 뽀뜨레뻬 비베레 쎈짜 라보라레]　루카는 부자라서 일을 안 해도 살 수 있을 거야.

Sarebbe possibile. [사레뻬 뽀씨빌레]　가능할 거야.

③ 확실하지 않은 것을 이야기할 때 : ~일 수도 있다

Secondo la TV, il ladro si troverebbe a Zurigo.

[세꼰도 라 띠부, 일 라드로 시 트로베레뻬 아 주리고]　TV에 의하면 도둑은 취리히에 있을 수도 있다.

Domani potrei venire da te. [도마니 뽀뜨레이 베니레 다 떼]　내일 너의 집에 갈 수도 있어.

	aspettare 기다리다	scrivere (편지) 쓰다	partire 떠나다	fare ~하다	dire 말하다
io	aspetterei [아스페떼레이]	scriverei [스크리베레이]	partirei [빠르띠레이]	farei [파레이]	direi [디레이]
tu	aspetteresti [아스페떼레스띠]	scriveresti [스크리베레스띠]	partiresti [빠르띠레스띠]	faresti [파레스띠]	diresti [디레스띠]
lui / lei	aspetterebbe [아스페떼레뻬]	scriverebbe [스크리베레뻬]	partirebbe [빠르띠레뻬]	farebbe [파레뻬]	direbbe [디레뻬]
noi	aspetteremmo [아스페떼렘모]	scriveremmo [스크리베렘모]	partiremmo [빠르띠렘모]	faremmo [파렘모]	diremmo [디렘모]
voi	aspettereste [아스페떼레스떼]	scrivereste [스크리베레스떼]	partireste [빠르띠레스떼]	fareste [파레스테]	direste [디레스떼]
loro	aspetterebbero [아스페떼레뻬로]	scriverebbero [스크리베레뻬로]	partirebbero [빠르띠레뻬로]	farebbero [파레뻬로]	direbbero [디레뻬로]

응용 회화

A Buon giorno. Posso aiutarla?

본 조르노. 뽀소 아이우따를라?

B Buon giorno. Ho una camera prenotata a nome di Alberto.

본 조르노 오 우나 까메라 프레노따따 아 노메 디 알베르토

A Un attimo. Il suo passaporto per favore?

운 아띠모 일 수오 빠싸뽀르토 뻬르 파보레?

B Sì, ecco.

씨 에꼬

A Grazie. La camera è la numero 302, al secondo piano. Ecco la chiave.

그라찌에 라 까메라 에 라 누메로 뜨레첸또두에 알 세꼰도 삐아노 에코 라 끼아베

B La colazione è compresa?

라 꼴라지오네 에 꼼프레자?

A Certo. Si serve al primo piano. Dalle sette alle nove e mezzo.

체르또 씨 세르베 알 쁘리모 삐아노 달레 셋떼 알레 노베 에 메쪼

B È possibile avere la sveglia?

에 뽀씨빌레 아베레 라 즈벨리아?

A Certo! A che ora vorrebbe svegliarsi?

체르또! 아 께 오라 보레뻬 즈벨리아르시?

B Alle 8, grazie.

알레 오또 그라찌에

A : 안녕하세요. 도와드릴까요?

B : 안녕하세요. 알베르토라는 이름으로 방 하나를 예약했습니다.

A : 잠시만요. 여권을 주시겠어요?

B : 네, 여기 있습니다.

A : 감사합니다. 방 번호는 302호이고 3층입니다. 여기 열쇠가 있습니다.

B : 조식 포함인가요?

A : 물론입니다. 2층에서 제공됩니다. 7시부터 9시 반까지입니다.

B : 모닝콜을 부탁할 수 있습니까?

A : 물론입니다! 몇 시에 깨워드릴까요?

B : 8시요, 감사합니다.

새 단어

una camera prenotata *f* 예약된 방

a nome di ～의 이름으로

attimo *m* 순간, 잠시

passaporto *m* 여권

ecco 여기 있다

numero *m* 수, 번호

chiave *f* 열쇠

serve 이용하다, 사용하다 (servire 동사의 3인칭 단수 현재형)

possibile 가능한

sveglia *f* 알람

vorrebbe 원하다 (volere 동사의 조건법 3인칭 단수현 재형)

해설

◆ **La camera è la numero 302, al secondo piano.**

이탈리아에서 건물의 층수를 말할 때는 우리가 생각하는 층수에 1을 더해야 한다.

1층 : pianoterra/pianterreno [삐아노떼라/삐안떼레노]

2층 : primo piano [쁘리모 삐아노]

3층 : secondo piano [세꼰도 삐아노]

4층 : terzo piano [떼르조 삐아노]

옥상 : terrazza [떼라짜]

* terrazzo 는 발코니 혹은 테라스를 의미한다.

◆ 지시부사 ecco

ecco + 물건 : 여기에 ~있다

Ecco il mio passaporto. [에꼬 일 미오 빠싸뽀르토]　여기 내 여권이 있어요.

ecco + 장소 : 여기가 ~이다

Ecco il celebre Colosseo! [에꼬 일 체레브레 꼬로세오]　여기가 유명한 콜로세움이다!

ecco + 사람 : 여기에 ~가 있다

Ecco Lucia! [에꼬 루치아]　루치아다!

◆ **Si serve al primo piano.**

여기서 si 는 사물이 주어일 경우 사용되는 수동형 si 로 이 문장에서는 아침식사가 생략되어 있다.

주어인 명사가 문장 내에 제시되어 있을 때 수동 si 앞에 올 수도 있고 동사 뒤로 갈 수도 있다.

La colazione si serve alle 7. [라 꼴라지오네 시 세르베 알레 셋떼]　조식은 7시에 나온다.

Si serve la colazione alle 7. [시 세르베 라 꼴라지오네 알레 셋떼]

🐟 **1** ( ) 안의 동사를 알맞게 변형시키세요.

1. Cosa _____ prendere? 무엇을 드시겠습니까? (volere 조건법)

2. Io _____ un caffè. 나는 커피를 원합니다. (volere 조건법)

3. A che ora _____ svegliarsi? 몇 시에 깨워드릴까요? (volere 조건법)

🐟 **2** 다음 단어의 뜻을 써 보세요.

1. numero _____   2. chiave _____

3. ascensore _____   4. prenotare _____

5. comprendere _____

🐟 **3** 주어진 단어를 올바른 어순으로 배열하여 문장을 만드세요.

1. prenotata / una / Alberto / ho / camera / a / nome / di

   _____

2. con / una / vuole / camera / bagno? _____

3. una / avete / libera / camere / ? _____

🐟정답

1 vorresti / vorrei / vorrebbe

2 수, 번호 / 열쇠 / 엘리베이터 / 예약하다 / 포함하다

3 Ho una camera prenotata a nome di Alberto. / Vuole una camera con bagno? /
Avete una camere libera?

Aeroporto 아에로뽀르또 **공항**

passaporto 빠사뽀르또 ⓜ 여권
visto 비스토 ⓜ 비자, 사증

aereo 아에레오,
aeroplano 아에로플라노 ⓜ 항공기

compagnia aerea
꼼빠니아 아에레아 ⓕ 항공사

pilota 필로타 ⓕ 조종사

assistente di volo
아시스텐테 디 볼로 ⓜ 승무원

carta d'imbarco
까르따 딤바르코 ⓕ 탑승권

porta d'imbarco 뽀르따 딤바르코 ⓕ ,
gate 게이트 ⓜ 탑승 게이트

decollare 데꼴라레 이륙하다

atterrare 아떼라레 착륙하다

cambio 깜비오 ⓜ 환전

dogana 도가나 ⓜ 세관

ritiro bagagli 리띠로 바갈리 ⓜ
수화물 컨베이어

Resterò a casa con la mia famiglia.

기본 회화

A Cosa farai a Natale?

꼬자 파라이 아 나탈레

B Non so ancora.

논 소 안꼬라

Resterò a casa con la mia famiglia. E tu?

레스테로 아 까자 꼰 라 미아 파밀리아 에 뚜?

A Anch'io non ho ancora deciso···. Forse vado a Parigi con Paolo, ma non sono sicuro···.

안끼오 논 오 안꼬라 데치조··· 포르세 바도 아 빠리지 꼰 빠올로 마 논 소노 시꾸로

B Paolo? Perché?

빠올로 뻬르께?

A Ha intenzione di andare a Parigi con un paio di amici, e ha invitato anche me.

아 인텐지오네 디 안다레 아 빠리지 꼰 운 빠이오 디 아미치 에 아 인비따또 안께 메

B Wow! Sembra interessante···. Beato te!

와우! 쎔브라 인떼레싼떼 베아또 떼!

A : 크리스마스에 뭐 할 거니?

B : 아직 모르겠어. 내 가족과 함께 집에 있을 거야. 너는?

A : 나 역시 아직 안 정했어. 아마도 파올로와 함께 파리에 갈 거야. 그런데 확실
하지 않아.

B : 파올로? 왜?

A : 그는 몇 명의 친구들이랑 같이 파리에 갈 생각이야. 그리고 나를 초대했어.

B : 와! 재밌어 보여···. 부럽다!

새 단어

farai ~할 것이다 (fare 동사의 1인칭 미래형)

Natale ⓜ 크리스마스

resterò 머무를 것이다 (restare 동사의 1인칭 미래형)

anch'io(anche + io) ~도, 역시, 나 역시

deciso 결정하다 (decidere 동사의 과거분사형)

sicuro 안정한, 확실한

intenzione ⓕ 의도, 의향, 의지

avere intenzione di + 동사원형 ~할 의향이 있다, ~할 예정이다

un paio di 쌍, 두 개

invitato 초대하다 (invitare 동사의 과거분사형)

beato 행복한, 복된

sembra ~처럼 보이다, ~인 듯하다 (sembrare 동사의 3인칭 단수형)

해설

◆ Cosa farai a Natale?

★ 미래시제

이탈리아어의 구어체에서는 현재시제가 가까운 미래를 대신하기도 하지만, 단순미래 시제를 사용하여 미래에 일어날 동작이나 사건, 현재 상황에 대한 추측, 강한 의지를 표현한다.

Domani io andrò in Italia.[도마니 이오 안드로 인 이딸리아] 내일 이탈리아로 갈 것이다.

Dov'è Luca?[도베 루까] 루카는 어디 있어?
Sarà nella camera.[사라 넬라 카메라] 방에 있을 거야.

Smetterò di fumare.[스메떼로 디 푸마레] 담배를 끊을 거야.

◆ 규칙형 동사

	arrivare 도착하다	scrivere (편지) 쓰다	partire 떠나다	finire 끝내다
io	arrivò [아리보]	scriverò [스크리베로]	partirò [빠르띠로]	finirò [피니로]
tu	arriverai [아리베라이]	scriverai [스크리베라이]	partirai [빠르띠라이]	finirai [피니라이]
lui / lei	arriverà [아리베라]	scriverà [스크리베라]	partirà [빠르띠라]	finirà [피니라]
noi	arriveremo [아리베렘모]	scriveremo [스크리베렘모]	partiremo [빠르띠렘모]	finiremo [피니렘모]
voi	arriverete [아리베레떼]	scriverete [스크리베레떼]	partirete [빠르띠레떼]	finirete [피니레떼]
loro	arriveranno [아리베란노]	scriveranno [스크리베란노]	partiranno [빠르띠란노]	finiranno [피니란노]

◆ 불규칙형 동사

	avere 가지다	essere 있다	fare ～하다
io	avrò [아브로]	sarò [사로]	farò [파로]
tu	avrai [아브라이]	sarai [사라이]	farai [파라이]
lui / lei	avrà [아브라]	sarà [사라]	farà [파라]
noi	avremo [아브렘모]	saremo [사렘모]	faremo [파렘모]
voi	avrete [아브레떼]	sarete [사레떼]	farete [파레떼]
loro	avranno [아브란노]	saranno [사란노]	faranno [파란노]

◆ 전치사 con

전치사 con도 다른 전치사와 마찬가지로 문맥에 따라 다양한 의미를 가진다.

① ～함께

Vado a Pargi con mio fratello.   나는 형과 함께 파리에 간다.
[바도 아 파르지 꼰 미오 프라텔로]

Ho parlato con lui questa mattina.   나는 오늘 아침 그와 이야기를 했다.
[오 빠를라또 꼰 루이 꾸에스타 마띠나]

② 교통수단

Lui è arrivato con il treno. [루이 에 아리바토 꼰 일 뜨레노]   그는 기차로 도착했다.

Vado a scuola con la bici. [바도 아 스쿠올라 꼰 라 비치]   나는 자전거로 학교를 간다.

③ ～을 가지고, ～을 이용하여

Posso pagare con la carta di credito?   카드로 계산해도 됩니까?
[뽀쏘 빠가레 꼰 라 까르따 디 크레디또]

④ 원인을 나타낼 때

Con questo caldo non posso uscire.   이런 더위에 나는 외출을 할 수 없다.
[꼰 꾸에스토 깔도 논 뽀쏘 우쉬레]

È difficile studiare con il male di testa.   이런 두통으로는 공부하기 어렵다.
[에 디피칠레 스투디아레 꼰 일 말레 디 떼스타]

◆ Beato te!

'너는 행운아야', '네가 부러워'라는 뜻으로 감탄 관용구이다. 주의해야 할 점은 듣는 상대방의
성 · 수에 따라 달라진다는 것이다.

Beato te! [베아또 떼]   네가 부러워!

Beati voi! [베아띠 보이]   너희들이 부러워!

Beato lui! [베아또 루이]   그가 부러워. / 그는 복이 많은 사람이야!

Beata lei! [베아따 레이]   그녀가 부러워. / 그녀는 복 많은 여자네!

응용 회화

A Sei pronto per il cenone di Capodanno?

세이 쁘론또 뻬르 일 체노네 디 까뽀단노?

B Certo! E tu? Cosa farai la notte di San Silvestro?

체르또! 에 뚜? 꼬자 파라이 라 노떼 디 산 실베스트로?

A Cercherò di mangiare tante lenticchie allo scoccare della mezzanotte!

체르께로 디 만자레 딴떼 렌띠끼에 알로 스코까레 델라 메짜놋떼!

B Perchè?

뻬르께?

A Come perchè? Più lenticchie mangi e più soldi arriveranno nel Nuovo Anno.

꼬메 뻬르께? 삐우 렌띠끼에 만지 에 삐우 솔디 아리베란노 넬 누오보 안노

B Allora, devo andare a comprarle!

알로라 데보 안다레 아 꼼쁘라를레!

A : 새해 저녁식사 준비는 했니?
B : 물론이지! 너는? 넌 산 실베스트로의 밤에 뭘 할 거야?
A : 나는 자정에 종이 치면 렌틸콩을 많이 먹을 거야.
B : 왜?
A : 왜라니? 네가 먹는 렌틸콩이 많을수록 새해에 더 많은 돈이 들어올 거야.
B : 그럼, 그걸 사러 가야겠어!

새 단어

Capodanno *m* 새해	mezzanotte *f* 자정
cenone *m* 만찬 저녁 (cena에 접미사 one를 붙여 확대의 의미를 가진다.)	Nuovo Anno *m* 새해
lenticchie *fpl* 렌틸콩 (lenticchia의 복수형)	soldi *mpl* 돈 (soldo의 복수형)
scoccare (시계가) 울리다	comprarle 그것을 사다 (comprare + le)

※ 이탈리아에서는 12월 31일을 산 실베스트로(San Silvestro)라고 한다. 이 날 저녁 렌틸콩으로 만든 요리를 먹으면 새해에는 돈을 많이 벌게 된다는 속설이 있다. 이는 렌틸콩이 로마제국의 금화와 비슷하게 생겼기 때문이다.

해설

◆ **Sei pronto per il cenone di Capodanno?**

essere pronto/a per ~을 할 준비가 되다

Sono pronto per partire. [소노 쁘론또 뻬르 빠르띠레] 나는 떠날 준비가 되었다.

Sei pronta per tornare? [세이 쁘론따 뻬르 또르나레] 너는 돌아올 준비가 되었니?

Amelia è pronta per parlare. 아멜리아는 말할 준비가 되었다.

[아멜리아 에 쁘론따 뻬르 빠를라레]

* 주어가 남성이면 essere pronto per~, 여성이면 essere pronta per~가 되는 것에 주의해야 한다.

이탈리아 명사는 접미사를 사용하여 뜻을 변형시킬 수 있다.

사물 + ino / a는 축소의 의미를 나타내고, 사물 + one는 확대의 의미가 된다. 그러나 몇몇 단어는 뜻이 완전히 달라지는 경우도 있다.

새 uccello [우첼로]	작은 새 uccellino [우첼리노]
저녁 cena [체나]	만찬 cenone [체노네]

집 casa [까자]　　작은 집 casetta [까세따]

우산 ombrello [옴브렐로]　　파라솔 ombrellone [옴브렐로네]

양산 ombrellino [옴브렐리노]

수저 cucchiaio [꾸끼아이오]　　국자 cucchiaione [꾸끼아이오네]

공 palla [빨라]　　축구공 pallone [빨로네]　　풍선 palloncino [빨론치노]

* 친한 사이일 때 애칭으로 남성 이름에 –ino, 여성 이름에 –etta를 붙여 사용할 수도 있다.

Marco → Marchino　　　　Maria → Marietta

◆ **cercare 동사**

'~을 찾다', '탐구하다'라는 뜻으로 주로 사용하지만 〈cercare di + 동사원형〉으로 쓰면 '~
하려 애쓰다', '노력하다'라는 의미가 된다.

Cerco di aiutarti. [체르꼬 디 아이우따르띠]　난 널 도우려 하고 있어.

Cerchiamo di fare del nostro meglio.　우리는 최선을 다하려고 노력한다.
[체르끼아모 디 파레 델 노스트로 멜리오]

Devi cercare di ricordare. [데비 체르까레 디 리꼬르다레]　너는 기억하도록 해야 해.(너
는 기억해야 해.)

Ciao Italy

밀라노 대성당

독일의 쾰른 대성당과 함께 세계 최고의 고딕 건물이자 미술사적으로는 가장 조화를 이룬 건축
물로 알려지고 있다. 1386년 밀라노의 영주 잔 갈레아초 비스콘티의 의견에 따라 대주교 안토
니오 다 사루초가 기공한 후 장장 500년이 지난 1890년에 이르러서야 준공되었고 부대 공사까
지 모두 완료된 것은 1951년이다. 가톨릭 대성당으로는 바티칸의 성 베드로 대성당과 스페인의
세비야 대성당 다음으로 세계에서 세 번째로 크다.
하늘을 찌르는 135개의 탑 하나하나의 정상에는 성인의 상이 장식되어 있고, 그 중심인 109m
의 탑에는 '작은 성모'라는 뜻의 '마돈니나(Madonnina)'상이 3,900장의 금박으로 덮여 있다.

평가 테스트

1 ( )에 주어진 동사를 미래형으로 바꾸세요.

1. Io _____ andare a comprarle. (dovere)

2. Tu cosa _____ la notte di San Silvestro? (fare)

3. Dov'è Luca? _____ nella camera. (essere)

2 다음 단어의 뜻을 써 보세요.

1. cenone _____   2. Capodanno _____

3. Natale _____   4. intenzione _____

3 주어진 단어로 문장을 만들어 보세요.

1. Capodanno? / il cenone / pronto / per / sei / di _____

2. tante / mangiare / di / cercherò / lenticchie _____

4 다음 문장을 작문하세요.

1. 크리스마스에 뭐 할 거니? _____

2. 너는 기억하도록 해야 해. _____

정답

1 dovrò / farai / sarà   **2** 만찬 / 새해 / 크리스마스 / 의도

3 Sei pronto per il cenone di Capodanno? / Cercherò di mangiare tante lenticchie.

4 Cosa farai a Natale? / Devi cercare di ricordare.

Paesaggio 빠에사죠 풍경

fiume 피우메 ⓜ 강

lago 라고 ⓜ 호수

mare 마레 ⓜ 바다

spiaggia 스피아쟈 ⓕ 해변, 해안가

valle 발레 ⓕ 계곡

ruscello 루셸로 ⓜ 개울

grotta 그롯따 ⓕ 동굴

rocca 로까 ⓕ 바위

montagna 몬따냐 ⓜ 산

bosco 보스코 ⓜ 숲

prato 프라토 ⓜ 초원

campo 깜뽀 ⓜ 들판

cascata 카스깟따 ⓕ 폭포

vulcano 불카노 ⓜ 화산

isola 이졸라 ⓕ 섬

A Prego, tocca a lei.

프레고 또까 아 레이

B Grazie.

그라찌에

A Allora, come li facciamo?

알로라 꼬메 리 파치아모?

B Mmm, non sono sicura···. Vorrei accorciarli, ma non troppo.

음 논 소노 시꾸라 보레이 아꼬르치아르리 마 논 뜨로뽀

A Va bene. Li lasciamo lisci?

바 베네 리 라쉬아모 리쉬?

B Mmh no, li vorrei un po' mossi.

음 노 리 보레이 운 뽀 모씨

A Ho capito, facciamo la permanente allora···.

오 까삐또 파치아모 라 페르마넨떼 알로라

Vuole fare anche la tinta?

부올레 파레 안께 라 띤따?

B No, il colore mi piace così.

노 일 꼴로레 미 삐아체 꼬지

A Perfetto, faccio subito un bel taglio.

뻬르페또 파쵸 수비또 운 벨 딸리오

A : 어서 오세요. 당신 차례입니다.

B : 감사합니다.

A : 그럼, 어떻게 할까요?

B : 음, 잘 모르겠어요…. 자르고 싶은데, 너무 짧게는 말고요.

A : 좋습니다. 생머리로 둘까요?

B : 음, 아니오, 웨이브가 약간 있길 바라요.

A : 알겠습니다. 그럼 파마를 하죠….
염색도 하시겠습니까?

B : 아뇨, 이 색이 좋아요.

A : 완벽합니다. 곧 커트를 하죠.

새 단어

tocca 순서가 되다 (toccare 동사의 3인칭 단수형)

accorciare 짧게 하다 [accorciarli는 accarciare + li
(li는 머리카락 i capelli을 의미)]

lisci 매끄러운, 편편한 (liscio의 복수형)

lasciamo 두다, 그대로 남겨두다 (lasciare 동사의
1인칭 복수형)

allora 그렇다면, 그럴 경우에

mossi 웨이브 (mosso의 복수형)

permanente 파마

tinta *f* 염색

perfetto 완벽한

taglio *m* 커트, 자름

해 설

◆ tocca a lei

'∼의 차례'를 말할 때 쓰는 표현이다. toccare는 '∼을 만지다', '∼에 이르다'라는 뜻도 있지만 여기서는 '∼의 순서이다', '차례이다'라는 뜻으로 쓰였다.

tocca a + 직접목적 대명사, 사람

Tocca a me. [또까 아 메]   내 차례야.

te. [떼]   네 차례야.

lui/lei. [루이/ 레이]   그/그녀 차례야.

★ 미용실에서 쓰는 단어

- parrucchiere [빠루끼에레]   미용실
- barbiere [바르비에레]   이발소
- parrucchiere [빠루끼에레], barbiere [바르비에레]   미용사, 이발사
- capelli corti [까뻴리 꼬르띠]   짧은 머리
- capelli lisci [까뻴리 리쉬]   생머리, 직모
- capelli ricci [까뻴리 리치]   고수머리
- capelli mossi [까뻴리 모씨]   웨이브가 있는 머리
- frangetta [프란제따]   앞머리
- caschetto [까스껫또]   단발머리
- permanente [뻬르마넨떼]   파마
- rotolo di capelli [로톨로 디 까뻴리]   헤어롤
- tintura [띤뚜라]   염색
- tagliare i capelli [딸리아레 이 까뻴리]   헤어 커트
- shampoo [샴푸]   샴푸
- fare shampoo [파레 샴푸]   샴푸하다
- Asciugatura [아수가뚜라]   드라이하다
- Asciugacapelli/ phon [아수가까뻴리/ 폰]   드라이기

Come vorrebbe il taglio? [꼬메 보레뻬 일 딸리오?]   어떻게 머리를 자르시겠어요?

Quanti pollici (centimetri) vorrebbe tagliare?   몇 인치 자르시겠어요?

[꽌띠 폴리치 (첸띠메트리) 보레뻬 딸리아레?]

Vuole lavarli e fare la messa in piega?   머리를 감고 파마를 하시겠어요?

[부올레 라바를리 에 파레 라 메싸 인 삐에가?]

Vorrei tenere il taglio che ho adesso, solo una spuntatina.

[보레이 떼네레 일 딸리오 께 오 아뎃소, 솔로 우나 스푼따띠나]

지금과 같은 스타일을 유지하고 싶습니다. 그냥 다듬어 주세요.

* 이탈리아의 미용실 가격은 한국에 비해 조금 더 비싼 편이고 머리 감기, 커트, 파마 등 시술에 따른 비용이 추가된다.

응용 회화

A Salve, sono Anna. Ho chiamato sta mattina per un appuntamento.

살베 소노 안나 오 끼아마또 스타 마띠나 뻬르 운 아뿐따멘또

B Salve! La stavo aspettando, si accomodi.

살베! 라 스타보 아스뻬딴도 씨 아코모디

Che cosa vorrebbe fare?

께 꼬자 보레뻬 파레?

A Il taglio, il colore e la piega.

일 딸리오 일 꼴로레 에 라 삐에가

B Quanto corti li vuole?

꽌또 꼬르띠 리 부올레

A Non molto, magari solo spuntati.

논 몰또 마가리 솔로 스뿐따띠

B E per il colore?

에 뻬르 일 꼴로레

A Sinceramente, vorrei fare dei colpi di sole.

신체라멘떼 보레이 파레 데이 꼴피 디 솔레

B Quindi, il taglio, i colpi di sole e la piega?

꾄디 일 딸리오 이 꼴삐 디 솔레 에 라 삐에가?

A Esattamente, quando viene in tutto?

에자따멘떼 꽌도 비에네 인 뚜또?

B 90€.

노반따 에우로

273

A : 안녕하세요. 안나입니다. 오늘 아침 예약 전화　　　B : 색깔은요?
　　　를 했어요.　　　　　　　　　　　　　　　　　　　A : 솔직히, 부분 염색을 하고 싶어요.

B : 안녕하세요. 기다리고 있었습니다. 편히 앉으　　　B : 그럼 커트, 부분 염색, 그리고 세팅(을 원하십
　　　세요. 어떻게 하고 싶으신가요?　　　　　　　　　　니까)?

A : 커트, 염색 그리고 세팅요.　　　　　　　　　　　A : 맞아요, 전부 얼마인가요?

B : 얼마나 짧기를 원하십니까?　　　　　　　　　　　B : 90 유로입니다.

A : 많이는 말고, 다듬어만 주세요.

새 단어

appuntamento *m* 약속	colpi di sole *mpl* 부분 염색, 하이라이트
vorrebbe 원하다 (volere 동사의 조건법)	fare dei colpi di sole 부분 염색을 하다
piega *f* 세팅	quindi 그러므로
magari 아마도(강조나 기대)	esattamente 정확한, (대화에서 맞장구 칠 때) 맞아요!
spuntato 손질, 다듬기	in tutto 전부 = in totale 전부 합해서
sinceramente 솔직히	

해 설

◆ **Ho chiamato sta mattina per un appuntamento.**

전치사 per

① 장소의 상태를 나타내는 전치사 : ∼에

　　Ho incontrato Lucia per la strada.　　나는 길에서 루치아를 만났다.

　　[오 인꼰뜨라토 루치아 뻬르 라 스트라다]

② ~을 향해

Il treno parte per Roma. [일 뜨레노 빠르떼 뻬르 로마] 기차가 로마를 향해 떠난다.

③ 시간을 나타내는 전치사 : ~동안, ~동안에

Ho lavorato per 3 ore. [오 라보라토 뻬르 뜨레 오레] 나는 세 시간 동안 일을 했다.

Ho prenotato una camera per 2 giorni. 나는 이틀 동안 방을 예약했다.

[오 프레노따또 우나 까메라 뻬르 두에 조르니]

④ ~한 이유로, 때문에

Ho dimenticato la borsa per la fretta. 나는 서두르느라 가방을 잊어버렸다.

[오 디멘띠까토 라 보르사 뻬르 라 프레따]

Hai visto per caso il mio libro? 혹시 너는 내 책을 봤니?

[아이 비스토 뻬르 까조 일 미오 리브로]

⑤ 수단의 전치사

Ho spedito un pacco per via nave. 나는 배편으로 소포를 보냈다.

[오 스페디토 운 빠꼬 뻬르 비아 나베]

Ho parlato con Maria per telefono. 나는 전화로 마리아와 이야기를 했다.

[오 빠를라토 꼰 마리아 뻬르 텔레포노]

⑥ 수단, 목적 : ~을 위해서

Siamo qui per lavoro. [시아모 뀌 뻬르 라보로] 우리는 일 때문에 여기 있습니다.

Ho chiamato per un appuntamento. 나는 예약을 하기 위해 전화했다.

[오 끼아마토 뻬르 운 아뿐따멘토]

◆ Ti stavo aspettando

'~를 기다리다'라는 뜻의 aspettare 동사는 직접목적어를 취하는 타동사이고, '~한 진행 상황'을 나타내는 동명사(stare의 반과거형 + ando)를 사용하여 '과거의 어느 시점에서부터 지금까지 내가 너를 기다리는 중이다'라고 표현하고 있다.

◆ **Quando viene in tutto?**

'전부 얼마입니까?'라는 의미로, 전치사 in이 쓰였다.

★전치사 **in**

① 장소 : ～로 향하여, ～대하여, ～에서

Domani vado in Corea.[도마니 바도 인 꼬레아] 나는 내일 한국에 간다.

Vive in Francia.[비베 인 프란챠] 그는 프랑스에서 산다.

② 시간 : ～로, ～때에

In autunno le foglie degli alberi cambiano colore.

[인 아우뚠노 레 폴리에 델리 알베리 깜비아노 꼴로레] 가을에는 나뭇잎의 색이 변한다.

③ 수단: ～로, ～을 타고

Vado in autobus.[바도 인 아우토부스] 나는 버스로 간다.

④ 수량

Siamo in tre.[시아모 인 뜨레] 3명입니다.

Quando viene in tutto?[꽌도 비에네 인 뚜또?] 전부 얼마입니까?

1 ( )에 주어진 동사를 알맞게 고치세요.

1. _____ Lucia per la strada. (io- incontrare 과거형)

2. _____ fare dei colpi di sole. (io- volere 조건법)

3. _____ fare anche la tinta? (lui/lei- volere 현재형)

2 다음 단어의 뜻을 써 보세요.

1. esattamente _____   2. appuntamento _____

3. tinta _____   4. taglio _____

5. parrucchiere _____

3 주어진 단어를 올바른 어순으로 배열하여 문장을 만드세요.

1. fare / cosa / che / vorrebbe / ? _____

2. sta mattina / per / chiamato / un / ho / appuntamento

_____

3. taglio / un / bel / subito / faccio _____

정답

1 Ho incontrato / Vorrei / Vuole   **2** 정확한 / 약속 / 염색 / 커트, 자름 / 미용실

3 Che cosa vorrebbe fare? / Ho chiamato sta mattina per un appuntamento. /
Faccio subito un bel taglio.

sensazione 센사지오네 ⓜ /
sentimento 센티멘토 ⓜ 기분

essere felice 엣세레 펠리체 /
essere contento 에쎄레 꼰뗀또 **기쁘다**

tristezza 뜨리스테짜 /
malinconia 말린코니아 ⓕ 슬픔, 비통

doloroso 돌로로조 /
dolente 돌렌떼 아픈, 괴로운

arrabbiato 아라비아또 /
furioso 푸리오조 화난

vivace 비바체 /
attivo 아띠보 활발한

sicuro 시쿠로 /
certo 체르또 확실한

piacevole 삐아체볼레 /
gradevole 그라데볼레 쾌적한

sufficiente 수피첸떼 /
abbastanza 아바스딴자 충분한

pigro 피그로 /
poltrone 뽈트로네 게으른

279

Ho perso la borsa.

기본 회화

A Ho perso la borsa.

오 뻬르조 라 보르사

B Che cosa aveva dentro?

께 꼬자 아베바 덴트로?

A C'erano i soldi e dei documenti.

체라노 이 솔디 에 데이 도꾸멘띠

B Allora deve denunciare subito. La prego di
compilare questo modulo.

알로라 데베 데눈치아레 수비또 라 프레고 디 꼼필라레 꾸에스토 모둘로

A : 저는 가방을 잃어버렸어요.
B : 안에 뭐가 들어 있었나요?
A : 돈과 서류들이 있었어요.
B : 그럼 즉시 신고하셔야 합니다. 이 양식을 작성하세요.

새 단어

borsa ⓕ 가방	allora 그렇다면
aveva 가지고 있었다 (avere 동사의 3인칭 단수. 반과거)	denunciare 신고하다
dentro ~안에	prego ~을 요구하다 (pregare 동사의 1인칭 단수)
c'erano ~있었다 (essere 동사의 3인칭 복수. 반과거)	compilare ~을 작성하다
soldi ⓜⓟⓛ 돈	modulo ⓜ 양식
dei documenti 서류들 (di + i = dei)	

해설

◆ **La prego di compilare questo modulo.**

〈pregare di + 동사원형〉은 '~하는 것을 기원하다', '요구하다'라는 뜻으로 상대방에게 무엇인가 정중히 요구할 때 사용하는 표현이다. 친한 사이에는 La 대신 ti를 사용하면 된다.

> La prego di accettare l'invito.[라 프레고 디 아쳇따레 린비또] 초대에 응해 주십시오.
> La prego di scusarmi.[라 프레고 디 스쿠자르미] 용서해 주세요.
> Ti prego di aiutarmi. [띠 프레고 디 아이우따르미] 나를 좀 도와줘.

★ 부정 형태

부정형일 때는 동사원형 앞에 non을 넣어 〈pregare di + non + 동사원형〉으로 표현하면 된다.

> La prego di non accettare l'invito. 초대에 응하지 마십시오!
> [라 프레고 디 논 아쳇따레 린비또]
> Ti prego di non partire! [띠 프레고 디 논 빠르띠레] 즉시 떠나지 마!

◆ **Che cosa aveva dentro?**

'안에 무엇이 들어 있었습니까'라는 표현으로 상황·상태에 대해 설명하기 위해 직설법 반과거 시제가 쓰였다.

★ 직설법 반과거

직설법 반과거는 과거의 행위나 상태가 완전히 끝나지 않은 상태로 계속·반복·습관·묘사를 나타낼 때 사용되는 시제이다.

① 장소나 배경 · 날씨 · 과거 상황 묘사

Era una bella giornata. [에라 우나 벨라 조르나따] 아름다운 날이었다.
Lui era molto simpatico. [루이 에라 몰또 심빠띠꼬] 그는 매우 호감 가는 남자였다.
C'era una volta… [체라 우나 볼따] 옛날 옛적에…

② 과거의 신체나 심리적 특징

Ieri sera ero molto stanco. 어제 저녁 나는 매우 피곤했다.

[이에리 세라 에로 몰또 스딴코]

③ 습관이나 반복적인 행위

Andavo in montagna tutte le domeniche. 일요일마다 산에 가곤 했다.

[안다보 인 몬따냐 뚜떼 레 도메니께]

Leggeva il giornale ogni mattina. 그는 매일 아침 신문을 읽곤 했다.

[레쩨바 일 조르날레 온니 마띠나]

* 주로 spesso, sempre, di solito, ogni mattina, ogni giorno… 등 부사 및 부사구와 함께 사용된다.

④ 과거의 동시 상황을 표현할 때

mentre(~동안) + 반과거 시제 : ~하는 동안 ~하고 있었다

Ieri mentre io leggevo un libro, Maria dormiva.

[이에리 멘뜨레 이오 레쩨보 운 리브로 마리아 도르미바]

어제 내가 책을 읽는 동안 마리아는 자고 있었다.

⑤ 과거 진행되는 행위가 다른 행위에 의해 중단될 때

Mentre leggevo un libro, Maria è entrata.

[멘뜨레 레쩨보 운 리브로 마리아 에 엔뜨라따]   내가 책을 읽는 동안에 마리아가 들어왔다.

책을 읽는 행위는 지속되는 상태(반과거)이고 마리아가 들어오는 행위는 순간적으로 개입되는 완료형의 행위(근과거)이다.

★ **직설법 반과거 형태**

	essere 있다	avere 가지다	andare 가다	leggere 읽다	dormire 자다
io	ero [에로]	avevo [아베보]	andavo [안다보]	leggevo [레쩨보]	dormivo [도르미보]
tu	eri [에리]	avevi [아베비]	andavi [안다비]	leggevi [레쩨비]	dormivi [도르미비]
lui/lei/Lei	era [에라]	aveva [아베바]	andava [안다바]	leggeva [레쩨바]	dormiva [도르미바]
noi	eravamo [에라바모]	avevamo [아베바모]	andavamo [안다바모]	leggevamo [레쩨바모]	dormivamo [도르미바모]
voi	eravate [에라바떼]	avevate [아베바떼]	andavate [안다바떼]	leggevate [레쩨바떼]	dormivate [도르미바떼]
loro	erano [에라노]	avevano [아베바노]	andavano [안다바노]	leggevano [레쩨바노]	dormivano [도르미바노]

A Cos'è successo?

꼬제 수챗쏘?

B Qualcuno mi ha rubato il portafoglio in metropolitana!

꽐꾸노 미 아 루바또 일 뽀르따폴리오 인 메트로폴리타나!

A Quand'è successo?

꽌데 수챗쏘?

B Circa un'ora fa.

치르까 우노라 파

A Cosa c'era dentro?

꼬자 체라 덴트로?

B Mmh···. La patente, una carta di credito e circa 100 euro.

음 라 빠뗀떼 우나 카르따 디 크레디또 에 치르까 첸토 에우로

A Ha visto il ladro?

아 비스토 일 라드로?

B Non sono sicura ma ho visto un ragazzo.

논 소노 시꾸라 마 오 비스토 운 라가쪼

A Può descrivermelo?

뿌오 데스크리베르멜로?

B Alto, molto magro, capelli castani, mi pare.

알또 몰또 마그로 까뺄리 카스타니 미 빠레

A : 무슨 일이신가요?

B : 누군가가 지하철에서 내 지갑을 훔쳐갔어요!

A : 언제 일어났나요?

B : 약 한 시간 전예요.

A : 안에 뭐가 있었나요?

B : 음… 면허증, 신용카드 그리고 약 100유로요.

A : 도둑을 보았나요?

B : 확실하진 않지만 한 소년을 봤어요.

A : 그를 설명해 주시겠습니까?

B : 내가 볼 땐 키가 크고, 매우 마르고, 갈색 머리카락을 가진 것 같아요.

 새 단어

Quand'è Quando + è	ladro *m* 도둑
rubato 훔치다 (rubare 동사의 과거분사형)	descrivermelo 설명하다, 묘사하다 (descrivere + me + lo)
portafoglio *m* 지갑	
metropolitana *f* 지하철	mi pare 나에게 ~처럼 보인다
patente *f* 면허증	parere ~인 듯하다, ~인 듯 생각하다

해설

◆ **Qualcuno mi ha rubato il portafoglio in metropolitana!**

'지하철에서 누군가가 나에게서 지갑을 훔쳤다'라는 문장으로 mi 는 '나에게'라는 뜻의 목적 인칭대명사이다. 복합시제가 직접목적어 lo, la, li, le와 함께 사용될 경우 직접목적어의 성·수에 일치시켜야 하지만 직접 목적어 mi, ti, ci, vi, La와 함께 사용될 때는 일치시켜도 되고 일치시키지 않아도 된다.

◆ Può descrivermelo?

descrivermelo는 간접목적인칭대명사 mi와 직접목적대명사 lo가 합쳐진 복합대명사 형태로 '그것을 나에게 설명하다'라는 표현이다.

★ 복합대명사

간접목적어와 직접목적어를 함께 사용할 때 다음과 같은 형태로 변화한다.

	목적격 대명사			
	lo	li	la	le
mi	me lo	me li	me la	me le
ti	te lo	te li	te la	te le
gli/Le	glielo	glieli	gliela	gliele
ci	ce lo	ce li	ce la	ce le
vi	ve lo	ve li	ve la	ve le
gli	glielo	glieli	gliela	gliele

* 발음상 mi, ti, ci, vi는 me, te, ce, ve로 바뀌고 gli는 e가 삽입된다.
  또한 gli(그에게), le(그녀에게), Le(당신에게), gli(그들에게)는 모두 glie-의 형태가 된다.(lo = il libro)

Mario mi presta il libro, me lo porta domani.
[마리오 미 프레스타 일 리브로 메 로 뽀르따 도마니]
마리오가 내게 책을 빌려주고, 그것을 내게 가져다줄 거야.

Chi mi racconta una storia? 누가 나에게 이야기를 한 거야?
[끼 미 라꼰따 우나 스토리아?]

Te la racconta lui. (la = una storia) [떼 라 라꼰따 루이] 그가 너에게 이야기한 거야.

Chi le presta un paio di scarpe? 누가 그녀에게 신발 한 켤레를 빌려준 거야?
[끼 레 프레스타 운 빠이오 디 스카르페?]

Gliele presta sua sorella. [리에레 프레스디 수아 소렐라] 여동생이 빌려준 거야.

Hai restituito il libro a tua sorella? 너는 너의 여동생에게 책을 빌려줬니?

[아이 레스티뚜이또 일 리브로 아 뚜아 소렐라?]

Sì, gliel'ho restituito. (lo = il libro) 응, 그녀에게 그것을 빌려줬어.

[씨 리엘로 레스띠뚜이또]

Chi ti ha regalato questi fiori? 누가 너에게 이 꽃을 선물했니?

[끼 띠 아 레갈라토 꾸에스띠 피오리?]

Me li ha regalati Mario. (li = i fiori) 마리오가 나에게 그것을 선물했어.

[메 리 아 레갈라띠 마리오]

* 복합 시제와 함께 사용할 때는 반드시 성 · 수를 일치시켜야 한다.

이탈리아의 영화

1980년대 이탈리아에서는 예술성이 낮은 영화들이 극장가에 넘쳐났고 큰 인기를 누렸다. 90년대로 들어서면서 비로소 오늘날의 영화와 같은 면모를 갖추게 된다. 천재적인 배우이자 연출자인 로베르토 베니니는 영화 '인생은 아름다워'(1998)에서 인상적이고 창의적이며 유쾌한 연기를 보여 아카데미 최우수 외국어영화상을 수상한다. 근대 이탈리아 영화에서 로베르토 베니니와 함께 또 하나의 천재적인 영화인으로 난니 모레티가 있다. 영화감독이자 배우, 프로듀서, 각본가인 난니 모레티는 특히 정치 사회적인 문제들을 다루었었는데 '지구상의 유일한 나라'(1994)에서는 실비오 베를루스코니의 행정을 비판하기도 하였다. 모레티 감독은 '나의 즐거운 일기'(1994)와 '아들의 방'(2001)으로 칸 영화제에서 최우수 감독상과 최우수 영화상을 각각 수상하였다.

그 이후 이탈리아 영화에서 큰 성공을 거둔 영화는 작가 로베르토 사비아노의 작품을 영화화한 마테오 가로네 감독의 '고모라'일 것이다. 원작과는 동떨어진 이야기라는 저널리스트들의 비판이 있었지만, 이 영화는 2008년 칸 영화제에서 그랑프리를 차지하였다.

평가 테스트

1 ( ) 안의 동사를 직설법 반과거 형태로 바꾸세요.

1. _____ una bella giorata. (essere)

2. _____ in montagna tutte le domeniche. (io – andare)

3. Che cosa _____ dentro? (avare)

2 다음 단어의 뜻을 써 보세요.

1. portafoglio _____ 2. metropolitana _____

3. patente _____ 4. ladro _____

3 다음 단어를 알맞은 순서로 배열하여 문장을 만드세요.

1. dentro / cosa / c'era _____

2. questo / La / di / compilare / modulo / prego _____

4 다음 문장을 작문하세요.

1. 무슨 일이신가요? _____

2. 다른 것을 보셨습니까? _____

정답

1 Era / Andavo / aveva   **2** 지갑 / 지하철 / 면허증 / 도둑

3 Cosa c'era dentro? / La prego di compilare questo modulo.

4 Cos'è successo? / Ha visto qualcos'altro?

gelosia 젤로지아 /
indivia 인디비아 **질투**

paura 빠우라 /
timore 띠모레 **두려움**

carino 까리노 /
amabile 아마빌레 **귀여운**

diligente 딜리젠떼 /
laborioso 라보리오조
부지런한, 근면한

fastidioso 파스티디오조 /
noioso 노이오조 **귀찮은**

generoso 제네로조 /
magnanimo 마냐니모
관대한

sano 사노 /
vigoroso 비고로조 **건강한**

vergognoso 베르고뇨조 /
timido 띠미도 **부끄러운**

기본 회화

A **Buongiorno, vorrei spedire questo pacco.**

본조르노 보레이 스페디레 꾸에스토 빠코

B **Buongiorno, vuole spedirlo tramite posta prioritaria o posta ordinaria?**

본조르노 부올레 스페디를로 뜨라미떼 포스따 프리오리따리아 오 포스따 오르디나리아?

A **Che differenza c'è?**

께 디페렌자 체?

B **Con la posta prioritaria il pacco arriva in tre giorni, con quella ordinaria in dieci giorni.**

꼰 라 뽀스따 프리오리타리아 일 빠코 아리바 인 뜨레 조르니 꼰 꿸라 오르디나리아 인 디에치 조르니

A **Ah, ho capito, allora scelgo la posta prioritaria.**

아 오 까삐또 알로라 셸고 라 포스따 프리오리따리아

B **Va bene, allora deve compilare questo modulo. Intanto mi dia il pacco. Il peso è di due chili. Spedirlo costa 15 euro.**

바 베네 알로라 데베 꼼삘라레 꾸에스또 모둘로 인딴또 미 디아 일 빠꼬 일 뻬조 에 디 두에 낄리 스페디를로 꼬스따 낀디치 애우로

A **Ecco a lei.**

에코 아 레이

B **Grazie, ecco il resto, arrivederci.**

그라찌에 에코 일 레스토 아리베데르치

A : 안녕하세요. 이 소포를 보내고 싶은데요.

B : 안녕하세요. 특급우편으로 보내시겠습니까 아니면 일반우편으로 보내시겠습니까?

A : 뭐가 다른 건가요?

B : 속달우편으로는 소포가 3일 안에 도착하고 일반우편으로는 10일 걸립니다.

A : 아, 알겠어요, 그러면 특급 우편으로 하죠.

B : 좋습니다. 그러면 여기 이 양식을 작성하셔야 합니다. 우선 소포를 제게 주세요. 무
게는 2킬로입니다. 이것을 보내는 가격은 15유로입니다.

A : 여기 있습니다.

B : 감사합니다. 여기 거스름돈입니다. 안녕히 가세요.

새 단어

spedire 보내다, 발송하다	ordinario ⓜ 일반의, 보통의
questo 이, 이것 (지시형용사)	spedirlo spedire + lo (lo는 앞에 있는 소포를 나타내는 직접목적대명사)
pacco ⓜ 소포	
tramite ~통해서, 방법, 수단으로	compilare 기입하다, 채우다
posta prioritaria ⓕ 특급우편	modulo ⓜ 양식, 폼
posta ⓕ 우편	intanto 일단, 우선, 그러는 동안
prioritario 우선권을 가진	peso ⓜ 무게
posta ordinaria ⓕ 일반 우편	

해 설

◆ **Vorrei spedire questo pacco.**

Vorrei는 volere 동사의 조건법 현재형으로 무엇인가를 질문하거나 요청할 때 사용하는 공
손한 표현 방식이다. 문장 끝에 영어의 please와도 같은 per favore를 붙이기도 한다.
반과거 형태인 volevo를 vorrei 대신 사용할 수도 있다.

Volevo un caffè per favore. [볼레보 운 까페 페르 파보레]

Vorrei un caffè per favore. [보레이 운 까페 뻬르 파보레]　커피 한 잔 주세요.

Vorrei spedire una cartolina in Corea del sud.　한국으로 엽서를 보내고 싶어요.

[보레이 스페디레 우나 까르똘리나 인 꼬레아 델 수드]

Dovrei spedire un documento all'estero.　서류를 해외로 보내야 하는데요.

[도브레이 스페디레 운 도꾸멘또 알레스테로]

* 외국에서 한국이라고 하면 Corea del nord(북한)과 Corea del sud(남한)인지 다시 물어보는 경우가 많다. 이탈리아에서도 마찬가지로 한국은 반드시 Corea del sud라고 해야 한다.

◆ **Vuole spedirlo tramite posta prioritaria o posta ordinaria?**

vuole는 조동사이므로 spedire가 동사원형의 형태가 되어야 한다. lo는 앞 문장의 pacco를 받는 직접목적대명사이다.

tramite(~편으로, ~을 통해서) 대신 via를 사용하여 표현할 수도 있다.

Vorrei spedire questo pacco via aerea.　이 소포를 항공편으로 보내고 싶습니다.

[보레이 스페디레 꾸에스토 빠꼬 비아 아에레아]

Vorrei spedire questo pacco via nave.　이 소포를 배편으로 보내고 싶습니다.

[보레이 스페디레 꾸에스토 빠꼬 비아 나베]

Vorrei spedire la lettera per via raccomandata.　편지를 등기로 보내고 싶습니다.

[보레이 스페디레 라 레떼라 뻬르 비아 라꼬만다따]

◆ **prioritario**

앞의 명사 posta를 수식하는 품질형용사로 posta가 여성 단수명사이므로 명사의 성·수 일치를 위해 prioritario는 prioritaria가 된다. 마찬가지로 ordinario도 여성 단수명사 posta를 꾸며주는 품질 형용사이기 때문에 ordinaria가 된다.

응용 회화

A Buongiorno, mi dica.

본 조르노 미 디까

B Dovrei pagare queste bollette acqua, luce e gas.

도브레이 빠가레 꾸에스테 볼레떼 아쿠아 루체 에 가스

A Mi dia tutte le bollette.

미 디아 뚜떼 레 볼렛떼

B Posso pagare con la carta di credito o devo

pagare in contanti?

뽀쏘 빠가레 꼰 라 까르따 디 크레디또 오 데보 빠가레 인 꼰단띠?

A Va bene anche con carta di credito.

바 베네 안께 꼰 까르따 디 크레딧또

B Ecco a Lei.

에꼬 아 레이

A Ecco la ricevuta. Arrivederci!

에꼬 라 리체부따 아리베데르치!

A : 안녕하세요. 말씀하세요.

B : 수도, 전기와 가스 요금을 내고 싶은데요.

A : 모든 청구서를 저에게 주세요.

B : 카드로 계산해도 될까요, 아니면 현금으로 내야 하나요?

A : 카드도 괜찮습니다.

B : 여기 있습니다.

A : 여기 영수증이 있습니다. 안녕히 가세요!

dica 말하다 (dire 동사의 명령형)

pagare 지불하다

bollette *fpl* 영수증, 계산서 (bolletta의 복수형이자
bolla의 축소형. bolletta del gas 가스 영수증)

acqua *f* 물

gas *m* 가스

luce *f* 전기

dia 주다 (dare 동사의 명령형)

carta di credito *f* 신용카드

contanti *mpl* 현금 (contante의 복수형)

pagare in contanti 현금으로 계산하다

ricevuta *f* 영수증

tutto 전부

devo 해야 한다 (의문문 1인칭으로) ～해도 될까요?
(dovere 동사의 1인칭 단수)

ecco ～에 있다

해 설

◆ **Mi dica.**

'말씀하세요.'라는 뜻으로 명령법에 해당한다.

★ 존칭 명령

이탈리아어의 명령법은 '～해', '～하시오'와 같은 명령형 문장으로 사용할 뿐만 아니라 말하
는 사람이 듣는 사람에게 어떤 행동을 요구하고자 할 때, 또는 공손한 표현으로 사용된다.

Venga con me.[벤가 꼰 메] 저와 함께 가시죠. (venire 명령형)
Mi dia una mano.[미 디아 우나 마노] 저를 도와주세요. (dare 명령형)

* dare una mano 도움을 주다

★ 존칭 명령의 형태

존칭 형태의 명령법으로 단수형은 lei, 복수형으로는 loro 이다.

are 동사는 i, ere 동사는 a, ire 동사는 a/isca 로 변화한다.

	aspettare 기다리다	pagare 지불하다	prendere 잡다, 마시다	sentire 느끼다	dormire 자다	finire 끝내다
Lei	aspetti [아스페띠]	paghi [빠기]	prenda [프렌다]	senta [센따]	dorma [도르마]	finisca [피니스까]
loro	aspettino [아스페띠노]	paghino [빠기노]	prendano [프렌다노]	sentano [센따노]	dormano [도르마노]	finiscano [피니스까노]

★ 불규칙형

	essere 있다	avere 가지다	dire 말하다	dare 주다	fare 하다	stare 있다
Lei	sia [시아]	abbia [아비아]	dica [디까]	dia [디아]	faccia [파치아]	stia [스티아]
loro	siano [시아노]	abbiano [아비아노]	dicano [디까노]	diano [디아노]	facciano [파치아노]	stiano [스티아노]

존칭 명령에서 직접목적대명사, 간접목적대명사, 결합대명사, 재귀대명사와 함께 사용할 경우에는 동사 앞에 위치한다.

Mi aspetti. [미 아스뻬띠]   나를 기다려 주세요.

Si accomodi. [씨 아꼬모디]   편히 앉으세요.

Gli chieda. [리 끼에다]   그에게 물어보세요.

◆ 지시부사 ecco

① 사람이나 물건을 가리키거나 보이면서 '~이 여기에 있다'는 뜻으로 사용된다.

Ecco la mia borsa. [에코 라 미아 보르사]   여기 내 가방이 있다.

Ecco la ricevuta. [에코 라 리체부따]   여기 영수증이 있습니다.

Ecco Luca! [에코 루까!]   루카다.

② 간접목적대명사 a te, a Lei, a voi와 함께 사용하여 '~에게 ~이 있다'라는 의미로 사용
된다.

Ecco a te. [에코 아 떼]　여기 있어.
Ecco a Lei. [에코 아 레이]　여기 있습니다.

③ ecco + 약형대명사(mi, ti, lo, la, ci, vi, li, le, ne) : 약형대명사와 함께 사용할 때는 한
단어처럼 결합해서 쓴다.

Eccolo. [에코로]　여기에 있습니다.
Eccomi. [에코미]　나 여기 있어.

◆ **부정 명령의 형태**

긍정형 형태에 non만 붙이면 부정 명령이 된다.

① 2인칭 단수(tu)의 부정 명령형 : Non + 동사원형

are 동사 :　Parla! [빠를라]　말해!　↔　Non parlare! [논 빠를라레]　말하지 마!
ere 동사 :　Credi! [크레디]　믿어!　↔　Non credere! [논 크레데레]　믿지 마!
ire 동사 :　Parti! [빠르띠]　떠나!　↔　Non partire! [논 빠르띠레]　떠나지 마!

② 1인칭 복수(noi)와 2인칭 복수형(voi)의 부정 명령형

· Noi :　Mangiamo una mela! [만지아모 우나 멜라]　사과를 하나 먹자!
　　　　Non mangiamo una mela!　사과를 하나 먹지 맙시다!
　　　　[논 만지아모 우나 멜라]

· Voi :　Mangiate una mela! [만쟈떼 우나 멜라]　사과를 먹어!
　　　　Non mangiate una mela! [논 만쟈떼 우나 멜라]　사과를 먹지 마!

③ 2인칭 단수 존칭(Lei) 명령법과 복수 존칭(Loro) 명령

- Lei : Prenda l'autobus! [프렌다 라우토부스] 버스를 타세요!
         Non prenda l'autobus! [논 프렌다 라우토부스] 버스를 타지 마세요!

- Loro : Prendano l'autobus! [프렌다노 라우토부스] 여러분, 버스를 타세요!
          Non prendano l'autobus! 여러분, 버스를 타지 마세요!
          [논 프렌다노 라우토부스]

◆ **명령형에서 대명사의 위치**

모든 대명사는 Lei 와 Loro 를 제외하고 모두 동사 앞에 위치한다.

① 재귀대명사

	lavarsi 씻다	vestirsi (옷을) 입다
tu	lavati [라바띠]	vestiti [베스띠띠]
Lei	si lavi [시 라비]	si vesta [시 베스타]
noi	laviamoci [라비아모치]	vestiamoci [베스띠아모치]
voi	lavatevi [라바떼비]	vestitevi [베스띠떼비]
Loro	si lavino [시 라비노]	si vestano [시 베스타노]

② 직접목적대명사

- tu : Aspettami un momento! [아스뻬따미 운 모멘토] 나를 잠깐 기다려!
- Lei : Mi aspetti un momento! [미 아스뻬띠 운 모멘토] 저를 잠깐 기다리세요!
- noi : Aspettatemi un momento! 너희들, 나를 잠깐 기다려!
         [아스뻬따떼미 운 모멘토]
- voi : Aspettamolo un momento! [아스뻬따몰로 운 모멘토] 그를 잠깐 기다립시다!
- Loro : Mi aspettino un momento! [미 아스뻬띠노 운 모멘토] 저를 잠깐 기다리세요!

297

③ 간접목적대명사

- tu : **Chiedigli quando viene!** [끼에디리 꽌도 비에네] 그에게 언제 오는지 물어봐!
- Lei : **Gli chieda quando viene!** 그에게 언제 오는지 물어보세요!
  [리 끼에다 꽌도 비에네]
- noi : **Chiediamogli quando viene!** 그에게 언제 오는지 물어봅시다!
  [끼에디아모리 꽌도 비에네]
- voi : **Chiedetegli quando viene!** 그에게 언제 오는지 너희가 물어봐!
  [끼에데떼리 꽌도 비에네]
- Loro : **Gli chiedano quanto viene!** 그에게 언제 오는지 물어보세요!
  [리 끼에다노 꽌도 비에네]

우체국에서 사용하는 용어들

- **Posta Raccomandata** [포스따 라꼬만다따] : 등기 우편
- **Posta Prioritaria** [포스따 프리오리타리아] : 속달 우편
- **codice postale** [코디체 포스딸레] : 우편번호
- **scatole per l'estero** [스카톨레 뻬르 레스테로] : 해외 배송용 박스
- **mittente** [미뗀떼] : 발송인(보내는 사람)
- **destinatario** [데스티나타리오] : 수취인(받는 사람)
- **sportello** [스포르텔로] : 창구

* 이탈리아의 우체국(Posteitaliane)에서는 거의 모든 종류의 세금과 벌금을 납부할 수 있다.

🐟 **1** ( )에 주어진 동사를 알맞은 형태로 바꾸세요.

1. _ _ _ _ _ _ _ _ _ _ _ _ _ _ questo caffè! 이 커피를 마시세요! (Lei- prendere 명령형)

2. _ _ _ _ _ _ _ _ _ _ _ _ _ _ i suoi documenti! 당신의 서류들을 주십시오! (Lei-dare 명령형)

3. Non _ _ _ _ _ _ _ _ _ _ _ _ _ il cioccolato! 초콜릿을 먹지 마! (tu- mangiare 명령형)

🐟 **2** 다음 단어의 뜻을 써 보세요.

1. spedire _ _ _ _ _ _ _ _ _ _ _ _ _ _   2. compliare _ _ _ _ _ _ _ _ _ _ _ _ _ _

3. tramite _ _ _ _ _ _ _ _ _ _ _ _ _ _   4. pagare _ _ _ _ _ _ _ _ _ _ _ _ _ _

🐟 **3** 주어진 단어를 바른 어순으로 배열하여 문장을 만드세요.

1. le / tutte / dia / mi / bollette _

2. pacco / spedire / vorrei / questo _

3. questo / compliare / deve / modulo. _

🐟 **4** 다음 문장을 이탈리아어로 옮기세요.

1. 편히 앉으세요. _

2. 여기 영수증이 있습니다. _

정답

1 Prenda / Dia / mangiare   **2** 보내다, 발송하다 / 기입하다, 채우다 / ~통해서 / 지불하다

3 Mi dia tutte le bollette. / Vorrei spedire questo pacco. / Deve compliare questo modulo.

4 Si accomodi. / Ecco la ricevuta.

◆ **Euro** 에우로 유로

▶ **5 Euro** 친꿰 에우로 5유로

▶ **10 Euro** 디에치 에우로 10유로

▶ **20 Euro** 벤띠 에우로 20유로

▶ **50 Euro** 친꽌따 에우로 50유로

▶ **100 Euro** 첸또 에우로 100유로

▶ 1 ~ 50cent, 1Euro, 2Euro

giorno
28°

Vorrei usare internet.

인터넷을 사용하고 싶은데요.

기본 회화

A Buongiorno. Vorrei usare internet.

본조르노 보레이 우자레 인떼르넷

B Certo. Può usare il computer n° 5.

체르또 뿌오 우자레 일 꼼뿌떼르 누메로 친꿰

A Come si usa? È la prima volta che vengo ad un internet point.

꼬메 씨 우자? 에 라 쁘리마 볼따 께 벵고 아드 운 인떼르넷 포인트

B Lei mi dà un documento di identità, io la registro e le do un username e una password.

레이 미 다 운 도꾸멘또 디 이덴띠따 이오 라 레지스트로 에 레 도 운 유저네임 에 우나 패스워드

A Quanto costa?

꽌또 꼬스따?

B Dipende da quanto tempo usa internet. Costa 1 euro l'ora.

디뻰데 다 꽌또 뗌뽀 우자 인떼르넷 꼬스타 운 에우로 로라

A Grazie mille.

그라찌에 밀레

B Prego.

쁘레고

A : 안녕하세요. 인터넷을 사용하고 싶은데요.

B : 물론이죠. 5번 컴퓨터를 사용하시면 됩니다.

A : 어떻게 사용하나요? 인터넷 포인트는 처음입니다.

B : 내게 신분증을 주면 내가 그것을 등록해서 사용자 이름과 비밀번호를 당신에게 줄게요.

A : 얼마인가요?

B : 사용 시간에 따라 달라집니다. 시간당 1유로입니다.

A : 감사합니다.

B : 천만에요.

새 단어

usare 사용하다	identità ⓕ 신원
usa 사용하다 (usare 동사의 3인칭 단수형)	registro 등록하다 (registrare 동사의 1인칭 단수형)
internet ⓜ 인터넷	username ⓜ 사용자 이름 (주로 영어를 그대로 사용
certo 물론이죠, 맞아요 (긍정과 확신을 표현할 때 사용)	하지만 이탈리아어로는 nome utente이다.)
n°= numero ⓜ 번호	password ⓜ 비밀번호
internet point ⓜ 인터넷 포인트	dipende da ~에 따라 다르다 (dipendere da–)
dà 주다 (dare 동사 명령형)	costa 비용이 들다 (costare 동사의 3인칭 단수형)
documento di identità ⓜ 신분증	prego 천만에요
documento ⓜ 문서, 서류	

해 설

◆ **Come si usa?**

'어떻게 사용하나요?'라고 해석된다.

★ 비인칭 대명사 si

주제가 분명하지 않고, 일반적인 의미를 담고 있을 때 비인칭 용법을 사용한다.

비인칭 용법의 형태 : si + 3인칭 단수동사

In Italia si parla italiano.　이탈리아에서는 이탈리아어로 말한다.
[인 이탈리아 씨 빠를라 이탈리아노]

Non si può fumare qui.[논 씨 뿌오 푸마레 뀌]　여기서 담배를 피우면 안 됩니다.

재귀동사일 경우에는 〈ci + si + 3인칭 동사〉의 형태가 된다. 이는 재귀대명사의 si 가 비인칭 si 와 중복되기 때문에 비인칭 si 는 ci 로 변화된다.

Ci si alza più tardi nel fine settimana.　사람들은 주말에는 늦게 일어난다.
[치 씨 알자 삐우 따르디 넬 피네 세띠마나]

La domenica ci si riposa.[라 도메니카 치 씨 리포자]　사람들은 일요일에 휴식을 취한다.

★ **비인칭 si의 복합시제**

① avere, essere 동사

Quando si è dormito male, ci si sente stanchi.
[꽌도 씨 에 도르미또 말레 치 시 센떼 스탄끼]　사람은 잠을 잘 못 잤을 때 피곤하다는 느낌이 든다.

Si è attraversati con il semaforo verde.　사람들은 신호등이 파란불일 때 길을 건넌다.
[씨 에 아트라베르사띠 꼰 일 세마포로 베르데]

※ 비인칭 si + essere 동사일 경우 반드시 성·수를 일치시켜야 한다.

② ci + 재귀동사의 복합시제

Ieri sera, in discoteca, ci si è divertiti molto.
[이에리 세라 인 디스코떼까 치 씨 에 디베르띠띠 몰또]

어제 저녁 디스코텍에서 사람들은 매우 즐거웠다.

Ieri, al concerto, ci si è annoiati tanto.　어제 콘서트에서 사람들은 매우 지루해했다.
[이에리 알 콘체르또 치 씨 에 안노이아띠 딴또]

◆ 상황에 따라 다양한 의미로 사용되는 prego

prego는 일반적으로 감사인사 grazie에 대한 대답으로 가장 많이 사용된다.

> A : Grazie.   감사합니다.
>
> B : Prego.   천만에요.

이 외에도 손님이 식당에 들어갈 때 웨이터가 Prego라고 말하면 '어서 오세요'라는 의미, 자리 안내 후 Prego라고 하면 '여기 앉으세요'라는 의미다. 또한 주문을 받을 때는 '주문하세요', 음식을 가져다주면서 '여기 있습니다'라는 의미로 사용한다.

상점에서 Prego라고 하면, 식당과 마찬가지로 '어서 오세요', '환영해요'라는 의미로 사용하고 직원이 손님을 응대할 때, 또는 물건을 건네거나 제시할 때 '여기 있습니다'라는 의미로 쓰인다.

이 밖에도 부탁하거나 간청할 때 '부탁이야', '너에게 간절히 바란다' 혹은 기도할 때 '내가 기도할게'라는 뜻으로 사용되기도 한다.

Ciao Italy

이탈리아 와인

로마시대부터 유럽으로 와인을 전파시킨 이탈리아의 와인 산업은 3,000년 이상의 전통을 가지고 있다. 현재 이탈리아에서는 300개 이상의 지역에 근원을 두고 훌륭한 와인을 생산하고 있는데 주요산지는 첫째, 피렌체를 중심으로 한 토스카나 주로 이탈리아에서도 가장 유명한 키안티 와인을 생산하고 있다.

둘째, 북서부 알프스 산맥 아래 피에몬테 와인 중에서 피에몬테의 토착품종인 네비올로(Nebbiolo)는 안개(nebbia)에서 유래하였으며, 바롤로(Barolo)나 바르바레스코(Barbaresco)에서 주로 재배되는 적포도 품종으로 가티나라(Gattinara), 바르바레스코(Barbaresco)와 같은 이탈리아 피에몬테(Piemonte) 최고의 와인을 만든다.

셋째, 베네토 와인으로 베네토는 피에몬테, 토스카나와 더불어 이탈리아를 대표하는 와인 산지이다. DOC 와인 생산량으로 이탈리아 최대 규모를 자랑한다.

넷째, 북동부의 아브루쪼 와인으로 아브루쪼(Abruzzo)는 몬테풀치아노 다부르쪼(Motepuclano d'Abruzzo) DOC라는 단일 와인으로 유명한 중동부 이탈리아에 위치한 지역이다.

응용 회화

A Buongiorno, vorrei navigare in internet, è possibile?

본조르노 보레이 나비가레 인 인떼르넷 에 뽀씨빌레?

B Certo, al momento c'è una postazione vuota. Ha la tessera?

체르또 알 모멘또 체 우나 포스따지오네 부오따 아 라 떼쎄라?

A No, è la prima volta che vengo.

노 에 라 쁘리마 볼따 께 벤고

B Allora, deve compilare questo modulo e mettere una firma alla fine.

알로라 데베 꼼필라레 꾸에스토 모둘로 에 메떼레 우나 피르마 알라 피네

A OK.

오케이

B Bene, questa è la sua tessera. Quando arriva al computer deve inserire la tessera per andare su internet.

베네 꾸에스따 에 라 수아 떼쎄라 꽌도 아리바 알 꼼뿌떼르 데베 인세리레 라 떼쎄라 뻐르 안다레 수 인떼르넷

A Grazie. Quanto costa usare internet?

그라찌에 꽌또 꼬스타 우자레 인떼르넷?

B Sono 25 centesimi ogni 15 minuti. In pratica costa 1 euro l'ora.

소노 벤띠친퀘 첸떼지미 온니 뀐디치 미누띠 인 프라띠까 꼬스타 운 에우로 로라

A : 안녕하세요. 인터넷을 사용하고 싶은데 가능한가요?

B : 물론이죠. 지금 한자리가 비었네요. 회원증이 있으신가요?

A : 아니오. 여기 처음 왔습니다.

B : 그럼 이 양식을 작성하고 마지막에 서명하세요.

A : 네.

B : 좋습니다. 여기 회원증이 있습니다. 컴퓨터로 가서 인터넷 사용을 위해 회원증을 넣으세요.

A : 감사합니다. 인터넷 사용 요금은 얼마입니까?

B : 15분에 25센트입니다. 실제로 1시간 1유로입니다.

새 단어

navigare in internet 인터넷 서핑을 하다	compilare 기입하다
al momento 지금	mettere una firma 서명하다
postazione *f* 위치, 자리	firma *f* 서명
postazione vuota *f* 빈자리	alla fine 마지막, 끝에
tessera *f* 회원증	in pratica 실제로

해설

◆ **Vorrei navigare in internet.**

'인터넷을 서핑을 하고 싶은데요.'라는 의미다. navigare 는 '항해하다', '비행하다'라는 뜻의 동사이지만, surf the internet(인터넷 검색, 서핑하다)처럼 사용된다.

전치사 in 대신 su 를 사용하기도 한다.

Vorrei usare internet. [보레이 우자레 인떼르넷] 인터넷을 사용하고 싶습니다.

Vorrei usare una stampante. 프린터를 사용하고 싶습니다.
[보레이 우자레 우나 스땀빤떼]

Vorrei scandire. [보레이 스칸디레] 스캔하고 싶습니다.

Vorrei controllare il mio e-mail. 이메일을 확인하고 싶습니다.
[보레이 꼰트롤라레 일 미오 이-메일]

* 이탈리아에는 한국과 같은 PC방이 없다. 대신 인터넷 사용과 복사, 인쇄를 할 수 있는 인터넷 카페(internet cafe)가 있다. 가격은 한국보다 비싼 편이고, 주로 대학가나 역 근처에 있다.

◆ **la prima volta che vengo.**

'이곳에 처음 왔습니다.'라는 의미다.

★ 관계대명사 che

관계대명사는 앞에 오는 명사를 대신하는 동시에 뒤에 오는 절을 선행사에 연결하여 주는 대명사이다.

예) Maria è la ragazza che studia con me. :

Maria è la ragazza + la ragazza(Maria) studia con me.

Maria è la ragazza che studia con me(마리아는 나와 함께 공부하는 소녀이다.)의 경우 '나와 함께 공부하다(studia con me)'라는 문장이 앞에 있는 '소녀(la ragazza)'라는 말을 꾸며주고 있다. 이때 che 앞에서 꾸밈을 받는 la ragazza가 선행사가 되고 관계대명사가 이끄는 절 che 이하는 '~하는', '~는', '~한'이라고 해석하면 된다.

* 관계대명사 che는 주격, 목적격 역할을 하며 선행사의 성/수에 영향을 받지 않는다.

주격인 경우

Ho conosciuto un ragazzo. Il ragazzo parlava bene il cinese.
[오 꼬노슈또 운 라가쪼 일 라가쪼 빠를라바 베네 일 치네제]
나는 한 소년을 안다. 그 소년은 중국어를 잘한다.

→ Ho conosciuto un ragazzo che parlava bene il cinese.
[오 꼬노슈또 운 라가쪼 께 빠를라바 베네 일 치네제]
나는 중국어를 잘하는 한 소년을 안다.

목적격인 경우

Il quadro è molto bello. Tu mi hai regalato il quadro.

[일 꾸아드로 에 몰또 벨로 뚜 미 아이 레갈라또 일 꾸아드로]

그림이 매우 멋져. 네가 내게 그림을 선물했어.

→ Il quadro che tu mi hai regalato è molto bello.

[일 꾸아드로 께 뚜 미 아이 레갈라또 에 몰또 벨로]

네가 내게 선물한 그림은 매우 멋져.

카페에서 사용하는 용어

- (Caffè) espresso [까페 에스프레소] ⓜ 에스프레소
- Caffè ristretto [까페 리스트렛또] ⓜ 단기간에 추출한 에스프레소 커피
- Caffè con panna [까페 꼰 빤나] ⓜ 에스프레소에 크림이 조금 들어간 커피
- Caffè Shakerato [까페 샤케라또] ⓜ 에스프레소에 얼음과 설탕 시럽을 넣어 칵테일 셰이커로 만든 커피
- Caffè macchiato [까페 마끼아또] ⓜ 에스프레소에 우유가 조금 들어간 커피
- Caffè Schiumato [까페 스키우마또] ⓜ 에스프레소에 뜨거운 우유 거품이 조금 들어간 커피
- Caffè corretto [까페 꼬렛또] ⓜ 술이 들어간 에스프레소
- Caffè decaffeinato [까페 데카페이나또] ⓜ 디카페인 커피

- Acidità [아치디따] ⓕ 산미
- Amaro [아마로] ⓜ 쓴맛
- Aroma [아로마] ⓜ 풍미, 아로마

- scaricare [스까리까레] 다운로드
- pagina iniziale [빠지나 이니지아레] 홈페이지
- in linea [인 리네아] 온라인

- **motore di ricerca** [모또레 디 리체르까] 검색 엔진
- **navigare su internet** [나비가레 수 인테르넷] 인터넷
- **sito internet** [시또 인떼르넷] 웹사이트

 *Ciao Italy*

이탈리아의 카페 문화

이탈리아에서는 1600년대부터 카페가 번창하여 커피 문화가 잘 발달되어 있다. 카페라떼, 카푸치노, 마키아토, 아포가토 등 카페에서 사용되는 커피 메뉴 대부분이 이탈리아어에서 유래된 단어이다.

이탈리아 사람들은 오전에는 우유가 들어 있는 라떼나 카푸치노를 마시고, 그 외의 시간에는 에스프레소를 마신다. 바에서 커피라고 주문하면 에스프레소를 주기 때문에 한국에서처럼 아메리카노를 마시고 싶다면 Caffè lungo를 주문해야 한다.

1 ( )에 주어진 동사를 알맞은 형태로 바꾸세요.

1. Mi _____ un documento. (dare-존칭 명령법)

2. _____ uasare il computer n°5. (Lei-potere)

3. _____ stampare dei documenti? (io-potere)

2 다음 단어의 뜻을 써 보세요.

1. documento _____   2. prego _____

3. usare _____   4. stampare _____

3 주어진 단어를 바른 어순으로 배열하여 문장을 만드세요.

1. quanto / usa / internet / dipende / tempo / da _____

2. di / venti / il / costo / è / in / e / stampa / per / bianco / centisimi / nero / una

_____

4 다음 문장을 이탈리아어로 옮기세요.

1. 인터넷 사용 요금은 얼마입니까? _____

2. 얼마인가요? _____

정답

1 dà / Può / Posso   **2** 문서, 서류 / 천만에요 / 사용하다 / 복사하다, 인쇄하다

3 Dipende da quanto tempo usa internet. / Il costo è di venti centesimi per una stampa in bianco e nero.   **4** Quanto costa usare internet? / Quanto costa?

Caffè 카페 **카페**

Caffè 카페 Ⓜ 커피
espresso 에스프레소
에스프레소

Caffè lungo 카페 룬고 Ⓜ /
americano 아메리카노 Ⓜ
아메리카노

Caffè freddo 카페 프레도
아이스커피

Caffè latte 카페 라떼
카페 라떼

Cappuccino 카푸치노
카푸치노

Tè 떼 차
Tè freddo 떼 프레도
차가운 차

spremuta 스프레무따
과일 주스

portar via 뽀르따르 비아
테이크아웃

cornetto 꼬르네또 크루아상

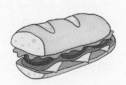

tramezzino 뜨라메찌노 샌드위치

기본 회화

A Buongiorno.

본조르노

B Buongiorno, vorrei noleggiare una bici. Quanto costa?

본조르노 보레이 노레짜레 우나 비치 꽌또 꼬스따?

A Costa 15 euro al giorno. Desidera anche noleggiare il casco?

꼬스따 뀐디치 에우로 알 조르노 데지데라 안께 노레짜레 일 까스코?

B Sì, grazie.

씨 그라찌에

A Venga con me a scegliere la bici che preferisce.

벤가 꼰 메 아 쉘리에레 라 비치 께 프레페리쉐

B La ringrazio.

라 린그라지오

A : 안녕하세요.

B : 안녕하세요. 자전거를 빌리고 싶은데요. 얼마입니까?

A : 1일에 15유로입니다. 헬멧도 빌리실 건가요?

B : 네. 감사합니다.

A : 저와 함께 마음에 드는 자전거를 고르러 가시죠.

B : 감사합니다.

새 단어

noleggiare (배, 자동차) 빌리다	casco ⓜ 헬멧
bici ⓕ (bicicletta의 축약형) 자전거	venga 가다 (venire 동사의 명령법)
quanto 얼마나, 얼만큼	scegliere 선택하다, 고르다
costa 비용이 들다 (costare 동사의 3인칭 단수형)	preferisce 선호하다 (preferire 동사의 3인칭 단수형)
al giorno 하루에, 1일에	ringrazio 감사하다 (ringraziare 동사의 1인칭 단수형)

해설

◆ 가격 묻기

Quanto costa?[꽌또 꼬스타] / Quanto viene?[꽌또 비에네] / Quant'è?[꽌떼]
얼마입니까?

Quanto costa?와 Qaunto viene?는 동일한 의미이며 옷이나 일반적인 물건의 가격을 물어볼 때 사용한다. Quant'è?의 경우 물품이 추가된 결과로 총 금액을 알고 싶을 때 사용한다. 예를 들어 커피를 주문할 때 카푸치노, 샌드위치, 그리고 다른 것들을 주문하고 지불해야 할 총 금액을 물어볼 때 Quant'è?를 사용하면 된다.

A : Buongiorno, signori, Cosa prendete? 안녕하세요, 여러분. 무엇을 드시겠습니까?
[본조르노 시뇨리 꼬자 프렌데떼?]

B : Per me un espresso e un cornetto. 나는 에스프레소 한 잔과 크루아상 하나 주세요.
[뻬르 메 운 에스프레소 에 운 꼬르네또]

C : Per me una spremuta, un tramezzino e un caffè.
[뻬르 메 우나 스프레무따 운 뜨라메찌노 에 운 까페] 저는 과일 주스, 샌드위치와 커피를 주세요.

B : Quant'è?[꽌떼?] 얼마입니까?

A : Sono 11 euro in tutto.[소노 운디치 에우로 인 뚜또] 전부 11유로입니다.

* 프랑스에서는 반달 모양처럼 생겼다고 해서 '크루아상'이라고 하지만 이탈리아에서는 작은 뿔 모양처럼 생겼다고 '꼬르네또'라고 한다.

◆ **Venga con me a scegliere la bici che preferisce.**

Venga는 venire 동사의 청유형 명령법으로 화자가 청자에게 행동을 부탁하는 공손한 표현이다.

> Venga con noi al cinema. 우리와 함께 극장에 가시죠. (venire 동사의 명령형)
> [벤가 꼰 노이 알 치네마]
>
> Mi dia. [미 디아] 제게 주세요. (dare 동사의 명령형)
>
> Mi dica. [미 디까] 말씀하세요. (dire 동사의 명령형)

◆ **La ringrazio.**

일반적으로 가장 많이 쓰는 감사 인사말로는 grazie 혹은 grazie mille라고 한다. 숫자 1,000을 의미하는 mille를 grazie 앞에 붙이거나 뒤에 붙여도 의미는 같다.

La ringrazio의 경우 grazie보다는 좀 더 공손하고 공식적인 표현이다. ringraziare 동사는 '~에게 감사하다'라는 뜻의 타동사로 간접목적대명사와 함께 사용한다.

> Ti ringrazio per il aiuto. [띠 린그라지오 뻬르 일 아이우또] 너의 도움에 감사해.
>
> Vorrei ringraziarti per il tuo aiuto. 당신의 도움에 감사하고 싶습니다.
> [보레이 린그라지아르띠 뻬르 일 뚜오 아이우또]

이에 대한 대답으로는

> Prego. [쁘레고] 천만에요.
>
> Di niente. [디 니엔떼] 아무것도 아니에요.
>
> Non c'è di che. [논 체 디 께] 아무것도 아니에요. / 별말씀을요.
>
> Non c'è problema. [논 체 프로블레마] (영어의 No problem.)

응용 회화

A Buongiorno, vorrei noleggiare un'auto per tre giorni.

본조르노 보레이 노레쟈레 우나우토 뻬르 뜨레 조르니

B Buongiorno, che tipo di auto desidera?

본조르노 께 띠포 디 아우토 데지데라?

A Vorrei un'utilitaria.

보레이 우누틸리따리아

B Allora, per lei abbiamo due modelli tra cui scegliere. Le mostro il catalogo.

알로라 뻬르 레이 아삐아모 두에 모델리 뜨라 꾸이 쉘리에레 레 모스트로 일 까탈로고

A Grazie, prendo questa Volkswagen. Quant'è il costo del noleggio?

그라찌에 프렌도 꾸에스타 폭스바겐 꽌떼 일 코스토 델 놀레조?

B Sono 80 euro al giorno.

소노 오딴따 에우로 알 조르노

A : 안녕하세요. 3일 간 차를 빌리고 싶습니다.

B : 안녕하세요. 어떤 타입의 차를 원하십니까?

A : 소형차를 원합니다.

B : 그럼, 당신을 위해 선택할 수 있는 두 가지 모델이 있습니다.
　　 카탈로그를 보여드리겠습니다.

A : 감사합니다. 이 폭스바겐으로 하겠습니다. 렌트비가 얼마입니까?

B : 하루에 80유로입니다.

새 단어

auto 🖝 자동차 (automobile의 줄임말)

utilitaria 🖝 소형차

modelli ⓜ 모델 (modello의 복수형)

scegliere 선택하다

mostro 보여주다 (mostrare 동사의 1인칭 현재형)

catalogo ⓜ 카탈로그

al giorno 하루에 (a + il : al a: 때에, 시간에)

해 설

◆ **Allora, per lei abbiamo due modelli tra cui scegliere.**

'그럼, 당신을 위해 선택할 수 있는 두 가지 모델이 있습니다.'라고 해석되는데 이 문장에는
관계대명사 cui 가 쓰였다.

★관계대명사 cui

전치사 + 관계대명사 cui

È questa la canzone di cui ti parlavo! (di cui = parlare della canzone)

[에 꾸에스타 라 깐쪼네 디 꾸이 띠 빠를라보!]　　이 노래는 내가 너에게 말하던 거야!

Il palazzo in cui abitiamo è nuovo. (in cui = abitare in palazzo)

[일 빨라쪼 인 꾸이 아비띠아모 에 누오보]   우리가 살고 있는 저 건물은 새 것이다.

La ragazza con cui sono uscito è giapponese. (con cui = uscire con ragazza)

[라 라가짜 꼰 꾸이 소노 우쉬또 에 쟈뽀네제]   내가 데이트한 소녀는 일본인이다.

Maria è la ragazza per cui abbiamo lavorato. (per cui = lavorare per Maria)

[마리아 에 라 라가짜 뻬르 꾸이 아삐아모 라보라토]

마리아는 우리가 그녀를 위해 일을 해준 그 애야.

정관사 + 관계대명사 cui : 소유를 나타내며 반드시 cui 다음에 오는 명사의 성 · 수에 따른 정관사를 붙여야 한다.

Il ragazzo, il cui fratello si chiama Marco, è un studente.

[일 라가쪼 일 꾸이 프라텔로 시 끼아마 마르코 에 운 스투덴떼]

마르코라는 형이 있는 소년은 학생이다.

Il ragazzo, la cui sorella si chiama Maria, è un studente.

[일 라가쪼 라 꾸이 소렐라 시 끼아마 마리아 에 운 스투덴떼]

마리아라는 여동생이 있는 소년은 학생이다.

Il ragazzo, i cui fratelli si chiamano Marco e Maria, è un studente.

[일 라가쪼 이 꾸이 프라텔리 시 끼아마노 마르코 에 마리아 에 운 스투덴떼]

마르코와 마리아라는 형제가 있는 소년은 학생이다.

◆ **che tipo di auto desidera?**

'어떤 타입의 차를 원하십니까'라는 문장으로 의문대명사 che 가 쓰였다.

★**의문대명사 che**

선택 사항이 여러 가지가 있는 경우 의문사 che 를 사용한다. che 는 수식하는 명사의 성 · 수에 관계없이 항상 che 이다. che 와 동일하게 사용할 수 있는 의문대명사 quale 는 수식하는 명사의 성 · 수에 따라 quale / quali 로 형태가 변한다.

Che gusti vuole? [께 구스띠 부올레?]   어떤 맛을 원하십니까?

Quali gusti vuole? [꽐리 구스티 부올레?]

이탈리아어로 된 음악 용어

- **알레그로 콘 브리오** *Allegro con brio* : 알레그로(Allegro)는 '빠르고 경쾌하게', 콘 브리오(con brio)는 '기운차고 활발하게'라는 뜻. 빠르고 경쾌한, 기운차고 활발하게 연주하라는 의미.

- **안단테 콘 모토** *Andante con moto* : 안단테(Andante)는 '느리게', 콘 모토(con moto)는 '생생하게' 또는 '움직임을 가지고 약간 빠르게' 연주하라는 뜻이다. 따라서 안단테 콘 모토는 조금 빠르게, 활기 있게 연주하라는 의미.

- **알레그로 마 논 트로포** *Andante ; Allegro ma non troppo* : 안단테는 이미 언급했듯 '느리게', 그리고 알레그로 마 논 트로포는 '빠르지만 지나치게 빨라선 안 된다'는 의미.

- **스케르초 : 알레그로 비바체** *Scherzo : Allegro vivace* : 스케르초(Scherzo)는 '익살스럽고 해학적이고 분방한' 등의 뜻. 알레그로 비바체(Allegro vivace)는 '빠르고 생기 있게' 연주하라는 의미.

- **운 포코 소스테누토** *Un poco sostenuto* : 운 포코(Un poco)는 악보에서 '작게 연주하라'는 뜻. 소스테누토는 '소리를 충분히 끌면서 음을 그대로 지니고 연주' 하라는 의미.

- **운 포코 알레그레토 에 그라치오소** *Un poco Allegretto e grazioso* : 작게 연주하는 운 포코 다음의 알레그레토(Allegretto)는 '조금 빠르게'라는 뜻. 즉 알레그로보다는 조금 느린 정도로 연주하라는 뜻이다. 그라치오소(grazioso)는 '우아하고 장엄하게'라는 뜻으로 알레그로보다는 조금 느리지만 우아하고 장엄하게 연주하라는 의미.

1 ( ) 안의 동사를 알맞게 변형시키세요.

1. _____ due modelli tra cui scegliere. (noi-avere 현재형)

2. _____ noleggiare una bici. (io-volere 조건법)

3. Buongiono. signori cosa _____ ? (prendere 현재형)

4. _____ 15 euro al giorno. (costare 현재형)

2 다음 단어의 뜻을 써 보세요.

1. scegliere _____   2. noleggiare _____

3. catalogo _____   4. utilitaria _____

3 다음 단어를 알맞은 순서대로 배열하여 문장을 만드세요.

1. del /quant'è / il /costo /noleggio? _____

2. per / vorrei / tre / noleggiare / un'auto / giorni _____

3. per / ti / ringrazio / il / aiuto. _____

정답

1 Abbiamo / Vorrei / prendete / Costa

2 선택하다 / (배, 자동차) 빌리다 / 카탈로그 / 소형차

3 Quant'è il costo del noleggio? / Vorrei noleggiare un'auto per tre giorni. /
Ti ringrazio per il aiuto.

Pianta 삐안따 **식물**

seme 세메 ⓜ 씨앗

germoglio 제르몰리오 ⓜ 싹, 봉오리

foglia 폴리아 ⓜ 잎

ramo 라모 ⓜ 나뭇가지

tronco 뜨론꼬 ⓜ 나무 줄기

anello annuale 아넬로 안누알레 ⓜ 나이테

albero 안베로 ⓜ 나무

ginkgo 진코 ⓜ 은행나무

pino 피노 ⓜ 소나무

rosa 로자 ⓕ 장미

gipsofila 지솝필라 ⓕ
안개꽃

giglio 질리오 ⓜ
백합

tulipano 툴리파노 ⓜ
튤립

crisantemo
크리산테모 ⓜ 국화

girasole 지라솔레 ⓜ
해바라기

orchidea 오르끼데아 ⓕ
난초

narciso 나르치조 ⓜ
수선화

garofano 가로파노 ⓜ
카네이션

321

기본 회화

A Scusi, a che ora parte domani pomeriggio un treno per Venezia?

스쿠지 아 께 오라 빠르떼 도마니 포메리죠 운 뜨레노 뻬르 베네지아?

B Ce n'è uno ogni ora, a che ora vuole partire?

체 네 우노 온니 오라 아 께 오라 부올레 빠르띠레?

A Nel primo pomeriggio.

넬 쁘리모 뽀메리죠

B Vediamo un po'⋯. Alle 14 e 25 c'è un Intercity.

베디아모 운 뽀 알레 꽈뜨로 디치 에 벤띠친꿰 체 운 인떼르시티

A Va direttamente a Venezia?

바 디레따멘떼 아 베네지아?

B No, deve cambiare a Bologna. C'è la coincidenza con l'Eurostar delle 17 e 15.

노 데베 깜비아레 아 볼로냐 체 라 코인치덴자 꼰 레우로스타 델레 디이오셋떼 에 뀐디치

A Posso fare la prenotazione per due persone in seconda classe?

뽀쏘 파레 라 프레노따지오네 뻬르 두에 뻬르소네 인 세콘다 클라쎄?

B Sull'Intercity non deve fare la prenotazione. Sull'Eurostar è obbligatoria.

술린떼르시티 논 데베 파레 라 프레노따지오네 술래우로스타 에 오블리가토리아

A Voglio prenotare sull'Intercity e sull'Eurostar.

볼리오 프레노따레 술린떼르시티 에 술래우로스타

B Sono 150 euro. Ecco i biglietti.

소노 첸토친꽌따 에우로 에코 이 빌리에띠

A Grazie.

그라찌에

A : 실례합니다만, 내일 오후에 베니스로 향하는 기차가 몇 시에 있나요?

B : 매 시간마다 있습니다. 몇 시에 출발하길 원하세요?

A : 이른 오후입니다.

B : 잠시 봅시다. 2시 25분에 인터시티가 있네요.

A : 베니스로 바로 가는 겁니까?

B : 아니오. 볼로냐에서 환승해야 합니다. 17시 15분에 에우로스타로 바꿔 탈 수 있습니다.

A : 이등석으로 두 명 예약할 수 있습니까?

B : 인터시티는 예약할 필요가 없지만 에우로스타는 필수입니다.

A : 인터시티와 에우로스타를 예약하고 싶습니다.

B : 150유로입니다. 여기 표가 있습니다.

A : 감사합니다.

새 단어

ce n'è = ci + ne	sull 전치사 su + 정관사 lo
uno ogni ora 한 시간에 하나	in seconda classe 이등석
direttamente 곧장, 똑바로 (diretto의 부사형)	obbligatoria 의무로, 강제적으로 (obbligatòrio의 여성형)
cambiare 바꾸다, 이동하다	
coincidenza *f* 연결	prenotare 예약하다
prenotazione *f* 예약	biglietti *mpl* 표 (biglietto의 복수형)

◆ **Ce n'è uno ogni ora.**

★ 조사 ne

ne는 부분을 나타내는 경우와 문장 전체를 대체해서 받는 두 가지 경우에 사용된다.

① 부분을 나타내는 부분직접목적 대명사

직접목적어 전체를 모두 대신하는 lo, la, li, le와 달리 ne는 부분을 대신하는 직접목적대명사이다.

Quanti libri hai comprato? [꽌띠 리브리 아이 꼼쁘라또?]   책을 몇 권 샀니?
Ne ho comprato 2. [네 오 꼼쁘라또 두에]   나는 두 권을 샀어.

Quante ne hai? [꽌떼 네 아이?]   너는 몇 살이야?
Ne ho 20. [네 오 벤띠]   20살이야.

② 문장을 받을 때

di + 사람/사물/사실: ~에 대해서

Non conosco Lucia, ne ho sentito parlare. (ne = di lei)
[논 꼬노스코 루치아 네 오 센띠또 빠를라레]
나는 루치아를 모르지만 그녀에 대한 이야기는 들었다.

È passato l'autobus? [에 빠싸토 라우토부스?]   버스가 지나갔나요?
Penso di no, ma non ne sono sicuro. (ne = È passato l'autobus?)
[뻰소 디 노, 마 논 네 소노 시쿠로]   아니라고 생각하는데 확실하진 않아요.

③ 관용적 표현

Non poterne più. [논 뽀떼르네 삐우]   더 이상 못 견디다.
Non ne posso più! [논 네 뽀쏘 삐우]   더 이상 못 견디겠어!

valerne la pena [발레르네 라 뻬나] : ~할 가치가 있다

Non t'arrabbiare, non ne vale la pena.
[논 타라비아레 논 네 발레 라 뻬나]   화내지 마, 그럴만한 가치가 없어.

◆ **Sull'Intercity non deve fare la prenotazione.**

전치사 su가 정관사 il, lo, la, i, gli, le와 결합하여 sul, sullo, sulla, sui, sugli, sulle의
형태가 된다.

① 장소 : ~위에, 위에서

Il libro è sul tavolo. [일 리브로 에 술 따볼로]   책은 책상 위에 있다.

② 방향 : ~위로, 향해서

Devo salire su quest'autobus. [데보 살리레 수 꾸에스타우토부스]   이 버스를 타야 한다.
Sono salito sulla cima della montagna.   나는 산 정상에 올랐다.
[소노 살리토 술라 치마 델라 몬따냐]

③ 대략적인 시간, 나이, 가격 등 : ~쯤에, 대략

È partito sul far del giorno.   그는 동이 틀 무렵에 출발했다.
[에 빠르띠또 술 파르 델 조르노]

Quella ragazza sui dieci anni.   그 소녀는 열 살 가량 된다.
[젤라 라가짜 수이 디에치 안니]

④ 화제 : ~에 관해서

Ho letto un articolo su di lei.   나는 그녀에 대한 기사를 읽었다.
[오 렛또 운 아르띠꼴로 수 디 레이]

Abbiamo parlato per due minuti su un libro che stavamo leggendo.
[아삐아모 빠를라또 뻬르 두에 미누띠 수 운 리브로 께 스타바모 레젠도]
우리는 읽고 있는 책에 대해 2분간 이야기했다.

응용 회화

A A che ora inizia l'opera lirica?

아 께 오라 이니지아 로페라 리리카?

B Fra quaranta minuti.

프라 꽈란따 미누띠

A Se ci fossero ancora due biglietti disponibili, vorrei comprarli.

세 치 포쎄로 안꼬라 두에 빌리에띠 디스포니빌리 보레이 꼼쁘라르리

B Mi dispiace, non ci sono più posti.

미 디스삐아체 논 치 소노 삐우 포스띠

A : 몇 시에 오페라가 시작되나요?
B : 40분 뒤입니다.
A : 아직 표가 두 장 남아 있다면, 그것을 구입하고 싶어요.
B : 죄송하지만 좌석이 없습니다.

새 단어

inizia 시작하다 (iniziare 동사의 3인칭 현재형)

l'opera lirica 오페라 공연

fra ~후에

se 만약 ~라면

fossero 있다, 이다 (essere 동사의 접속법 3인칭 복수형)

disponibili 이용할 수 있는, 자유로운 (disponibile 의 복수형)

comprarli comprare + li (직접목적대명사) 결합 (comprare 구입하다)

posti *mpl* 좌석 (posto의 복수형)

◆ **Se ci fossero ancora due biglietti disponibili, vorrei comprarli.**

'아직 표가 두 장 남아 있다면 그것을 구입하고 싶어요.'라는 문장으로 가능성이 있는 가정을 나타내는 표현이다. 주어가 due biglietti 이기 때문에 형용사인 disponibili 와 직접목적대명사 li 는 반드시 성 · 수를 일치시켜야 한다.

★ 가정문

현재 또는 미래의 실현 가능한 일, 확실함을 표현할 때

se + 직설법 미래 + 직설법 미래 : ～한다면, ～할 것이다, ～한다

　　　직설법 현재 + 직설법 현재

　　　직설법 현재 + 직설법 미래

　　　직설법 미래 + 직설법 현재

　　Se continua a piovere, resto a casa.　비가 계속 내린다면 집에 있는다.

　　[세 꼰티누아 아 삐오베레 레스토 아 까자]

　　Se continuerà a piovere, resterò a casa.　비가 계속 온다면, 집에 있을 것이다.

　　[세 꼰티누에라 아 삐오베레 레스테로 아 까자]

불확실한 일, 즉 실현 가능성이 거의 없음을 표현할 때

se + 접속법 반과거 + 조건법 현재 : ～라면 ～할 텐데, ～했다면 ～했을 텐데

　　Se tu studiassi di più, faresti bene l'esame.

　　[세 뚜 스투디아씨 디 삐우 파레스티 베네 레자메]　만약 네가 공부를 더 한다면, 시험을 잘 볼 텐데.

　　Se tu trovassi lavoro, guadanerei dei soldi.　네가 직장을 구한다면, 돈을 벌 텐데.

　　[세 뚜 트로바씨 라보로 구아다네레이 데이 솔디]

현실 가능성이 전혀 없음을 표현할 때

se + 접속법 반과거 + 조건법 현재 : ～라면 ～할 텐데, ～였다면 ～했을 텐데

접속법 대과거 + 조건법 과거

직설법 반과거 + 직설법 반과거

Se avessi le ali, ti volerei. [세 아베씨 레 알리 띠 볼레레이]
내가 날개가 있다면 너에게 날아갈 텐데. → 날개가 없어서 날아갈 수 없다는 의미

Se fossi ricca, farei il giro del mondo. [세 포씨 리까 파레이 일 지로 델 몬도]
내가 부자라면 세계 일주를 할 텐데. → 부자가 아니라서 세계 일주를 할 수 없다는 의미

Se io prendevo il taxi, arrivavo prima. [세 이오 프렌데보 일 딱시 아리바보 프리마]
내가 택시를 탔다면 일찍 도착했을 텐데. → 택시를 타지 않았기 때문에 일찍 도착하지 못했다는 의미

◆ 전치사 fra

① 장소, 부분, 관계 : ～가운데, ～중에, ～끼리

C'è un traditore fra noi. [체 운 뜨라디또레 프라 노이]   우리들 사이에 반역자가 있다.
Stanno parlando fra loro. [스탄노 빠를란도 프라 로로]   그들끼리 이야기하고 있다.
Ci sono molte differenze fra di noi.   우리 사이에는 많은 차이점이 있다.
[치 소노 몰떼 디페렌제 프라 디 노이]

② 시간 : ～후에, ～사이에

Ci vediamo fra 30 minuti. [치 베디아모 프라 뜨렌따 미누띠]   삼십 분 뒤에 보자.
Torno fra le 2 e le 3. [또르노 프라 레 두에 에 레 뜨레]   두 시에서 세 시 사이에 돌아올게.

* 전치사 fra와 tra는 의미상 차이가 없지만 발음상의 문제로 구별하여 사용한다.

tra tre anni [뜨라 뜨레 안니]   →   fra tre anni [프라 뜨레 안니]   삼년 뒤에
fra fratelli [프라 프라텔리]   →   tra fratelli [뜨라 프라텔리]   형제들 중에

1 다음 단어의 뜻을 써 보세요.

1. informazione _____
2. direttamente _____
3. prenotazione _____
4. in seconda classe _____
5. in contanti _____
6. disponibile _____

2 다음 단어를 알맞은 순서로 배열하여 문장을 만드세요.

1. lirica / ora / a / inizia / l'opera / che / ? _____
2. direttamente / a / va / venezia /? _____
3. due / fare / la / prenotazione / persone / posso / per / ?

_____

3 다음 문장을 작문하세요.

1. 죄송하지만 좌석이 없습니다. _____
2. 더 이상 못 견디겠어! _____
3. 현금으로 계산하겠습니다. _____

정답

1 정보 / 곧장, 똑바로 / 예약 / 이등석 / 현금으로 / 자유로운

2 A che ora inizia l'opera lirica? / Va direttamente a Venezia? / Posso fare la prenotazione per due persone?

3 Mi dispiace, non ci sono più posti. / Non ne posso più! / Pago in contanti.

leone 레오네 ⓜ 사자

tigre 티그레 ⓕ 호랑이

elefante 엘레판떼 ⓜ 코끼리

cavallo 까발로 ⓜ 말

giraffa 지라파 ⓕ 기린

volpe 볼페 ⓕ 여우

scimmia 쉼미아 ⓕ 원숭이

coccodrillo 코코드릴로 ⓜ 악어

riccio 리쵸 ⓜ 고슴도치

serpente 세르뻰떼 ⓜ 뱀

toro 토로 ⓜ 소

maiale 마이알레 ⓜ 돼지

cane 까네 ⓜ 개

gatto 갓또 ⓜ 고양이

coniglio 꼬닐리오 ⓜ 토끼

topo 또포 ⓜ 쥐

uccello 우쳌로 ⓜ 새

gallo 갈로 ⓜ 수탉
gallina 갈리나 ⓕ 암탉

부록

관사
명사
형용사
동사변형표

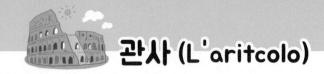

관사 (L'aritcolo)

관사는 명사 앞에서 명사의 의미를 한정하는 역할을 한다. 관사의 기능으로는 명사의 성과 수를 구분하며 특정한 대상이면 정관사, 불특정한 대상이면 부정관사, 부정확한 양과 불특정한 개수를 나타낸다.

정관사

	남성		여성
단수	il	lo (l')	la (l')
복수	i	gli	le

lo / gli 는 모음, s+자음, gn, ps, x, z 로 시작하는 남성 단수/복수 명사 앞에 붙인다.
l' 는 모음으로 시작되는 남성/ 여성명사 앞에 모음자를 생략하고 붙인다.

il nipote [일 니뽀떼] 남자 조카 → i nipoti [이 니뽀띠] 남자 조카들

la nipote [라 니뽀떼] 여자 조카 → le nipoti [레 니뽀띠] 여자 조카들

lo sbaglio [로 즈발리오] 실수 → gli sbagli [리 즈발리] 실수들

l'albero [랄베로] 나무 → gli alberi [리 알베리] 나무들

부정관사

	남성	여성
단수	un, uno	una, un'

uno 는 s+자음, pn, ps, gn, z 로 시작되는 남성 단수 명사 앞에 붙인다.
un' 는 모음으로 시작되는 여성 명사 앞에 붙인다.

un bambino [운 밤비노] 남자아이   una bambina [우나 밤비나] 여자아이

uno zio [우노 지오] 삼촌   una zia [우나 지아] 숙모

uno studente [우노 스투덴떼] 남학생   un'amica [우나미까] 여자 친구

부분관사

di	il	lo	l'	la	i	gli	le
	del	dello	dell'	della	dei	degli	delle

전치사 di + 정관사의 형태로 이루어져 있다.

del, dello, dell', della 는 셀 수 없는 물질명사 앞에 사용하고

dei, degli, delle 는 셀 수 있는 보통명사 앞에 사용한다.

Lui ha comprato del pane. [루이 아 꼼쁘라또 델 빠네] 그는 약간의 빵을 샀다.

Vuoi dello zucchero? [부오이 델로 주께로] 설탕 좀 줄까?

명사 (Il nome)

이탈리아어는 다른 로망스어군의 언어처럼 명사에 성별이 존재하며 단수 · 복수에 따라 모양
이 변화한다.

남성명사

❶ -o로 끝나는 명사는 대부분 남성 명사

il libro [일 리브로]   책   l'orario [로라리오]   시간표

예외 la mano [라 마노]   손   la dinamo [라 디나모]   발전기
l'auto(mobile) [라우또(모빌레)]   자동차   la foto(grafia) [라 포토(그라피아)]   사진
la moto(cicletta) [라 모토(치클레따)]   오토바이

❷ -e로 끝나는 명사

il fiore [일 피오레]   꽃   il cane [일 까네]   개
il giornale [일 조르날레]   신문   il dottore [일 도또레]   의사
il portiere [일 뽀르띠에레]   문지기

❸ 자음으로 끝나는 명사 : 외래어인 경우가 많다.

il film [일 필름]   영화   lo sport [로 스포르트]   스포츠
l'autobus [라우토부스]   버스   il gas [일 가스]   가스

❹ 방위, 월, 요일을 나타내는 명사

l'Est [레스트]   동쪽   l'Ovest [로베스트]   서쪽
il Sud [일 수드]   남쪽   il Nord [일 노르드]   북쪽
il lunedì [일 루네디]   월요일   il martedì [일 마르떼디]   화요일

예외 la domenica [라 도메니까]   일요일

❺ 산, 강, 호수의 이름

il Piemonte [일 삐에몬떼]   피에몬테   il Tevere 테베레 [일 떼베레]   강

여성명사

❶ −a로 끝나는 명사는 대부분 여성 명사

la stanza [라 스탄자] 방   la figlia [라 필리아] 딸

> `예외` −ema, −mma로 끝나는 명사
> il sistema [일 시스테마] 시스템   il problema [일 프로블레마] 문제
> il programma [일 프로그람마] 프로그램

> `예외` −ista, −esta로 끝나는 명사
> il pianista [일 삐아니스타] 피아니스트   il poeta [일 뽀에따] 시인
> il dentista [일 덴티스타] 치과의사

❷ −e로 끝나는 명사 중 여성 명사도 있고 −ione, −ice, −ie의 어미를 가진 명사는 주로 여성명사

la carne [라 까르네] 고기   la lezione [라 레지오네] 수업

la chiave [라 끼아베] 열쇠   la superficie [라 수페르피치에] 표면

la stazione [라 스따지오네] 역   l'attrice [라뜨리체] 여배우

❸ −à, ù로 끝나는 명사

la città [라 치따] 도시   la gioventù [라 조벤뚜] 청년

❹ −i로 끝나는 명사

la crisi [라 크리지] 위기   la tesi [라 떼지] 논문

la bici [라 비치] 자전거

❺ 과일, 섬, 대륙, 도시, 지역, 국가, 학문명은 여성명사

la pera [라 뻬라] 배   la mela [라 메라] 사과

> `예외` il limone [일 리모네] 레몬   il fico [일 피코] 무화과 열매
> la Sicilia [라 시칠리아] 시칠리아   l'Asia [라시아] 아시아

예외 l'Italia [리탈리아] 이탈리아   il Venezuela [일 베네주엘라] 베네수엘라

la Corea [라 꼬레아] 한국   gli Stati Uniti [리 스타띠 우니띠] 미국

la matematica [라 마떼마띠까] 수학

명사의 여성형 만들기

❶ -o 로 끝나는 남성명사는 -a 로 바꾼다

l'amico [라미꼬] 남자친구   →   l'amica [라미까] 여자친구

il figlio [일 필리오] 아들   →   la figlia [라 필리아] 딸

❷ -a 로 끝나는 남성명사는 -essa 를 붙인다.

il poeta [일 뽀에따] 남자 시인   →   la poetessa [라 뽀에떼싸] 여류 시인

il pirata [일 삐라따] 남자 해적   →   la piratessa [라 삐라떼싸] 여자 해적

❸ -e 로 끝나는 남성명사

il signore [일 시뇨레] 신사   →   la signora [라 시뇨라] 부인

il cameriere [일 까메리에레] 남자 종업원 →   la cameriera [라 까메리에라] 여자 종업원

lo studente [로 스뚜덴떼] 남학생   →   la studentessa [라 스뚜덴떼싸] 여학생

il principe [일 프린치뻬] 왕자   →   la principessa [라 프린치뻬싸] 공주

❹ tore → trice / tora / toressa

l'attore [라또레] 남자 배우   →   l'attrice [라뜨리체] 여자 배우

il tintore [일 틴또레] 남자 염색공   →   la tintora [라 띤또라] 여자 염색공

il dottore [일 도또레] 남자 의사   →   la dottoressa [라 도또레싸] 여자 의사

❺ 불규칙

il dio [일 디오] 신   →   la dea [라 데아] 여신

il re [일 레] 왕   →   la regina [라 레지나] 왕비

il gallo [일 갈로] 수탉   →   la gallina [라 갈리나] 암탉

l'eroe [레로에] 영웅   →   l'eroina [레로이나] 여자 영웅

명사의 단수형과 복수형

❶ -a 로 끝나는 명사는 e 로 변화

il diploma [일 디플로마] → i diplomi [이 디플로미] 학위

la casa [라 까사] → le case [레 까제] 집

il pianista [일 삐아니스타] → i pianisti [이 삐아니스띠] 피아니스트

l'artista [라르띠스따] → le artiste [레 아르띠스떼] 예술가

il collega [일 꼴레가] → i colleghi [이 꼴레기] 남자 동료

la collega [라 꼴레가] → le colleghe [레 꼴레게] 여자 동료

il guancia [일 구안챠] → i guance [이 구안체] 뺨

la camicia [라 까미챠] → le camiche [레 까미께] 셔츠

❷ -o 로 끝나는 명사는 i 로 변화

il ragazzo [일 라가쪼] → i ragazzi [이 라가찌] 소년

la foto [라 포토] → le foto [레 포토] 사진

il libro [일 리브로] → i libri [이 리브리] 책

la mano [라 마노] → le mani [레 마니] 손

약어 형태인 여성형일 경우 변화 없음

il bosco [일 보스코] → i boschi [이 보스끼] 숲

il fungo [일 푼고] → i funghi [이 푼기] 버섯

il medico [일 메디코] → i medici [이 메디치] 의사

il lago [일 라고] → i laghi [이 라기] 호수

❸ -io 로 끝나는 남성 명사는 i 로 변화

lo zio [로 지오] → gli zii [리 지] 삼촌

il foglio [일 폴리오] → i fogli [이 폴리] 종이

il bacio [일 바쵸] → i baci [이 바치] 키스

❹ -e 로 끝나는 명사는 o 로 변화

il fiore [일 피오레] → i fiori [이 피오리] 꽃

la lezione [라 레지오네] → le lezioni [레 레지오니] 수업

형용사 (L'aggettivo)

형용사는 명사 앞 혹은 뒤에 붙어 명사를 수식하거나 한정하는 역할을 한다. 따라서 수식하는 명사의 성과 수에 따라 어미를 일치시켜야 한다.

형용사의 형태

	남성	여성	남성/여성
단수	-o	-a	-e
복수	-i	-e	-i

il problema importante [일 프로블레마 임뽀르딴떼]   중요한 문제

L'acqua calda [라꾸아 깔다]   뜨거운 물

lo studente bravo [로 스투덴떼 브라보]   착한 학생

특수한 복수 형태를 갖는 형용사

-co/ca로 끝나는 형용사는 -chi/ -ghe로 변화

formaggio fresco [포르마조 프레스코] → formaggi freschi [포르마지 프레스끼]   신선한 치즈

fragola fresca [프라골라 프레스까] → fragola fresche [프라골라 프레스게]   신선한 딸기

-co/ -ga로 끝나는 형용사는 -ghi/ -ghe 혹은 ci/-gi로 변화

caffè lungo [까페 룬고] → caffè lunghi [까페 룬기]   아메리카노

passeggiata lunga [바쎄지아따 룬가] → passeggiata lunghe [바세지아따 룬게]   긴 산책

aperitivo analcolico [아뻬리띠보 아날코리꼬] → aperitivi analcolici [아뻬리띠비 아날코리치]
   무알콜 식전주

bevanda analcolica [베반다 아날코리까] → bevande analcoliche [베반다 아날코리게]
   무알콜 음료

예외 un ragazzo greco [운 라가쪼 그레꼬] → tre ragazzi greci [뜨레 라가찌 그레치]
   한 명의 그리스 소년 → 세 명의 그리스 소년

동사변형표

동사	인칭	직설법			접속법	조건법	명령법	과거 분사형
		현재형	미래형	반과거	현재	현재		
accendere 불을 붙이다, ~켜다	io	accendo	accenderò	accendevo	accenda	accenderei	–	acceso
	tu	accendi	accenderai	accendevi	accenda	accenderesti	accendi	
	lui/lei/Lei	accende	accenderà	accendeva	accenda	accenderebbe	accenda	
	noi	accendiamo	accendermo	accendevamo	accendiamo	accenderemmo	accendiamo	
	voi	accendete	accenderete	accendevate	accendiate	accendereste	accendate	
	loro	accendono	accenderanno	accendevano	accendano	accenderebbero	accendano	
andare 가다	io	vado	andrò	andavo	vada	andrei	–	andato
	tu	vai	andrai	andavi	vada	andresti	va' (o vai)	
	lui/lei/Lei	va	andrà	andava	vada	andrebbe	vada	
	noi	andiamo	andremo	andavamo	andiamo	andremmo	andiamo	
	voi	andate	andremo	andavate	andiate	andreste	andate	
	loro	vanno	andrete	andavano	vadano	andrebbero	vadano	
aprire 열다	io	apro	aprirò	aprivo	apra	aprirei	–	aperto
	tu	apri	aprirai	aprivi	apra	apriresti	apri	
	lui/lei/Lei	apre	aprirà	apriva	apra	aprirebbe	apra	
	noi	apriamo	apriremo	aprivamo	apriamo	apriremmo	apriamo	
	voi	aprite	aprirete	aprivate	apriate	aprireste	aprite	
	loro	aprono	apriranno	aprivano	aprano	aprirebbero	aprano	
avere 가지다	io	ho	avrò	avevo	abbia	andrei	–	avuto
	tu	hai	avrai	avevi	abbia	andresti	abbi	
	lui/lei/Lei	ha	avrà	aveva	abbia	andrebbe	abbia	
	noi	abbiamo	avremo	avevamo	abbiamo	andremmo	abbiamo	
	voi	avete	avrete	avavate	abbiate	andreste	abbiate	
	loro	hanno	avranno	avevano	abbiano	andrebbero	abbiano	

동사변형표

동사	인칭	직설법			접속법	조건법	명령법	과거 분사형
		현재형	미래형	반과거	현재	현재		
bere 마시다	io	bevo	berrò	bevevo	beva	berrei	–	bevuto
	tu	bevi	berrai	bevevi	beva	berresti	bevi	
	lui/lei/Lei	beve	berrà	beveva	beva	berrebbe	beva	
	noi	beviamo	berremo	bevevamo	beviamo	berremmo	beviamo	
	voi	bevete	berrete	bevevate	beviate	berreste	bevete	
	loro	bevono	berranno	bevevano	bevano	berrebbero	bevano	
cadere 떨어지다, 넘어지다	io	cado	cadrò	cadevo	cada	cadrei	–	caduto
	tu	cadi	cadrai	cadevi	cada	cadresti	cadi	
	lui/lei/Lei	cade	cadrà	cadeva	cada	cadrebbe	cada	
	noi	cadiamo	cadremo	cadevamo	cadiamo	cadremmo	cadiamo	
	voi	cadete	cadrete	cadevate	cadiate	cadreste	cadete	
	loro	cadono	cadranno	cadevano	cadano	cadrebbero	cadano	
chiedere 요구하다, 구하다	io	chiedo	chiederò	chiedevo	chieda	chiederei	–	chiesto
	tu	chiedi	chiederai	chiedevi	chieda	chiederesti	chiedi	
	lui/lei/Lei	chiede	chiederà	chiedeva	chieda	chiederebbe	chieda	
	noi	chiediamo	chiederemo	chiedevamo	chiediamo	chiederemmo	chiediamo	
	voi	chiedete	chiederete	chiedevate	chiedate	chiedereste	chiedete	
	loro	chiedono	chiederanno	chiedevano	chiedano	chiederebbero	chiedano!	
chiudere 닫다	io	chiudo	chiuderò	chiudevo	chiuda	chiuderei	–	chiuso
	tu	chiudi	chiuderai	chiudevi	chiuda	chiuderesti	chiudi	
	lui/lei/Lei	chiude	chiuderà	chiudeva	chiuda	chiuderebbe	chiuda	
	noi	chiudiamo	chiuderemo	chiudevamo	chiudiamo	chiuderemmo	chiudiamo	
	voi	chiudete	chiuderete	chiudevate	chiudiate	chiudereste	chiudete	
	loro	chiudono	chiuderanno	chiudevano	chiudano	chiuderebbero	chiudano	

동사	인칭	직설법			접속법	조건법	명령법	과거 분사형
		현재형	미래형	반과거	현재	현재		
cogliere 뜯다	io	colgo	coglierò	coglievo	colga	coglierei	–	colto
	tu	cogli	coglierai	coglievi	colga	coglieresti	cogli	
	lui/lei/Lei	coglie	coglierà	coglieva	colga	coglierebbe	colga	
	noi	cogliamo	coglieremo	coglievamo	cogliamo	coglieremmo	cogliamo	
	voi	cogliete	coglierete	coglievate	cogliate	cogliereste	cogliete	
	loro	colgono	coglieranno	coglievano	colgano	coglierebbero	colgano	
conoscere 알다	io	conosco	conoscerò	conoscevo	conosca	conoscerei	–	conosciuto
	tu	conosci	conoscerai	conoscevi	conosca	conosceresti	conosci	
	lui/lei/Lei	conosce	conoscerà	conosceva	conosca	conoscerebbe	conosca	
	noi	conosciamo	conosceremo	conoscevamo	conosciamo	conoscerebbe	conosciamo	
	voi	conoscete	conoscerete	conoscevate	conosciate	conoscereste	conoscete	
	loro	conoscono	conosceranno	conoscevano	conoscano	conoscerebbero	conoscano	
coprire 덮다, 의복을 입다	io	copro	coprirò	coprivo	copra	coprirei	–	coperto
	tu	copri	coprirai	coprivi	copra	copriresti	copri	
	lui/lei/Lei	copre	coprirà	copriva	copra	coprirebbe	copra	
	noi	copriamo	copriremo	coprivamo	copriamo	copriremmo	copriamo	
	voi	coprite	coprirete	coprivate	copriate	coprireste	coprite	
	loro	coprono	copriranno	coprivano	coprano	coprirebbero	coprano	
correre 달리다, 경주하다	io	corro	correrò	correvo	corra	correrei	–	corso
	tu	corri	correrai	correvi	corra	correresti	corri	
	lui/lei/Lei	corre	correrà	correva	corra	correrebbe	corra	
	noi	corriamo	correremo	correvamo	corriamo	correremmo	corriamo	
	voi	correte	correrete	correvate	corriate	correreste	correte	
	loro	corrono	correranno	correvano	corrano	correrebbero	corrano	

동사	인칭	직설법			접속법	조건법	명령법	과거 분사형
		현재형	미래형	반과거	현재	현재		
costruire 건설하다, 구성하다	io	costruisco	costruirò	costruivo	costruisca	costruirei	–	costruito
	tu	costruisci	costruirai	costruivi	costruisca	costruiresti	costruisci	
	lui/lei/Lei	costruisce	costruirà	costruiva	costruisca	costruirebbe	costruisca	
	noi	costruiamo	costruiremo	costruivamo	costruiamo	costruiremmo	costruiamo	
	voi	costruite	costruirete	costruivate	costruiate	costruireste	costruite	
	loro	costruiscono	costruiranno	costruivano	costruiscano	costruirebbero	costruiscano	
crescere 성장하다, 기르다	io	cresco	crescerò	crescevo	cresca	crescerei	–	cresciuto
	tu	cresci	crescerai	crescevi	cresca	cresceresti	cresci	
	lui/lei/Lei	cresce	crescerà	cresceva	cresca	crescerebbe	cresca	
	noi	cresciamo	cresceremo	crescevamo	cresciamo	cresceremmo	cresciamo	
	voi	crescete	crescerete	crescevate	cresciate	crescereste	crescete	
	loro	crescono	cresceranno	crescevano	crescano	crescerebbero	crescano	
cuocere 요리하다	io	cuocio	cuocerò	cuocevo	cuocia	cuocerei	–	cotto
	tu	cuoci	cuocerai	cuocevi	cuocia	cuoceresti	cuoci	
	lui/lei/Lei	cuoce	cuocerà	cuoceva	cuocia	cuocerebbe	cuocia	
	noi	cuociamo	cuoceremo	cuocevamo	cuociamo	cuoceremmo	cuociamo	
	voi	cuocete	cuocerete	cuocevate	cuociate	cuocereste	cuocete	
	loro	cuociono	cuoceranno	cuocevano	cuociano	cuocerebbero	cuociano	
dare 주다	io	do	darò	davo	dia	darei	–	dato
	tu	dai	darai	davi	dia	daresti	dai / da' / dà	
	lui/lei/Lei	dà	darà	dava	dia	darebbe	dia	
	noi	diamo	daremo	davamo	diamo	daremmo	diamo	
	voi	date	darete	davate	diate	dareste	date	
	loro	danno	daranno	davano	diano	darebbero	diano	

동사	인칭	직설법			접속법	조건법	명령법	과거 분사형
		현재형	미래형	반과거	현재	현재		
dipingere 색칠하다	io	dipingo	dipingerò	dipingevo	dipinga	dipingerei	–	dipinto
	tu	dipingi	dipingerai	dipingevi	dipinga	dipingeresti	dipingi	
	lui/lei/Lei	dipinge	dipingerà	dipingeva	dipinga	dipingerebbe	dipinga	
	noi	dipingiamo	dipingeremo	dipingevamo	dipingiamo	dipingeremmo	dipingiamo	
	voi	dipingete	dipingerete	dipingevate	dipingiate	dipingereste	dipingete	
	loro	dipingono	dipingeranno	dipingevano	dipingano	dipingerebbero	dipingano	
dire 말하다	io	dico	dirò	dicevo	dica	direi	–	detto
	tu	dici	dirai	dicevi	dica	diresti	di' / dì	
	lui/lei/Lei	dice	dirà	diceva	dica	direbbe	dica	
	noi	diciamo	diremo	dicevamo	diciamo	diremmo	diciamo	
	voi	dite	direte	dicevate	diciate	direste	dite	
	loro	dicono	diranno	dicevano	dicano	direbbero	dicano	
dividere 나누다	io	divido	dividerò	dividevo	divida	dividerei	–	diviso
	tu	dividi	dividerai	dividevi	divida	divideresti	dividim	
	lui/lei/Lei	divida	dividerà	divideva	divida	dividerebbe	divida	
	noi	dividiamo	divideremo	dividevamo	dividiamo	divideremmo	dividiamo	
	voi	dividete	dividerete	dividevate	dividiate	dividereste	dividete	
	loro	dividono	divideranno	dividevano	dividano	dividerebbero	dividano	
dovere 해야 한다	io	devo	dovrò	dovevo	debba	dovrei	–	dovuto
	tu	devi	dovrai	dovevi	debba	dovresti		
	lui/lei/Lei	deve	dovrà	doveva	debba	dovrebbe		
	noi	dobbiamo	dovremo	dovevamo	dobbiamo	dovremmo		
	voi	dovete	dovrete	dovevate	dobbiate	dovereste		
	loro	devono	dovranno	dovevano	devano	dovrebbero		

동사변형표

동사	인칭	직설법			접속법	조건법	명령법	과거 분사형
		현재형	미래형	반과거	현재	현재		
essere ~있다, 이다	io	sono	sarò	ero	sia	sarei	–	stato
	tu	sei	sarai	eri	sia	saresti	sii	
	lui/lei/Lei	è	sarà	era	sia	sarebbe	sia	
	noi	siamo	saremo	eravamo	siamo	saremmo	siamo	
	voi	siete	sarete	eravate	siate	sareste	siate	
	loro	sono	saranno	erano	siano	sarebbero	siano	
fare ~하다	io	faccio	farò	facevo	faccia	farei	–	fatto
	tu	fai	farai	facevi	faccia	faresti	fai / fa'	
	lui/lei/Lei	fa	farà	faceva	faccia	farebbe	faccia	
	noi	facciamo	faremo	facevamo	facciamo	faremmo	facciamo	
	voi	fate	farete	facevate	facciate	fareste	fate	
	loro	fanno	faranno	facevano	facciano	farebbero	facciano	
leggere 읽다	io	leggo	leggerò	leggevo	legga	leggerei	–	letto
	tu	leggi	leggerai	leggevi	legga	leggeresti	leggi	
	lui/lei/Lei	legge	leggerà	leggeva	legga	leggerebbe	legga	
	noi	leggiamo	leggeremo	leggevamo	leggiamo	leggeremmo	leggiamo	
	voi	leggete	leggerete	leggevate	leggiate	leggereste	leggete	
	loro	leggono	leggeranno	leggevano	leggano	leggerebbero	leggano	
mettere 두다, 놓다	io	metto	metterò	mettevo	metta	metterei	–	messo
	tu	metti	metterai	mettevi	metta	metteresti	metti	
	lui/lei/Lei	mette	metterà	metteva	metta	metterebbe	metta	
	noi	mettiamo	metteremo	mettevamo	mettiamo	metteremmo	mettiamo	
	voi	mettete	metterete	mettevate	mettiate	mettereste	mettete	
	loro	mettono	metteranno	mettevano	mettano	metterebbero	mettano	

동사	인칭	직설법			접속법	조건법	명령법	과거 분사형
		현재형	미래형	반과거	현재	현재		
morire 죽다	io	muoio	morirò / morrò	morivo	muoia	morirei / morrei	–	morto
	tu	muori	morirai / morrai	morivi	muoia	moriresti / morresti	muori	
	lui / lei / Lei	muore	morirà / morrà	moriva	muoia	morirebbe / morrebbe	muoia	
	noi	moriamo	moriremo / morremo	morivamo	moriamo	moriremmo / morremmo	moriamo	
	voi	morite	morirete / morrete	morivate	moriate	morireste / morreste	morite	
	loro	muoiono	moriranno / morranno	morivano	muoiano	morirebbero / morrebbero	muoiano	
muovere 움직이다	io	accendo	accenderò	accendevo	accenda	accenderei	–	acceso
	tu	accendi	accenderai	accendevi	accenda	accenderesti	accendi	
	lui / lei / Lei	accende	accenderà	accendeva	accenda	accenderebbe	accenda	
	noi	accendiamo	accendermo	accendevamo	accendiamo	accenderemmo	accendiamo	
	voi	accendete	accenderete	accendevate	accendiate	accendereste	accendate	
	loro	accendono	accenderanno	accendevano	accendano	accenderebbero	accendano	
nascere 태어나다	io	nasco	nascerò	nascevo	nasca	nascerei	–	nato
	tu	nasci	nascerai	nascevi	nasca	nasceresti	nasci	
	lui / lei / Lei	nasce	nascerà	nasceva	nasca	nascerebbe	nasca	
	noi	nasciamo	nasceremo	nascevamo	nasciamo	nasceremmo	nasciamo	
	voi	nascete	nascerete	nascevate	nasciate	nascereste	nascete	
	loro	nascono	nasceranno	nascevano	nascano	nascerebbero	nascano	
offrire 제공하다	io	offro	offrirò	offrivo	offra	offrirei	–	offerto
	tu	offri	offrirai	offrivi	offra	offriresti	offri	
	lui / lei / Lei	offre	offrirà	offriva	offra	offrirebbe	offra	
	noi	offriamo	offriremo	offrivamo	offriamo	offriremmo	offriamo	
	voi	offrite	offrirete	offrivate	offriate	offrireste	offrite	
	loro	offrono	offriranno	offrivano	offriano	offrirebbero	offrano	

347

동사	인칭	직설법			접속법	조건법	명령법	과거 분사형
		현재형	미래형	반과거	현재	현재		
parere ~인 것 같다	io	paio	parrò	parevo	paia	parrei	–	parso
	tu	pari	parrai	parevi	paia	parresti		
	lui/lei/Lei	pare	parrà	pareva	paia	parrebbe		
	noi	paiamo	parremo	parevamo	paiamo	parremmo		
	voi	parete	parrete	parevate	paiate	parreste		
	loro	paiono	parranno	parevano	paiano	parrebbero		
perdere 잃다	io	perdo	perderò	perdevo	perda	perderei	–	perduto
	tu	perdi	perderai	perdevi	perda	perderesti	perdi	
	lui/lei/Lei	perde	perderà	perdeva	perda	perderebbe	perda	
	noi	perdiamo	perderemo	perdevamo	perdiamo	perderemmo	perdiamo	
	voi	perdete	perderete	perdevate	perdiate	perdereste	perdete	
	loro	perdono	perderanno	perdevano	perdano	perderebbero	perdano	
piacere 좋아하다, 마음에 들다	io	piaccio	piacerò	piacevo	piaccia	piacerei	–	piaciuto
	tu	piaci	piacerai	piacevi	piaccia	piaceresti	piaci	
	lui/lei/Lei	piace	piacerà	piaceva	piaccia	piacerebbe	piaccia	
	noi	piacciamo	piaceremo	piacevamo	piacciamo	piaceremmo	piacciamo	
	voi	piacete	piacerete	piacevate	piacciate	piacereste	piacete	
	loro	piacciono	piaceranno	piacevano	piacciano	piacerebbero	piacciano	
piangere 울다	io	piango	piangerò	piangevo	pianga	piangerei	–	pianto
	tu	piangi	piangerai	piangevi	pianga	piangeresti	piangi	
	lui/lei/Lei	piange	piangerà	piangeva	pianga	piangerebbe	pianga	
	noi	piangiamo	piangeremo	piangevamo	piangiamo	piangeremmo	piangiamo	
	voi	piangete	piangerete	piangevate	piangiate	piangereste	piangete	
	loro	piangono	piangeranno	piangevano	piangano	piangerebbero	piangano	

동사	인칭	직설법			접속법	조건법	명령법	과거 분사형
		현재형	미래형	반과거	현재	현재		
piovere 비가 오다	io							piovuto
	tu							
	lui / lei / Lei	piove	pioverà	pioveva	piova	pioverebbe	–	
	noi							
	voi							
	loro							
porre 놓다, 두다	io	pongo	porrò	ponevo	ponga	porrei	–	posto
	tu	poni	porrai	ponevi	ponga	porresti	poni	
	lui / lei / Lei	pone	porrà	poneva	ponga	porrebbe	ponga	
	noi	poniamo	porremo	ponevamo	poniamo	porremmo	poniamo	
	voi	ponete	porrete	ponevate	poniate	porreste	ponete	
	loro	pongono	porranno	ponevano	pongano	porrebbero	pongano	
potere ~할 수 있다	io	posso	potrò	potevo	possa	potrei	–	potuto
	tu	puoi	potrai	potevi	possa	potresti		
	lui / lei / Lei	può	potrà	poteva	possa	potrebbe		
	noi	possiamo	potremo	potevamo	possiamo	potremmo		
	voi	potete	potrete	potevate	possiate	potreste		
	loro	possono	potranno	potevano	possano	potrebbero		
prendere 취하다, 잡다	io	prendo	prenderò	prendevo	prenda	prenderei	–	preso
	tu	prendi	prenderai	prendevi	prenda	prenderesti	prendi	
	lui / lei / Lei	prende	prenderà	prendeva	prenda	prenderebbe	prenda	
	noi	prendiamo	prenderemo	prendevamo	prendiamo	prenderemmo	prendiamo	
	voi	prendete	prenderete	prendevate	prendiate	prendereste	prendete	
	loro	prendono	prenderanno	prendevano	prendano	prenderebbero	prendano	

동사	인칭	직설법			접속법	조건법	명령법	과거 분사형
		현재형	미래형	반과거	현재	현재		
rendere 주다, 부여하다, 돌려주다	io	rendo	renderò	rendevo	renda	renderei	–	reso
	tu	rendi	renderai	rendevi	renda	renderesti	(tu) rendi	
	lui/lei/Lei	renda	renderà	rendeva	renda	renderebbe	(Lei) renda	
	noi	rendiamo	renderemo	rendevamo	rendiamo	renderemmo	(noi) rendiamo	
	voi	rendete	renderete	rendevate	rendiate	rendereste	(voi) rendete	
	loro	rendono	renderanno	rendevano	rendano	renderebbero	(Loro) rendano	
ridere 웃다	io	rido	riderò	ridevo	rida	riderei	–	riso
	tu	ridi	riderai	ridevi	rida	rideresti	(tu) ridi	
	lui/lei/Lei	ride	riderà	rideva	rida	riderebbe	(Lei) rida	
	noi	ridiamo	rideremo	ridevamo	ridiamo	rideremmo	(noi) ridiamo	
	voi	ridete	riderete	ridevate	ridate	ridereste	(voi) ridete	
	loro	ridono	rideranno	ridevano	ridano	riderebbero	(Loro) ridano	
rimanere 머물다	io	rimango	rimarrò	rimanevo	rimanga	rimarrei	–	rimasto
	tu	rimani	rimarrai	rimanevi	rimanga	rimarresti	(tu) rimani	
	lui/lei/Lei	rimane	rimarrà	rimaneva	rimanga	rimarrebbe	(Lei) rimanga	
	noi	rimaniamo	rimarremo	rimanevamo	rimaniamo	rimarremmo	(noi) rimaniamo	
	voi	rimanete	rimarrete	rimanevate	rimaniate	rimarreste	(voi) rimanete	
	loro	rimangono	rimarranno	rimanevano	rimangano	rimarrebbero	(Loro) rimangano	
rispondere 대답하다	io	rispondo	risponderò	rispondevo	risponda	risponderei	–	risposto
	tu	rispondi	risponderai	rispondevi	risponda	risponderesti	(tu) rispondi	
	lui/lei/Lei	risponde	risponderà	rispondeva	risponda	risponderebbe	(Lei) risponda	
	noi	rispondiamo	risponderemo	rispondevamo	rispondiamo	risponderemmo	(noi) rispondiamo	
	voi	rispondete	risponderete	rispondevate	rispondiate	rispondereste	(voi) rispondete	
	loro	rispondono	risponderanno	rispondevano	rispondano	risponderebbero	(Loro) rispondano	

동사	인칭	직설법			접속법	조건법	명령법	과거 분사형
		현재형	미래형	반과거	현재	현재		
salire 올라가다	io	salgo	salirò	salivo	salga	salirei	–	salito
	tu	sali	salirai	salivi	salga	saliresti	(tu) sali	
	lui/lei/Lei	sale	salirà	saliva	salga	salirebbe	(Lei) salga	
	noi	saliamo	saliremo	salivamo	saliamo	saliremmo	(noi) saliamo	
	voi	salite	salirete	salivate	saliate	salireste	(voi) salite	
	loro	salgono	saliranno	salivano	salgano	salirebbero	(Loro) salgano	
sapere 알다	io	so	saprò	sapevo	sappia	saprei	–	saputo
	tu	sai	saprai	sapevi	sappia	sapresti	(tu) sappi	
	lui/lei/Lei	sa	saprà	sapeva	sappia	saprebbe	(Lei) sappia	
	noi	sappiamo	sapremo	sapevamo	sappiamo	sapremmo	(noi) sappiamo	
	voi	sapete	saprete	sapevate	sappiate	sapreste	(voi) sappiate	
	loro	sanno	sapranno	sapevano	sappiano	saprebbero	(Loro) sappiano	
scegliere 고르다, 선택하다	io	scelgo	sceglierò	sceglievo	scelga	sceglierei	–	scelto
	tu	scegli	sceglierai	sceglievi	scelga	sceglieresti	(tu) scegli	
	lui/lei/Lei	sceglie	sceglierà	sceglieva	scelga	sceglierebbe	(Lei) scelga	
	noi	scegliamo	sceglieremo	sceglievamo	scegliamo	sceglieremmo	(noi) scegliamo	
	voi	scegliete	sceglierete	sceglievate	scegliate	scegliereste	(voi) scegliete	
	loro	scelgono	sceglieranno	sceglievano	scelgano	sceglierebbero	(Loro) scelgano	
scendere 내려가다	io	scendo	scenderò	scendevo	scenda	scenderei	–	sceso
	tu	scendi	scenderai	scendevi	scenda	scenderesti	(tu) scendi	
	lui/lei/Lei	scende	scenderà	scendeva	scenda	scenderebbe	(Lei) scenda	
	noi	scendiamo	scenderemo	scendevamo	scendiamo	scenderemmo	(noi) scendiamo	
	voi	scendete	scenderete	scendevate	scendiate	scendereste	(voi) scendete	
	loro	scendono	scenderanno	scendevano	scendano	scenderebbero	(Loro) scendano	

동사변형표

동사	인칭	직설법			접속법	조건법	명령법	과거 분사형
		현재형	미래형	반과거	현재	현재		
scrivere 쓰다	io	scrivo	scriverò	scrivevo	scriva	scriverei	–	scritto
	tu	scrivi	scriverai	scrivevi	scriva	scriveresti	(tu) scrivi	
	lui/lei/Lei	scrive	scriverà	scriveva	scriva	scriverebbe	(Lei) scriva	
	noi	scriviamo	scriveremo	scrivevamo	scriviamo	scriveremmo	(noi) scriviamo	
	voi	scrivete	scriverete	scrivevate	scriviate	scrivereste	(voi) scrivete	
	loro	scrivono	scriveranno	scrivevano	scrivano	scriverebbero	(Loro) scrivano	
sedere 앉다	io	siedo	s(i)ederò	sedevo	sieda	s(i)ederei	–	seduto
	tu	siedi	s(i)ederai	sedevi	sieda	s(i)ederesti	(tu) siedi	
	lui/lei/Lei	siede	s(i)ederà	sedeva	sieda	s(i)ederebbe	(Lei) sieda	
	noi	sediamo	s(i)ederemo	sedevamo	sediamo	s(i)ederemmo	(noi)sediamo	
	voi	sedete	s(i)ederete	sedevate	sediate	s(i)edereste	(voi) sedete	
	loro	siedono	s(i)ederanno	sedevano	siedano	s(i)ederebbero	(Loro) siedano	
sentire 느끼다	io	sento	sentirò	sentivo	senta	sentirei	–	sentito
	tu	senti	sentirai	sentivi	senta	sentiresti	(tu) senti	
	lui/lei/Lei	sente	sentirà	sentiva	senta	sentirebbe	(Lei)senta	
	noi	sentiamo	sentiremo	sentivamo	sentiamo	sentiremmo	(noi)sentiamo	
	voi	sentite	sentirete	sentivate	sentiate	sentireste	(voi)sentite	
	loro	sentono	sentiranno	sentivano	sentano	sentirebbero	(Loro)sentano	
stare 머무르다	io	sto	starò	stavo	stia	starei	(tu) stai	stato
	tu	stai	starai	stavi	stia	staresti	sta'	
	lui/lei/Lei	sta	starà	stava	stia	starebbe	(Lei) stia	
	noi	stiamo	staremo	stavamo	stiamo	staremmo	(noi) stiamo	
	voi	state	starete	slavate	stiate	stareste	(voi) state	
	loro	stanno	staranno	stavano	stiano	starebbero	(Loro) stiano	

동사	인칭	직설법			접속법	조건법	명령법	과거 분사형
		현재형	미래형	반과거	현재	현재		
tenere 잡다. 두다. 유지하다	io	tengo	terrò	tenevo	tenga	terrei	–	tenuto
	tu	tieni	terrai	tenevi	tenga	terresti	(tu) tieni	
	lui/lei/Lei	tiene	terrà	teneva	tenga	terrebbe	(Lei) tenga	
	noi	teniamo	terremo	tenevamo	teniamo	terremmo	(noi) teniamo	
	voi	tenete	terrete	tenevate	teniate	terreste	(voi) tenete	
	loro	tengono	terranno	tenevano	tengano	terrebbero	(Loro) tengano	
togliere 제거하다	io	tolgo	toglierò	toglievo	tolga	toglierei	–	tolto
	tu	togli	toglierai	toglievi	tolga	toglieresti	(tu)togli	
	lui/lei/Lei	toglie	toglierà	toglieva	tolga	toglierebbe	(Lei)tolga	
	noi	togliamo	toglieremo	toglievamo	togliamo	toglieremmo	(noi) togliamo	
	voi	togliete	toglierete	toglievate	togliate	togliereste	(voi) togliete	
	loro	tolgono	toglieranno	toglievano	tolgano	toglierebbero	(Loro) tolgano	
uscire 나가다. 외출하다	io	esco	uscirò	uscivo	esca	uscirei	–	uscito
	tu	esci	uscirai	uscivi	esca	usciresti	(tu) esci	
	lui/lei/Lei	esce	uscirà	usciva	esca	uscirebbe	(Lei) esca	
	noi	usciamo	usciremo	uscivamo	usciamo	usciremmo	(noi) usciamo	
	voi	uscite	uscirete	uscivate	usciate	uscireste	(voi) uscite	
	loro	escono	usciranno	uscivano	escano	uscirebbero	(Loro) escano	
vedere 보다	io	vedo	vedrò	vedevo	veda	vedrei	–	veduto
	tu	vedi	vedrai	vedevi	veda	vedresti	(tu) vedi	
	lui/lei/Lei	vede	vedrà	vedeva	veda	vedrebbe	(Lei) veda	
	noi	vediamo	vedremo	vedevamo	vediamo	vedremmo	(noi) vediamo	
	voi	vedete	vedrete	vedevate	vediate	vedreste	(voi) vedete	
	loro	vedono	vedranno	vedevano	vedono	vedrebbero	(Loro) vedano	

동사	인칭	직설법			접속법	조건법	명령법	과거 분사형
		현재형	미래형	반과거	현재	현재		
venire 오다	io	vengo	verrò	venivo	venga	verrei	–	venuto
	tu	vieni	verrai	venivi	venga	verresti	(tu)vieni	
	lui/lei/Lei	viene	verrà	veniva	venga	verrebbe	(Lei) venga	
	noi	veniamo	verremo	venivamo	veniamo	verremmo	(noi) veniamo	
	voi	venite	verrete	venivate	veniate	verreste	(voi) venite	
	loro	vengono	verranno	venivano	vengano	verrebbero	(Loro) vengano	
vincere 이기다, 승리하다	io	vinco	vincerò	vincevo	vinca	vincerei	–	vinto
	tu	vinci	vincerai	vincevi	vinca	vinceresti	(tu) vinci	
	lui/lei/Lei	vince	vincerà	vinceva	vinca	vincerebbe	(Lei) vinca	
	noi	vinciamo	vinceremo	vincevamo	vinciamo	vinceremmo	(noi) vinciamo	
	voi	vincete	vincerete	vincevate	vinciate	vincereste	(voi) vincete	
	loro	vincono	vinceranno	vincevano	vincano	vincerebbero	(Loro) vincano	
vivere 살다	io	vivo	vivrò	vivevo	viva	vivrei	–	vissuto
	tu	vivi	vivrai	vivevi	viva	vivresti	(tu) vivi	
	lui/lei/Lei	vive	vivrà	viveva	viva	vivrebbe	(Lei) viva	
	noi	viviamo	vivremo	vivevamo	viviamo	vivremmo	(noi) viviamo	
	voi	vivete	vivrete	vivevate	viviate	vivreste	(voi) vivete	
	loro	vivono	vivranno	vivevano	vivano	vivrebbero	(Loro) vivano	
volere 원하다, 필요하다	io	voglio	vorrò	volevo	voglia	vorrei	–	voluto
	tu	vuoi	vorrai	volevi	voglia	vorresti	(tu) vogli	
	lui/lei/Lei	vuole	vorrà	voleva	voglia	vorrebbe	(Lei) voglia	
	noi	vogliamo	vorremo	volevamo	vogliamo	vorremmo	(noi) vogliamo	
	voi	volete	vorrete	volevate	vogliate	vorreste	(voi) vogliate	
	loro	vogliono	vorranno	volevano	vogliano	vorrebbero	(Loro) vogliano	

이탈리아어 발음부터 단어 · 기본 문법 · 회화까지

이것이 독학 이탈리아어 첫걸음이다!

초판 4쇄 발행 | 2023년 9월 25일

지은이 | 황정은
감　수 | Vincenzo Fraterrigo
편　집 | 이말숙
디자인 | 박민희
일러스트 | 황종익

제　작 | 선경프린테크
펴낸곳 | Vitamin Book
펴낸이 | 박영진

등　록 | 제318-2004-00072호
주　소 | 07251 서울특별시 영등포구 영신로 40길 18 윤성빌딩 405호
전　화 | 02) 2677-1064
팩　스 | 02) 2677-1026
이메일 | vitaminbooks@naver.com
웹하드 | ID vitaminbook / PW vitamin

© 2020 Vitamin Book
ISBN 979-11-89952-62-4 (13780)

웹하드에서
mp3 파일 다운 받는 방법

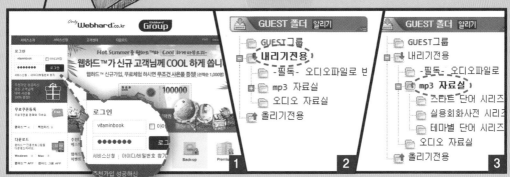

💿 다운 방법

STEP 01	웹하드 (www.webhard.co.kr) 에 접속 아이디 (vitaminbook) 비밀번호 (vitamin) 로그인 클릭

▼

STEP 02	내리기전용 클릭

▼

STEP 03	Mp3 자료실 클릭

▼

STEP 04	이것이 독학 이탈리아어 첫걸음이다! 클릭하여 다운